世界语言生活动态
（二）

Language Life in Foreign Countries Ⅱ

主编　熊文新　王克非
副主编　蔡永良

主　　编　熊文新　王克非
副 主 编　蔡永良
作　　者　（按音序排列）
　　　　　蔡永良　曹国华　陈秀云　代毓杰　董希骁
　　　　　傅　荣　郭彩霞　蒋传瑛　刘婷婷　王赛赛
　　　　　熊文新　杨　帆　张绪忠　张治国　赵文嘉

本书承教育部人文社会科学重点研究基地北京外国语大学中国外语教育研究中心和国家语委科研机构北京外国语大学国家语言能力发展研究中心支持。

前　言

语言是人类社会最基本的生存要素之一，也是人类社会发展的最重要因素，在经济全球化、信息化、媒体化时代尤显突出。它关涉各国各民族政治、经济、文化以及人们生活和交往的各方面（王克非、蔡永良 2013）[①]。关注和考察语言生活状况，掌握各国语言发展及其与政治、经济、文化等的关系和动态，是观察世界动态的一个重要、敏感和及时的窗口。有关我国语言生活状况的研究已经如火如荼地开展起来，形成了以《家国情怀》为特色的"语言生活派"，代表性成果是商务印书馆近十年来每年一部的《中国语言生活状况报告》（绿皮书）系列。

北京外国语大学国家语言能力发展研究中心一直以来持续关注国外语言生活状况，本着"他山之石，可以攻玉"的理念，通过采集国外语言舆情，试图为我国语言政策的制订提供借鉴。在国家社科基金、教育部人文社科重点研究基地重大项目和国家语委"十二五"科研项目支持下，我们利用信息检索技术，对国外主流媒体有关语言生活事件的新闻报道进行采集分类，形成每月一期的《世界语言战略资讯》。本书即以近年来的资讯文本为蓝本，从中摘取部分国外语言事件，试图刻画国外语言生活状况，研究者可以借由对国外语言生活的考察，了解其背后的民众语言意识形态和国家语言政策出台的动因。

一　语言生活状况及其研究意义

Ferguson（1971：157）[②]将语言状况（language situation）定义为在特定时空语言使用的总体配置情况，包括在某个地域有多少种语言、在何种情况下人们使用何种语言以及社群成员对语言所持的态度和信仰。语言状况可以视作包含语言生活状况和这些语言生活背后体现的群体意识形态等。

[①] 王克非、蔡永良 2013 《察言观世：从语言生活看社会万象》，《中国外语》第 6 期：13—19。
[②] Ferguson, C. 1971. *Language Structure and Language Use: Essays*. Stanford: Stanford University Press.

前 言

　　Spolsky(2004)[①]提出语言政策(language policy)由语言实践活动(language practices)、意识形态(language beliefs or ideology)和语言管理(language management)三个相互关联的部分构成。语言实践活动指的是从语言宝库各种变体中选择特定的习惯性模式,属于外部表现出来的语言生活和语言使用状况;意识形态是社会上对语言及其语言使用的信仰和态度;语言管理则是有关部门组织通过各种努力对语言实践活动施加影响的各类干预和规划活动。语言实践是一种客观事实,意识形态和语言管理是造成这一事实的背后原因。语言管理通常表现为国家权威机构或经授权的团体通过系列的活动决策有目的地改变或影响语言实践活动的行为,常常以政策或规范形式体现。语言管理是否反映和顺应语言群体的意识形态,会影响到政策的执行效果。

　　透过实际可观察的语言实践活动的描写和分析是考察语言生活状况,洞悉人们语言意识形态,探究国际组织机构推出或修订语言政策规划动因的基础。我国是一个具有五千年悠久历史的文明古国,语言生活实践和语言管理历程也源远流长,但现代意义的语言政策与规划研究仍相对滞后,有必要借鉴和发展国外学科理论,并从国外语言规划实践活动中探索出有我国特色的语言政策规划。

　　研究国外语言生活动态,其意义至少有如下几条:

　　(1) 有助于了解国外语言生活状况,掌握世界语言发展动态

　　语言生活是人类活动的重要方面,语言与社会关系紧密,是国家生存与发展的一个十分重要的因素和宝贵的资源。了解语言生活状况,观察语言与社会活动各个层面和因素的互动情况,不仅能够更加深入地了解语言本身的功能、作用以及发展规律,而且可以洞悉人类社会的变化与发展。目前我们处在一个快速变化发展的年代,我国又处在和平发展、走向国际的关键时期,及时了解国外语言生活状况,准确掌握世界语言发展动态,有利于我们审时度势,把握时机,有效增强文化软实力和提升国际竞争力,更大范围地维护和拓展国家利益。

　　(2) 有助于及时调整语言战略,合理修订语言政策

　　随着世界全球化、信息化、媒体化的迅速发展,语言的重要性越来越凸显,传统的以解决语言矛盾与问题为目的的语言规划与语言政策已经转变为以增强文化软实力、提升国家在国际社会整体竞争能力为目标的语言战略。无论作为语

---

① Spolsky, B. 2004. *Language Policy (Key Topics in Sociolinguistics)*. Cambridge: Cambridge University Press.

言规划与政策宏观决策的语言战略,还是具体安排处理语言格局以及相关问题的语言规划与政策本身,都必须及时调整和修订。21世纪以来,英美等发达国家为了保持文化强势和进一步提升国际竞争力,都进行了语言战略的重大调整,而语言战略的及时调整和语言政策的不断修订必须建立在对语言生活状况和语言发展动态充分了解和把握这一基础之上。

(3) 有助于语言教育改革,提高语言教育质量

随着语言战略地位的提升,语言教育(包括外语教育与对外汉语教育)的战略意义不断凸显,传统的语言教育思想与方法要求更新与突破,原有格局需要调整,政策需要修订,方向需要进一步明确,质量有待提高。全面了解国内外语言生活状况、准确掌握世界语言发展动态是完成这些任务的前提和基础,同时又是实施上述各项改革不可或缺的经验与借鉴。

(4) 有助于强化语言意识,拓展语言研究范围

研究国外语言生活动态不仅为国家相关部门决策以及相关研究部门学者提供了第一手信息与资料,而且向全体人民发出了一个信号和呼吁:切实关注人类的语言生活。此举能够强化我国民众的语言意识。同时本研究的内容与框架体现了一种语言研究理念:语言研究不仅要研究语言本体、语言与社会的关系、语言与文化的关系、语言与思维的关系,而且要研究语言与整个人类社会的所有活动的关系。

二 主要架构及内容

本书主要考察近年来国外语言生活状况,尤其注重动态性、地域性和权威性。

语言生活状况具有动态性。它与一个国家和国际政治、社会、经济及文化发展境况相适应,是当代社会状况的直接反映。语言政策的制订和修订,直接源于对语言资源和语言问题的调配和解决。如美国近些年推动的国家"关键语言"能力和"国家安全语言倡议",是在"9·11"之后,针对美国外语能力缺失对国家安全与繁荣造成影响之后确立的。因此,本文刻画的语言生活状况注重时效性,以近5年来国外发生的主要语言生活事件为素材。

语言生活具有地域性。即便在英语作为国际通用语的背景下,各国在国际语言生态环境下的语言生活实践也有因时因地的特点。根据一个国家是否有主

前　言

流语言,Lambert(1999)[①]区分了三类不同类型的国家,如语言同质国家(即便有小族语言,但这些群体人数较少,在地理或社会地位上被边缘化,如日本、美国)、双语或三语国家(有相对均衡的民族语言分布,如瑞士、比利时)、语言马赛克国家(有大量族群,如印度、尼日利亚)。这些国家的语言生活具有各自不同的特色。

本书对语言生活状况的描述注重权威性。选材均来自国外主流媒体的语言生活事件的报道,既有对新闻事件的客观报道,也有新闻评述和读者来信等体现政府和民间态度的反映。在本书编写过程中,我们主要本着"述而不作"的方针,提供客观事实和各方反应,力求体现语言生活和态度原貌,供读者和研究者批判使用。

为了更好地服务学界,本书体例架构设置是按照语言生活事实体现的属性分类,对同一类型语言生活的描述,再根据事件发生的国家和地区列出。

本书主要内容包括如下9个方面:

(1) 语言政策:主要考察具有立法权的国家机构组织出台的有关语言及语言使用的宏观及微观政策,包括但不限于国语及官方语言政策、小族语言保护、行政语言及语言教育政策等用以指导国家、领域及地域语言发展的政策等。

(2) 语言政治:主要考察语言与各国政府层面政策出台的政治社会环境之间的关系。

(3) 语言与经济:主要考察语言在各国经济发展中的作用,如职场语言能力、企业在全球经济一体化环境下的语言竞争力等。

(4) 语言保护:主要考察英语作为全球通用语语境下,各小族语言发展面临的困境及各国政府及国际组织依据语言多样性,对弱势及濒危语言所采取的保护措施以及实施效果。

(5) 语言科技:主要考察随着科技发展,国际社会在新技术条件下对语言使用和研究的新探索。

(6) 语言教育:主要考察各国政府及社会对母语能力、国语能力及外语能力的养成及培训计划。

(7) 语言与社会:主要考察各国社会的语言生活使用状况以及个人、民间组

---

① Lambert, R. 1999. A Scaffolding for Language Policy. *International Journal of the Sociology of Language*,397,3—25.

织等对语言生活的态度。

(8)语言传播：主要考察各国向境外推广自身语言、提升国家在国际事务中的影响力和美誉度的措施。

(9)中文在海外：主要考察中文在世界各国的应用情况，包括孔子学院的发展等情况。

全书章节安排如上，在对语言生活事实归类时，一些具体案例可能兼具多方面的属性，编者在取舍时根据事件体现的主要类别归入，可能不同读者有自己的独立判断，本书所持分类只反映编者编纂时的认识，特此说明。

三　结　语

本书是编者根据对《中国语言生活状况报告》（绿皮书）系列的学习体会，本着"他山之石，可以攻玉"的想法，通过对国外语言生活状况的考察，了解国外语言政策、语言意识形态及语言生活实践的一次尝试（熊文新 2015）[①]。

对语言事件的采集和属性归类，反映编者对国外语言生活状况体现的学科认识，其余对语言事件的描述都是客观事实，有闻必录。因此在利用本书时，应根据所在国及国际的大环境，有针对性地批判吸收。本书没有做出价值上的倾向判断，相信读者诸君能够心中自有一杆秤，自行甄别。

对国外语言生活状况的考察，需要有动态历时眼光，放在国家社会变化的大背景下考察，本书体现的是近年来的国外语言生活状况事实。编者希望今后能以每两年为一时间段，对该期间的语言生活状况做一个共时扫描，为理解语言生活及政策的动态发展做出贡献。

在本书编写实践过程中，我们得到北京外国语大学中国外语教育研究中心、国家语委科研基地国家语言能力发展研究中心及国家社科基金项目（11BYY051）、国家语委"十二五"科研规划项目（ZDI125－7）、教育部人文社会科学重点研究基地重大项目（11JJD740002）和北京市社科基金项目（16YYB018）的支持。书中所有素材源自《世界语言战略资讯》。北京外国语大学、上海海事大学等高校不同语种的师生提供了大量鲜活、详实的一手国外语言生活事实材料，刘润清教授对本书资讯进行了审校。特此致谢。

[①] 熊文新 2015 《国外语言生活动态、趋势及成因探析》，《语言政策与规划研究》第 2 期。

目 录

第一章 语言政策 …………………………………………………………… 1
  1.1 亚洲 ………………………………………………………………… 1
    1.1.1 拯救蒙古语 ………………………………………………… 1
    1.1.2 以色列执政党提议禁止使用纳粹标识语 ………………… 1
    1.1.3 以色列的阿拉伯语地位或降格 …………………………… 2
    1.1.4 尼泊尔强调国家语言政策的必要性 ……………………… 2
    1.1.5 纳扎尔巴耶夫总统论哈萨克语的地位 …………………… 2
    1.1.6 土耳其国语条款有争议 …………………………………… 3
    1.1.7 土耳其允许用亚美尼亚语参加选举 ……………………… 3
  1.2 美洲 ………………………………………………………………… 4
    阿拉斯加土著语言法案引起质疑 ………………………………… 4
  1.3 欧洲 ………………………………………………………………… 4
    1.3.1 法国批准语言宪章 ………………………………………… 4
    1.3.2 法国有望通过地区语言宪章 ……………………………… 4
    1.3.3 俄罗斯试图使俄语成为欧盟官方语言 …………………… 5
    1.3.4 乌克兰代总统暂维持 2012 年语言法 …………………… 5
    1.3.5 塞尔维亚希望克罗地亚制定语言法案 …………………… 5
    1.3.6 摩尔多瓦将罗马尼亚语立宪为官方语言 ………………… 6
  1.4 非洲 ………………………………………………………………… 6
    乌干达举国学习斯瓦西里语 ……………………………………… 6

第二章 语言政治 …………………………………………………………… 7
  2.1 亚洲 ………………………………………………………………… 7
    2.1.1 日本议员痛斥县政府公文滥用英语 ……………………… 7
    2.1.2 韩国总统在美用英语演讲惹争议 ………………………… 7
    2.1.3 韩国法律中的语言问题 …………………………………… 8

目录

  2.1.4 词典项目成今年朝韩民间团体首例交流 …………………… 8
  2.1.5 巴基斯坦电视台禁播印度语言节目 ………………………… 8
  2.1.6 安德拉邦呼吁把泰卢固语确定为印度第二官方语言 ……… 9
  2.1.7 印度反对党党主席的反英语言论激起执政党的愤怒 ……… 9
  2.1.8 马德拉斯高级法院拒绝干涉四语方案 ……………………… 9
  2.1.9 德语作为印度学校第三语言被批违宪 ……………………… 10
  2.1.10 印度政府不希望有更多语言作为官方语言 ……………… 10
  2.1.11 印度总理推广印地语受阻 ………………………………… 10
  2.1.12 国际突厥文化组织庆贺活动走入教科文组织总部 ……… 11
  2.1.13 说土耳其语的国家将创造一门共同语 …………………… 11
  2.1.14 亲库尔德领导人称不反对自愿学土耳其语 ……………… 11
  2.1.15 土耳其库尔德语教师绝食罢工 …………………………… 12
  2.1.16 伊朗反对派抗议政府少数民族语言政策 ………………… 12
  2.1.17 伊朗与叙利亚合办阿语电视频道 ………………………… 12
  2.1.18 巴勒斯坦促进加沙地区希伯来语教育 …………………… 13
  2.1.19 以色列强化阿语教育议案 ………………………………… 13
  2.1.20 叙利亚增设俄语为二外课程 ……………………………… 14
  2.1.21 阿塞拜疆提议建立"语言警察" …………………………… 14
  2.1.22 印度尼西亚总统被批 APEC 会议夹用英语 …………… 14
  2.1.23 保留马尔代夫的语言 ……………………………………… 15
  2.1.24 纳扎尔巴耶夫论语言政策 ………………………………… 15
  2.1.25 吉尔吉斯斯坦 2015 年用于支持国语的财政支出超 2 亿索姆 …… 15
 2.2 美洲 ……………………………………………………………… 16
  2.2.1 加拿大政府部长因语言问题遭调查 ………………………… 16
  2.2.2 违反魁北克语言法者将晒上网 ……………………………… 16
  2.2.3 加拿大外交部长使用双语名片 ……………………………… 17
  2.2.4 加拿大内阁部长在社交媒体上必须使用双语 ……………… 17
  2.2.5 加拿大外长受语言警察调查 ………………………………… 17
  2.2.6 奥巴马医改计划的实施遇到西班牙语阻碍 ………………… 18
  2.2.7 美国中央情报局发行手册规范工作人员的书面语言 ……… 18
  2.2.8 五角大楼研究普京等外国首领的肢体语言 ………………… 18

		2.2.9 美国语言因素干预纳瓦霍部族首领选举 ………………………… 18
		2.2.10 潘基文呼吁推动语言多样性和多语化 ………………………… 19
2.3	欧洲	……………………………………………………………………………… 19
		2.3.1 英国外交官的外语能力受重视 ………………………………… 19
		2.3.2 爱尔兰政府被批评推进爱尔兰语乏力 ………………………… 19
		2.3.3 爱尔兰外交部披露外语培训经费 ……………………………… 20
		2.3.4 苏格兰独立问题还没有涉及语言 ……………………………… 20
		2.3.5 威尔士语支持者封锁政府大楼 ………………………………… 21
		2.3.6 德国总统建议把英语列为欧盟官方语言 ……………………… 21
		2.3.7 比利时荷语区教育部长力主英语成为布鲁塞尔官方语言 …… 21
		2.3.8 因少数民族语言问题法国政府受指责 ………………………… 22
		2.3.9 法国两部长阐述法国对外文化新政 …………………………… 22
		2.3.10 奥地利穆斯林只允许使用德文版《古兰经》 ………………… 22
		2.3.11 西班牙政府担忧加泰罗尼亚语的复兴 ………………………… 23
		2.3.12 瑞典的芬兰语权益受保护 ……………………………………… 23
		2.3.13 芬兰审查语言权利 ……………………………………………… 23
		2.3.14 芬兰寻求终止强制性瑞典语课程 ……………………………… 24
		2.3.15 俄罗斯绿色和平组织成员抱怨狱中的语言障碍 ……………… 24
		2.3.16 俄罗斯官员被警告不要使用官场腐败暗示语 ………………… 24
		2.3.17 俄罗斯国防部在缅甸开设语言培训中心 ……………………… 25
		2.3.18 普京立法禁止文艺娱乐领域出现低俗语言 …………………… 25
		2.3.19 俄罗斯外交部称注意到波罗的海国家对俄语的敌视 ………… 25
		2.3.20 不到三成乌克兰人支持俄语作为官方语言 …………………… 26
		2.3.21 乌克兰卫生部长迫使总理使用俄语作为政府会议工作语言 … 26
		2.3.22 语言问题继续分离乌克兰 ……………………………………… 26
		2.3.23 乌克兰废止俄语官方语言地位法案 …………………………… 27
		2.3.24 克罗地亚语成欧盟新官方语言 ………………………………… 27
		2.3.25 克罗地亚的塞尔维亚语争论引发民族矛盾 …………………… 27
		2.3.26 巴尔干语言问题增加地区紧张气氛 …………………………… 28
		2.3.27 格鲁吉亚公务员国语差将受罚 ………………………………… 28
		2.3.28 拉脱维亚拟停办俄语学校 ……………………………………… 28

目录

- 2.3.29 拉脱维亚前总理倡议俄语作为学校必修课 ……… 29
- 2.3.30 拉脱维亚语言法规被指具有歧视性 ……… 29
- 2.3.31 格鲁吉亚议会开始辩论国语法案 ……… 29
- 2.3.32 亚美尼亚没有理由在单民族国家设置第二官方语言 ……… 30
- 2.3.33 立陶宛总统建议削减俄语广播 ……… 30
- 2.3.34 波兰欧盟议员使用种族主义言辞受到谴责 ……… 30
- 2.3.35 保加利亚批评乌克兰取消保加利亚语地区语言地位的行为 ……… 31
- 2.3.36 白俄罗斯总统演讲从俄语转向国语有玄机？ ……… 31
- 2.3.37 希腊称马其顿语是人为创制出来的 ……… 31
- 2.3.38 欧盟高官主张弃用"破产" ……… 32
- 2.3.39 欧盟法院裁定不得把德语测试作为移民签证条件 ……… 32
- 2.3.40 欧盟面向苏联国家增设宣传渠道 ……… 32
- 2.3.41 欧盟应该更多一些德语 ……… 33

2.4 非洲 ……… 33
- 2.4.1 利比亚柏柏尔人要求语言权及投票权 ……… 33
- 2.4.2 冈比亚总统称将弃用"殖民英语" ……… 33
- 2.4.3 突尼斯总统呼吁把阿拉伯语作为教育语言 ……… 34

2.5 大洋洲 ……… 34
- 新西兰呼唤语言多样性政策法案 ……… 34

第三章 语言与经济 ……… 35

3.1 亚洲 ……… 35
- 3.1.1 新技术改变日式英语腔 ……… 35
- 3.1.2 日本世界轮胎巨头定英语为公司官方语言 ……… 35
- 3.1.3 日本网上英语课程获得成功 ……… 36
- 3.1.4 赴韩劳工工资高催热尼泊尔的韩语测试 ……… 36
- 3.1.5 英语成为马来西亚求职者就业的障碍 ……… 36
- 3.1.6 泰国加强外语导游服务培训 ……… 37
- 3.1.7 泰国旅游事业促韩语培训 ……… 37
- 3.1.8 外国游客刺激印尼农民学英语 ……… 37
- 3.1.9 菲律宾赴德护士须过德语关 ……… 38
- 3.1.10 菲律宾精通英语的劳动力受日企青睐 ……… 38

- 3.1.11 新德里地铁提供手语服务 ……38
- 3.1.12 巴基斯坦推行服务于企业用户的新英语测试 ……39
- 3.1.13 尼泊尔从3月27日开始韩语测试 ……39
- 3.1.14 尼泊尔超过5.8万人参加了韩语测试 ……39
- 3.1.15 斯里兰卡医生需掌握泰米尔语 ……40
- 3.1.16 斯里兰卡建立语言学习中心帮助赴外劳工 ……40
- 3.1.17 卡塔尔电信公司对员工进行手语培训 ……40
- 3.1.18 土耳其英语培训业受追捧 ……41
- 3.1.19 沙特阿拉伯公司为职工提供英语培训 ……41

3.2 美洲 ……41
- 3.2.1 佐治亚州需要学德语 ……41
- 3.2.2 牙买加为旅游工作者进行俄语和西班牙语培训 ……42
- 3.2.3 联合国建立多语专利数据库推动创新 ……42
- 3.2.4 Teklynx International 建立葡萄牙语网站开发巴西市场 ……42
- 3.2.5 加拿大需要教移民更好的语言技能 ……43

3.3 欧洲 ……43
- 3.3.1 欧洲语言阻碍电子商务的发展 ……43
- 3.3.2 英国外国留学生人数骤降 ……43
- 3.3.3 为什么英国中小企业出口贸易不如意 ……44
- 3.3.4 英国外语能力低下导致每年损失480亿英镑 ……44
- 3.3.5 英国使用威尔士语可助长经济 ……44
- 3.3.6 英国经济发展致使小语种消亡 ……45
- 3.3.7 英国护士的语言能力令人担忧 ……45
- 3.3.8 法语人数下降可致使50万工作机会损失 ……45
- 3.3.9 德资企业说波兰语的员工或遭开除 ……46
- 3.3.10 英语成赫尔辛基餐馆的主要语言 ……46
- 3.3.11 马耳他2013年吸引85 000名外国学生来学英语 ……46
- 3.3.12 马耳他语言教学产业2013年收入6400万镑 ……47
- 3.3.13 希腊发行菜肴翻译软件 ……47
- 3.3.14 塞尔维亚的语言学习受到投资影响 ……47

3.4 非洲 ……48

目录

- 3.4.1 坦桑尼亚航空公司开设斯瓦西里语网站 … 48
- 3.4.2 索马里自动取款机歧视非英语使用者 … 48

3.5 大洋洲 … 49
- 3.5.1 澳大利亚老移民需要更多支持 … 49
- 3.5.2 新西兰支持亚洲语言投资 … 49

第四章 语言保护 … 50

4.1 亚洲 … 50
- 4.1.1 日本冲绳努力保护本土语言 … 50
- 4.1.2 韩语日呼吁语言净化运动 … 50
- 4.1.3 江原道9月提供7国外语口译服务 … 51
- 4.1.4 泰国举办全国泰语日 … 51
- 4.1.5 越南语面临语言失落的危险 … 51
- 4.1.6 乌兹别克斯坦的塔吉克语正在消亡 … 52
- 4.1.7 安达曼群岛语言濒危 … 52
- 4.1.8 印度积极推动贡根语发展 … 52
- 4.1.9 挽救佛经语言——巴利语 … 53
- 4.1.10 印度用一百万张明信片拯救一门语言 … 53
- 4.1.11 印度过去50年220种语言消亡 … 53
- 4.1.12 印度欧迪尔语获得古典语言的地位 … 54
- 4.1.13 印度列出500种濒危语言 … 54
- 4.1.14 印度泰米尔纳德邦"停止梵语周" … 54
- 4.1.15 印度卡纳塔克邦应以民族语言为傲 … 55
- 4.1.16 巴基斯坦厄姆语面临消亡 … 55
- 4.1.17 叙利亚用音乐号召使用阿拉伯语标准语 … 55
- 4.1.18 阿联酋立法保护阿拉伯语 … 56
- 4.1.19 以色列:复兴意第绪语 … 56
- 4.1.20 古典阿拉伯语正在被遗忘 … 56

4.2 美洲 … 57
- 4.2.1 北美高科技拯救部落语言 … 57
- 4.2.2 美国最后一位说Klallam语的人在华盛顿去世 … 57
- 4.2.3 美国最后一位契卡索语单语者离世 … 57

4.2.4　美国有了一门新语言 ··· 58
　　4.2.5　美国原住民语言保护 ······································· 58
　　4.2.6　加拿大因纽特语保护见成效 ····························· 59
　　4.2.7　墨西哥60种语言面临消亡 ································ 59
　　4.2.8　墨西哥沃达丰"拯救濒危语言" ····················· 59
4.3　欧洲 ·· 60
　　4.3.1　首位英国学者入选法兰西学术院 ····················· 60
　　4.3.2　法国资深哲学家号召抵制英语 ························ 60
　　4.3.3　英国发现保护推广古威尔士语的法律文件 ········· 60
　　4.3.4　威尔士语挽救对策 ··· 61
　　4.3.5　牛津词典收网络用语 ······································ 61
　　4.3.6　苏格兰盖尔语的生存仍面临威胁 ····················· 61
　　4.3.7　西班牙巴利阿里群岛居民抗议削弱加泰罗尼亚语 ···· 62
　　4.3.8　意大利人并不热爱他们的语言 ························ 62
4.4　非洲 ·· 63
　　4.4.1　纳米比亚语言发展不平衡 ······························· 63
　　4.4.2　加纳语2073年灭绝？ ····································· 63
　　4.4.3　肯尼亚世界最小部落拥有自己的词典 ··············· 63
　　4.4.4　尼日利亚伊尚人担心伊尚语灭绝 ····················· 64
4.5　大洋洲 ··· 64
　　4.5.1　澳大利亚恢复古老的语言 ······························· 64
　　4.5.2　澳大利亚削减原住民语言项目财政拨款 ············ 64
　　4.5.3　举办萨摩亚语言周 ··· 65
　　4.5.4　萨摩亚采取措施保护语言 ······························· 65
　　4.5.5　新西兰振兴毛利语 ··· 65
　　4.5.6　全球近1/4的语言濒临消亡 ······························ 66

第五章　语言科技 ·· 67
5.1　亚洲 ·· 67
　　5.1.1　日本研制的机器人教日语 ······························· 67
　　5.1.2　日本研制智能手语翻译机 ······························· 67
　　5.1.3　手机设备能输入缅甸语 ··································· 67

5.1.4　印度尼西亚：科技推广巴厘语 …………………………………… 68
　　5.1.5　阿联酋"天课"缴纳专用自动柜员机实现多语言界面 …………… 68
5.2　美洲 …………………………………………………………………………… 69
　　5.2.1　谷歌搜索技术的四大挑战 …………………………………………… 69
　　5.2.2　动物语言翻译机 10 年内可望成真 ………………………………… 69
　　5.2.3　语言特征或许与海拔高度有关 ……………………………………… 69
　　5.2.4　谷歌开发手机翻译 …………………………………………………… 70
　　5.2.5　安卓系统有了纳瓦霍语应用程序 …………………………………… 70
　　5.2.6　谷歌注重语言识别技术 ……………………………………………… 70
　　5.2.7　15 年内计算机将比人类"聪明" …………………………………… 71
　　5.2.8　智能手机输入法更智能了 …………………………………………… 71
　　5.2.9　阿里卡拉应用程序助力语言复兴 …………………………………… 71
　　5.2.10　美国军方开发能进行实时翻译的平板电脑 ……………………… 72
　　5.2.11　社交媒体打响防止网络语言骚扰之战 …………………………… 72
　　5.2.12　借助语言选项帮助公司锁定用户 ………………………………… 72
5.3　欧洲 …………………………………………………………………………… 73
　　5.3.1　IT 技术帮助欧盟委员会以 23 种语言运作 ………………………… 73
　　5.3.2　西班牙语成为推特网上的第二大常用语言 ………………………… 73
　　5.3.3　俄语网站全球第二 …………………………………………………… 73
　　5.3.4　谷歌翻译助生婴儿 …………………………………………………… 74
　　5.3.5　为什么易贝能更好地实现机器翻译 ………………………………… 74
　　5.3.6　计算机设计语言确实与外语很像 …………………………………… 74
　　5.3.7　丹麦科学家准备未来语言处理技术 ………………………………… 75
　　5.3.8　互联网是如何谋杀语言的 …………………………………………… 75

第六章　语言教育 ………………………………………………………………… 76
　6.1　亚洲 ………………………………………………………………………… 76
　　6.1.1　日本高校增加英语课程数量 ………………………………………… 76
　　6.1.2　日本政府拟将英语列为小学正式科目 ……………………………… 76
　　6.1.3　日本增加高校英语授课 ……………………………………………… 77
　　6.1.4　东盟将迎来 3000 名日语教师 ……………………………………… 77
　　6.1.5　韩国降低高考英语题难度 …………………………………………… 77

  6.1.6 韩国小学生热衷补习英语 ……………………………………… 78
  6.1.7 朝鲜明年高考增加外语和听力 …………………………………… 78
  6.1.8 越南英语教师水平堪忧 …………………………………………… 78
  6.1.9 越南外语教育计划因师资质量难以完成 ……………………… 79
  6.1.10 缅甸教师希望教授克伦语能得到官方的认可 ……………… 79
  6.1.11 缅甸教育部培训少数民族语言教师 ………………………… 79
  6.1.12 泰国英语交流技能差 …………………………………………… 80
  6.1.13 泰国为东盟共同体到来设立语言中心 ……………………… 80
  6.1.14 马来西亚两万名英语教师接受再培训 ……………………… 80
  6.1.15 大学生抗议印地语课程设置 ………………………………… 81
  6.1.16 印度尼西亚缺少有经验的巽他语老师 ……………………… 81
  6.1.17 印度不得在私立学校强制推行母语教育 …………………… 81
  6.1.18 斯里兰卡英语教育面临巨变 ………………………………… 82
  6.1.19 沙特阿拉伯：首次发行沙特阿拉伯手语字典 ……………… 82
  6.1.20 叙利亚库尔德人地区的库尔德语教学正在深化 …………… 82
  6.1.21 以色列研究发现英语教师语言能力差 ……………………… 83
  6.1.22 阿曼语言培训学校突破语言障碍 …………………………… 83

6.2 美洲 …………………………………………………………………………… 83
  6.2.1 美国公民自由联盟因英语教育问题起诉州政府 ……………… 83
  6.2.2 美国新法案支持语言教学 ……………………………………… 84
  6.2.3 美国开设越南语双语沉浸式课程 ……………………………… 84
  6.2.4 美国国务院为英语教育者提供大量的网络课程 ……………… 84
  6.2.5 美国里奥格兰德大学开设威尔士语课程 ……………………… 85
  6.2.6 加拿大正在举行因纽特语庆祝活动 …………………………… 85
  6.2.7 海地：推动克里奥尔语的教学 ………………………………… 86

6.3 欧洲 …………………………………………………………………………… 86
  6.3.1 英国学校的外语学习喜忧参半 ………………………………… 86
  6.3.2 曼岛语动画片有利于促进本地语言学习 ……………………… 86
  6.3.3 英国外语教学缺乏衔接性 ……………………………………… 87
  6.3.4 英国"语言链接，全球思维"项目提升中小学生语言学习意识 … 87
  6.3.5 英国新版《牛津英语词典》或面临停印 ……………………… 88

目录

6.3.6 苏格兰小学的语言教育基金不足 ……………………………… 88
6.3.7 保护苏格兰大学的语言教学 ………………………………… 88
6.3.8 苏格兰外语学习计划或因师资缺乏而搁浅 …………………… 89
6.3.9 过去7年中威尔士的外语学习者减少了一半 ………………… 89
6.3.10 威尔士的小学应该提供外语课程 …………………………… 89
6.3.11 爱尔兰又一所英语学校面临关门 …………………………… 90
6.3.12 法国说唱方法教英语受欢迎 ………………………………… 90
6.3.13 比利时高校教师英语水平欠佳 ……………………………… 90
6.3.14 西班牙发行儿童中文学习软件 ……………………………… 91
6.3.15 西班牙民族语言复兴引发西班牙语教育的忧虑 …………… 91
6.3.16 德国希腊语教育问题严重 …………………………………… 91
6.3.17 匈牙利语言教育新法案引双语学校不满 …………………… 92
6.3.18 英语在芬兰作为外语的地位得到提升 ……………………… 92

6.4 非洲 …………………………………………………………………… 92
6.4.1 南非小学生必须学习非洲语言 ……………………………… 92
6.4.2 南非语言教育政策遭投诉 …………………………………… 93
6.4.3 南非高校保护非洲语言 ……………………………………… 93
6.4.4 尼日利亚校长鼓励学生打好英语语法基础 ………………… 93
6.4.5 加纳学生写作考试使用社交网络语言 ……………………… 94
6.4.6 安哥拉的葡萄牙语能力欠缺束缚教育发展 ………………… 94
6.4.7 坦桑尼亚选择何种语言作为教学语言有争议 ……………… 94
6.4.8 坦桑尼亚学校教育使用斯瓦希里语 ………………………… 95

6.5 大洋洲 ………………………………………………………………… 95
6.5.1 澳大利亚投资鼓励学习亚洲语言 …………………………… 95
6.5.2 澳大利亚缺乏亚洲语言师资 ………………………………… 96
6.5.3 澳式英语难掌握 ……………………………………………… 96
6.5.4 新西兰推动语言多样性 ……………………………………… 96

第七章 语言与社会 …………………………………………………………… 97

7.1 亚洲 …………………………………………………………………… 97
7.1.1 日本越来越多的父母让婴幼儿更早学习英语 ……………… 97
7.1.2 日本广播协会因过多使用英语单词被指控 ………………… 97

7.1.3	日本医院为迎接外国观赛游客增设外语服务	98
7.1.4	日本前首相索契冬奥会发言惹不快	98
7.1.5	东京奥运设"英语救急队"	98
7.1.6	日本 2020 年前在电视节目中设置外语字幕	99
7.1.7	东京拟为奥运会设置更多语言的指示牌	99
7.1.8	日本打造具备多种外语能力的医疗机构	99
7.1.9	首尔修订错误的外文标识	100
7.1.10	韩国菜谱外译规范化	100
7.1.11	缅甸 50 年来首次发行孟语报纸	100
7.1.12	缅甸年轻人热衷学外语	101
7.1.13	英语合同被印度尼西亚法庭视为无效	101
7.1.14	印度尼西亚要求中爪哇省居民每周说一天爪哇语	101
7.1.15	东帝汶语言政策要求文化民主	102
7.1.16	泰国学好阿拉伯语有商机	102
7.1.17	新加坡研究母语博客洞察社会心理	102
7.1.18	印度少数族裔获取法律帮助需要翻译	103
7.1.19	印度与缅甸军方联合实施语言培训	103
7.1.20	印度会英语的人收入更高	103
7.1.21	印度律师代理案件希望使用泰米尔语	104
7.1.22	英语在印度易引发矛盾	104
7.1.23	斯里兰卡政府为官方翻译的错误道歉	104
7.1.24	斯里兰卡 1122 名警察完成泰米尔语培训	105
7.1.25	孟加拉国禁播印地语版动漫节目	105
7.1.26	阿塞拜疆移民或需参加语言能力考试	105
7.1.27	美督促阿富汗空军提高英语水平	106
7.1.28	维和部队在黎巴嫩教意大利语	106
7.1.29	容忍外国人蹩脚阿拉伯语的害处	106
7.1.30	吉尔吉斯斯坦与北约联合举办高级军官语言培训	107
7.1.31	塔吉克斯坦的乌兹别克语教育衰退	107
7.1.32	以色列出现新的阿拉伯-希伯来语	107
7.1.33	以色列总理和罗马教皇争论耶稣的母语	108

  7.1.34 伊朗波斯语组织反对教授少数民族语言 …… 108
  7.1.35 土耳其人热衷学习阿拉伯语 …… 108
 7.2 美洲 …… 109
  7.2.1 热线电话增加亚洲语言服务受老人欢迎 …… 109
  7.2.2 佐治亚州法语驾照受罚引骚动 …… 109
  7.2.3 阿拉斯加同意将原住民语言列为官方语言 …… 110
  7.2.4 美国三个州考虑将英语作为官方语言 …… 110
  7.2.5 近一成美国学生英语不过关 …… 110
  7.2.6 语言障碍危害亚裔美籍人的医疗保险 …… 111
  7.2.7 西班牙语奥巴马医改市场障碍重重 …… 111
  7.2.8 魁北克一家连锁店因餐具语言标识而被警告 …… 111
  7.2.9 语言障碍可能危害新移民学生的性健康 …… 112
  7.2.10 巴西24小时免费电话翻译服务助力世界杯 …… 112
 7.3 欧洲 …… 112
  7.3.1 欧盟医生面临英语测试 …… 112
  7.3.2 学英语，减少翻译费用 …… 113
  7.3.3 英国取消外语驾照考试 …… 113
  7.3.4 英国地区手语方言正在衰退 …… 113
  7.3.5 英国结束免费的移民翻译服务 …… 114
  7.3.6 不会说英语的医护人员被要求学习英语课程 …… 114
  7.3.7 英国难民语言检测系统遭最高法院谴责 …… 114
  7.3.8 威尔士语规范出炉 …… 115
  7.3.9 威尔士语积极分子封锁了政府大楼 …… 115
  7.3.10 爱尔兰母语学习或因移动应用程序而成功 …… 116
  7.3.11 因爱尔兰语问题游行示威 …… 116
  7.3.12 爱尔兰语街道标识调查受质疑 …… 116
  7.3.13 法国抵制在广播电视上过度使用英语 …… 117
  7.3.14 法国抗议关闭巴斯克语学校 …… 117
  7.3.15 西班牙英语水平堪忧 …… 117
  7.3.16 西裔犹太人可获双重公民身份 …… 118
  7.3.17 德国外国医生有语言障碍 …… 118

7.3.18	德国移民在家须说德语引不满	118
7.3.19	德国考虑是否继续将德语作为移民配偶入境签证条件	119
7.3.20	瑞士的外国人需要语言护照	119
7.3.21	瑞士征集新国歌	119
7.3.22	土耳其家庭不学德语可能就少补贴	120
7.3.23	缺少荷兰语知识可能会丧失社会救济金	120
7.3.24	瑞典拒绝谷歌干涉词典用法	121
7.3.25	挪威公民归化测试的语言受批评	121
7.3.26	芬兰90%的增长人口说外语	121
7.3.27	俄罗斯社交网络和论坛禁止脏话	122
7.3.28	保护俄语的法案充斥语言错误	122
7.3.29	俄罗斯公民资格语言测试将包括"口译隐含意思"	122
7.3.30	俄罗斯向文艺作品中的粗俗语言宣战	123
7.3.31	俄罗斯保护乌克兰讲俄语居民的权利	123
7.3.32	拉脱维亚考虑建立俄语电视台	123
7.3.33	拉脱维亚政府聘用语言督导	124
7.3.34	亚美尼亚的俄语学校引关注	124
7.3.35	爱沙尼亚俄语老师官方语言不流利受罚	124
7.3.36	摩尔多瓦只用罗马尼亚语训练警犬	125
7.3.37	语言偏好不能强加于人	125
7.3.38	黑山塞族人声称受到语言歧视	125
7.3.39	塞尔维亚北部省反对党要求"语言巡察"	126
7.3.40	马其顿总统称俄语与古马其顿语同源	126
7.3.41	马耳他为难民提供英语培训	126
7.3.42	马耳他一半中学毕业生没有外语资格证书	127
7.3.43	巴尔干有共同语	127
7.3.44	米兰帮助移民学习意大利语	127
7.4 非洲		128
7.4.1	南非手语获准为第一语言	128
7.4.2	南非语言平等不现实	128
7.4.3	肯尼亚电视台需提供手语服务	128

目 录

- 7.4.4 马达加斯加的法语水平下降令学术界担忧 129
- 7.4.5 利比里亚大学考生全军覆没皆因英语差 129
- 7.4.6 埃及文盲影响社会发展 129
- 7.4.7 赞比亚面临语言挑战 130
- 7.4.8 摩洛哥复杂的语言冲突 130
- 7.4.9 坦桑尼亚消除跨境商人的语言障碍 130
- 7.4.10 卢旺达法语或可卷土重来 131

7.5 大洋洲 131
- 7.5.1 法律语言对澳大利亚原住民社团来说太难 131
- 7.5.2 澳大利亚"残疾护理"宣传引发争议 131
- 7.5.3 澳大利亚移民家庭为学英语撇母语 132

第八章 语言传播 133

8.1 亚洲 133
- 8.1.1 学习韩语的人越来越多 133
- 8.1.2 韩剧掀起国外学韩语热 133
- 8.1.3 韩语能力考试人数创新高 133
- 8.1.4 日语教育促进与东盟国家的关系 134
- 8.1.5 努力推动更多外国人学日语 134
- 8.1.6 印度尼西亚学日语人数全球第二 134
- 8.1.7 越南语域名注册超100万 135
- 8.1.8 马来语的国际化需要邻国的参与 135
- 8.1.9 阿塞拜疆的俄语 135
- 8.1.10 印地语成为联合国官方语言需要巨额花费 136
- 8.1.11 美国有线电视新闻网推出印尼语地方频道 136
- 8.1.12 《古兰经》译成斯瓦西里语 136
- 8.1.13 阿联酋重视推广阿拉伯语 137

8.2 美洲 137
- 8.2.1 哈佛大学将教授布列塔尼语 137
- 8.2.2 英法双语课程在纽约 138
- 8.2.3 塞万提斯学院帮助巴西士兵学习西班牙语 138
- 8.2.4 巴西:巴西文学走向世界 138

- 8.2.5 "今日俄罗斯"西班牙语频道开播 ⋯⋯⋯⋯⋯⋯⋯⋯⋯⋯⋯⋯⋯⋯⋯⋯ 139
- 8.2.6 费利佩王储力推西班牙语 ⋯⋯⋯⋯⋯⋯⋯⋯⋯⋯⋯⋯⋯⋯⋯⋯⋯⋯ 139

8.3 欧洲 ⋯⋯⋯⋯⋯⋯⋯⋯⋯⋯⋯⋯⋯⋯⋯⋯⋯⋯⋯⋯⋯⋯⋯⋯⋯⋯⋯⋯⋯⋯⋯⋯ 139

- 8.3.1 英国说英语的企业是否有足够的外语培训 ⋯⋯⋯⋯⋯⋯⋯⋯⋯⋯ 139
- 8.3.2 苏格兰语得到强力支持 ⋯⋯⋯⋯⋯⋯⋯⋯⋯⋯⋯⋯⋯⋯⋯⋯⋯⋯⋯ 140
- 8.3.3 法国学术界因教授英语计划起争执 ⋯⋯⋯⋯⋯⋯⋯⋯⋯⋯⋯⋯⋯ 140
- 8.3.4 法国"2050年说法语的人全球最多"引争议 ⋯⋯⋯⋯⋯⋯⋯⋯⋯ 140
- 8.3.5 更多英语词汇溜进法语 ⋯⋯⋯⋯⋯⋯⋯⋯⋯⋯⋯⋯⋯⋯⋯⋯⋯⋯ 141
- 8.3.6 俄罗斯推进国外俄语教育进程 ⋯⋯⋯⋯⋯⋯⋯⋯⋯⋯⋯⋯⋯⋯⋯ 141
- 8.3.7 俄罗斯将在全球开设免费俄语学校 ⋯⋯⋯⋯⋯⋯⋯⋯⋯⋯⋯⋯⋯ 141
- 8.3.8 俄罗斯关注俄语在吉尔吉斯斯坦的传播 ⋯⋯⋯⋯⋯⋯⋯⋯⋯⋯⋯ 142
- 8.3.9 俄语寻求在朝鲜的地位 ⋯⋯⋯⋯⋯⋯⋯⋯⋯⋯⋯⋯⋯⋯⋯⋯⋯⋯ 142
- 8.3.10 葡萄牙语的未来 ⋯⋯⋯⋯⋯⋯⋯⋯⋯⋯⋯⋯⋯⋯⋯⋯⋯⋯⋯⋯ 142
- 8.3.11 芬兰的俄语发展势头迅猛 ⋯⋯⋯⋯⋯⋯⋯⋯⋯⋯⋯⋯⋯⋯⋯⋯ 143
- 8.3.12 拉脱维亚淘汰俄语课程 ⋯⋯⋯⋯⋯⋯⋯⋯⋯⋯⋯⋯⋯⋯⋯⋯⋯ 143
- 8.3.13 阿拉伯语丰富了世界文化遗产 ⋯⋯⋯⋯⋯⋯⋯⋯⋯⋯⋯⋯⋯⋯ 143
- 8.3.14 荷兰对英语的态度与德国不同 ⋯⋯⋯⋯⋯⋯⋯⋯⋯⋯⋯⋯⋯⋯ 144
- 8.3.15 学习斯洛伐克语言作为沟通的桥梁 ⋯⋯⋯⋯⋯⋯⋯⋯⋯⋯⋯⋯ 144

8.4 非洲 ⋯⋯⋯⋯⋯⋯⋯⋯⋯⋯⋯⋯⋯⋯⋯⋯⋯⋯⋯⋯⋯⋯⋯⋯⋯⋯⋯⋯⋯⋯⋯⋯ 144

法语在尼日利亚受追捧 ⋯⋯⋯⋯⋯⋯⋯⋯⋯⋯⋯⋯⋯⋯⋯⋯⋯⋯⋯⋯⋯⋯ 144

第九章 中文在海外 ⋯⋯⋯⋯⋯⋯⋯⋯⋯⋯⋯⋯⋯⋯⋯⋯⋯⋯⋯⋯⋯⋯⋯⋯⋯⋯ 145

9.1 亚洲 ⋯⋯⋯⋯⋯⋯⋯⋯⋯⋯⋯⋯⋯⋯⋯⋯⋯⋯⋯⋯⋯⋯⋯⋯⋯⋯⋯⋯⋯⋯⋯ 145

- 9.1.1 韩国总统说汉语迷倒中国人 ⋯⋯⋯⋯⋯⋯⋯⋯⋯⋯⋯⋯⋯⋯⋯⋯ 145
- 9.1.2 中国电视剧在韩受追捧成汉语教材 ⋯⋯⋯⋯⋯⋯⋯⋯⋯⋯⋯⋯⋯ 145
- 9.1.3 韩国用中文欢迎中国顾客 ⋯⋯⋯⋯⋯⋯⋯⋯⋯⋯⋯⋯⋯⋯⋯⋯⋯ 146
- 9.1.4 韩国:济州岛学汉语热潮 ⋯⋯⋯⋯⋯⋯⋯⋯⋯⋯⋯⋯⋯⋯⋯⋯⋯ 146
- 9.1.5 韩国降低汉字地位的后遗症 ⋯⋯⋯⋯⋯⋯⋯⋯⋯⋯⋯⋯⋯⋯⋯⋯ 146
- 9.1.6 韩国国际快递下单支持中文 ⋯⋯⋯⋯⋯⋯⋯⋯⋯⋯⋯⋯⋯⋯⋯⋯ 147
- 9.1.7 韩国商户热衷学汉语 ⋯⋯⋯⋯⋯⋯⋯⋯⋯⋯⋯⋯⋯⋯⋯⋯⋯⋯⋯ 147
- 9.1.8 汉语成韩国必学语言 ⋯⋯⋯⋯⋯⋯⋯⋯⋯⋯⋯⋯⋯⋯⋯⋯⋯⋯⋯ 147
- 9.1.9 韩国无证中文"黑导"将受制裁 ⋯⋯⋯⋯⋯⋯⋯⋯⋯⋯⋯⋯⋯⋯ 148

目录

9.1.10　韩国吸引中国游客600万 ······ 148
9.1.11　日本石川出租车司机配备中文导游手册 ······ 148
9.1.12　日本京都市消防局将开通汉语等5种外语119电话 ······ 149
9.1.13　神户消防局推汉语等多语言119电话服务 ······ 149
9.1.14　日本2013年年度汉字"轮" ······ 149
9.1.15　日本铁路公司推汉语促发展 ······ 150
9.1.16　中日的国际影响力可能因语言传播而拉大距离 ······ 150
9.1.17　北海道高中教汉语促就业 ······ 150
9.1.18　马来西亚越来越重视汉语教学 ······ 151
9.1.19　马来西亚政府官员学华语 ······ 151
9.1.20　纳吉布总理华语贺新年 ······ 152
9.1.21　马来西亚2013年年度汉字"涨" ······ 152
9.1.22　马来西亚州政府立项推广华语 ······ 152
9.1.23　马来西亚副首相强调汉语作为第三语言 ······ 153
9.1.24　华语在新加坡不会消失 ······ 153
9.1.25　新加坡华裔儿童使用中文频率下降 ······ 153
9.1.26　新加坡2013年度汉字"霾" ······ 154
9.1.27　新加坡总理表示华语应允许"零翻译" ······ 154
9.1.28　新加坡改变语言政策将损害双语化 ······ 154
9.1.29　柬埔寨中国游客持续增长 ······ 155
9.1.30　汉语普通话在老挝北部受欢迎 ······ 155
9.1.31　印度城市拥抱汉语和日语 ······ 155
9.1.32　印度军队重视汉语学习 ······ 156
9.1.33　印度军队高级军官进行华语培训 ······ 156
9.1.34　中国教师为印度汉语普通话教学注入活力 ······ 156
9.1.35　巴基斯坦增设汉语学校应对汉语热 ······ 157
9.1.36　巴基斯坦：所有的公立大学都将提供汉语课程 ······ 157
9.1.37　春节期间巴厘岛面临汉语导游荒 ······ 157
9.1.38　卡塔尔引入汉语普通话和英语课程 ······ 158
9.2　美洲 ······ 158
9.2.1　美国人分不清中文是广东话还是普通话 ······ 158
9.2.2　芝加哥一学区终止小学汉语课程 ······ 158
9.2.3　美国沉浸式汉语课程受欢迎 ······ 159

  9.2.4 用互联网"抢救"汉语方言 ·········· 159
  9.2.5 美国大学请人教认中国人名 ·········· 159
  9.2.6 美国纽约家长送孩子学汉语 ·········· 160
  9.2.7 "末日博士"要学汉语普通话 ·········· 160
  9.2.8 领英推出汉语网站 ·········· 161
  9.2.9 美国华人希望留住文化和根 ·········· 161
  9.2.10 美国一学校因师资匮乏不得不终止汉语课程 ·········· 161
  9.2.11 麻省35个学区提供汉语教学 ·········· 162
  9.2.12 美国在家说汉语的人口超过300万 ·········· 162
  9.2.13 总裁秀汉语论脸谱 ·········· 162
  9.2.14 为什么汉语不会成为国际通用语 ·········· 163
  9.2.15 美国人在华经商懂汉语不上当 ·········· 163
  9.2.16 加拿大新民主党领袖就某企业招聘员工需懂汉语表态 ·········· 163
  9.2.17 加拿大新杂志面向汉语读者 ·········· 164
  9.2.18 汉语成加拿大第三大语言 ·········· 164
  9.2.19 加拿大戒赌广告只用汉语被批 ·········· 164
  9.2.20 牙买加提供汉语培训课程 ·········· 165
  9.2.21 加勒比海事学院开设汉语课 ·········· 165
 9.3 欧洲 ·········· 166
  9.3.1 欧洲航天员学汉语以期将来进中国空间站 ·········· 166
  9.3.2 英国首相鼓励儿童学习汉语普通话 ·········· 166
  9.3.3 伦敦市长鼓励儿童学习汉语普通话 ·········· 166
  9.3.4 英国金融城汉语热 ·········· 167
  9.3.5 仅1%的英美留学生有意赴华学习 ·········· 167
  9.3.6 英国景点取汉语名称吸引中国游客 ·········· 167
  9.3.7 英国企业对汉语情有独钟 ·········· 168
  9.3.8 苏格兰掀起汉语热 ·········· 168
  9.3.9 约克古城推简体中文游客指南 ·········· 168
  9.3.10 格拉斯哥中心获孔子学院奖 ·········· 169
  9.3.11 法国26个教区全部开设汉语课 ·········· 169
  9.3.12 法国汉语教学越来越普及 ·········· 169
  9.3.13 奥地利旅游业急需中文人才 ·········· 170
  9.3.14 西班牙失业培训计划设汉语课程 ·········· 170

9.3.15 中文成葡萄牙"皮鞋之都"小学生必修课 …… 170
9.3.16 丹麦机场雇用中文向导 …… 171
9.3.17 马耳他教师公会建议初中阶段引入汉语普通话课程 …… 171
9.3.18 汉语或被列入俄罗斯统一考试选考科目 …… 171
9.3.19 俄罗斯中学明年试点汉语考试 …… 172

9.4 非洲 …… 172

9.4.1 非盟总部推出汉语课 …… 172
9.4.2 亚的斯亚贝巴大学的汉语教学 …… 172
9.4.3 津巴布韦与中国携手推广汉语学习 …… 173
9.4.4 津巴布韦学习汉语回报丰厚 …… 173
9.4.5 津巴布韦传播中国语言文化非洲领先 …… 173
9.4.6 祖鲁国王要学汉语 …… 174
9.4.7 汉语将来或成尼日利亚新母语 …… 174
9.4.8 利比里亚孔子学院学生赴华学汉语 …… 175
9.4.9 布隆迪全国学校将教汉语 …… 175
9.4.10 麦克雷雷孔子学院提供汉语证书和学位课程 …… 175

9.5 大洋洲 …… 176

9.5.1 布里斯班议会网站推出中文新闻 …… 176
9.5.2 陆克文总理视察小学秀中文 …… 176
9.5.3 澳大利亚旅游景点开设中文网站 …… 176
9.5.4 汉语成澳大利亚第二通用语 …… 177
9.5.5 维多利亚州小学掀起汉语热 …… 177
9.5.6 澳大利亚学生青睐汉语和日语 …… 177
9.5.7 北京对澳大利亚华文媒体影响越来越大 …… 178
9.5.8 中国员工是新西兰吸引游客的法宝 …… 178
9.5.9 基督城机场推出中日韩三语标识 …… 178
9.5.10 中文成为新西兰机场信息显示板的第一外语 …… 179
9.5.11 学好中文迎中国春节游客 …… 179
9.5.12 中国希望新西兰儿童学汉语 …… 179
9.5.13 新西兰若有需求可以教汉语普通话 …… 180
9.5.14 新西兰举办首个汉语周 …… 180
9.5.15 新西兰中文网站促进旅游业发展 …… 180

第一章 语言政策

1.1 亚 洲

1.1.1 拯救蒙古语[①]

最近,一些国会议员就蒙古语的保护问题准备议案并提交给议会议长。一位法案发起者表示,随着现代信息技术的快速发展和国际文化传播的加快,蒙古人的母语、传统及文化正逐渐模糊和淡化。20世纪下半叶世界各国都在重视保护自己语言文化的独特性,相比之下,蒙古已经远远落在后面。这个阶段的蒙古语教学在削弱,街道和建筑物的地址上都写着外语。一些民办学校甚至不教蒙古语。尽管有国家语言文字工作委员会,但其职责已弱化,只是负责术语管理。有鉴于此,一些国会议员开始酝酿推出一项新法案以扭转这种局面。新法案致力于提升中小学生的蒙古语能力,规范词典和语法及正字法等,为此,已经组建了9人制的新国家语言政策委员会,以落实这些方案。

1.1.2 以色列执政党提议禁止使用纳粹标识语[②]

1月16日,以色列媒体曝出该国议会初步批准一项法案,禁止使用纳粹术语,并称此举违反言论自由法。该法案1月15日在议会初审通过,但仍须经过议会委员会辩论,并通过议会系列表决才可能成为法律。由执政党利库德集团议员起草的这一法案,要求任何人不得使用纳粹术语及派生用语、集中营囚衣及六芒星等易联想到大屠杀的纳粹符号。违法者将处以6个月监禁及28 654美元的罚款。该法案对历史研究及教育领域的使用予以豁免。工党及共产党议员对该议案持否定意见。据悉,以色列总检察长也认为该法案没有必要,因此该法案

[①] 摘自蒙古《乌兰巴托邮报》2014年5月25日报道。
[②] 摘自法新社2014年1月16日报道。

可能夭折。

1.1.3 以色列的阿拉伯语地位或降格[①]

以色列总理办公室23日发表声明称,以内阁当天批准以法律形式规定以色列的"犹太国家"属性。总理内塔尼亚胡在内阁投票前解释这个由他推动的法案时表示:"以色列是犹太人的民族国家。坚持以色列每个公民拥有平等的个人权利,但只有犹太人拥有民族权利,比如国旗、国歌和每一个犹太人都可以移民到以色列的权利及其他的民族象征。"新法案还试图改变现在希伯来语和阿拉伯语同为以色列官方语言的现状,提出希伯来语为以色列的官方语言,阿拉伯语只拥有"特殊地位"。据称在讨论这项有争议的法案时,以色列内阁部长们曾有激烈争议,最终以15人赞成、7人反对的结果通过了该法案。反对者称法案将损害以色列的民主国家特征以及占以色列人口20%的阿拉伯裔公民的权利。这项法案将在26日交由以色列议会讨论。

1.1.4 尼泊尔强调国家语言政策的必要性[②]

7月9日,尼泊尔科学院和教育部举行尼泊尔语言政策发展研讨会。专家们在会上表示,对宪法中有关语言条款的不同解读和分析,对尼泊尔的国家语言政策有消极影响。尽管最新的人口普查显示,国内有四大语系,123种不同的语言,但一些语言依然未获尼泊尔政府的承认。语言多样性应该不仅仅理解为一种被动的责任,应该将其视作国家的丰富财产。尼泊尔科学院院长建议成立一个专门从事保护和推广境内各语言的顾问委员会。来自坎昌普尔、拉苏瓦、丹库塔等地从事多语言教学的教师分享了他们使用两门或更多语言教学的经验。研讨会召开之前,尼泊尔文化旅游民航部长表示,每一种语言的灭绝都将导致该语言文化及认同的灭亡,故需要制定一个具体的保护和推广语言的政策。

1.1.5 纳扎尔巴耶夫总统论哈萨克语的地位[③]

4月24日,在哈萨克斯坦人民大会第20次会议上,纳扎尔巴耶夫总统声称"哈萨克语已经成为促使哈萨克人民团结在一起的重要因素"。他表示政府殚精竭虑,为保护哈萨克斯坦各少数民族的文化传统创造了条件。哈萨克境内有

---

① 综合俄罗斯"今日俄罗斯"网站等2014年11月25日报道。
② 摘自尼泊尔《喜马拉雅时报》2013年7月9日报道。
③ 摘自哈萨克斯坦"腾格里新闻网在线"2013年4月24日报道。

100多个少数民族，各族人民团结起来，共同形成一个多民族国家，这其中哈萨克语功不可没。他援引美国为例，所有到达美国的新移民，不管他们来自何方，自抵达美国之后就要学习英语。语言是促进团结的重要因素。欧洲各国也是如此。总统因此建议应让哈萨克语充分发挥这种联系不同种族纽带、加强相互理解的重要作用，同时应使哈萨克语的推广更自然、更让人容易接受，而不是迫于某种压力。他还强调自从1991年哈萨克斯坦独立以来，境内各族人民都充分享有推广自身语言、强化文化身份认同的权利。

1.1.6 土耳其国语条款有争议[①]

土耳其议会宪法调解委员会就将土耳其语作为国语条款达成三方协议，只有和平与民主党投了反对票。8月27日执政的正义与发展党及主要反对派共和人民党、民族行动党三方同意保留现行宪法第3款的文字表述。执政党不再坚持原本希望更改的"官方语言"。执政党发言人表示"国语"和"官方语言"表述只有拼写上的差异，其他方面没有任何区别。在同一会议上，和平与民主党的代表对此持强烈批评态度。他们认为宪法第3款未能表述清楚国家和民族的关系问题。2009年土耳其宪法法院就曾强硬取缔持这一看法的亲库尔德的民主社会党。共和人民党代表则辩称该条款体现了土耳其的共同价值，代表了共和国的基本理念"一个家园、一个国家"。

1.1.7 土耳其允许用亚美尼亚语参加选举[②]

土耳其总理埃尔多安近日提出一揽子政改方案，其中一项就是允许使用亚美尼亚语参加选举活动。此前该国禁止使用除土耳其语之外的任何语言从事选举活动。土耳其语言学界认为，该国共有36种语言，约1500万人说库尔德语；还有150万人信奉伊斯兰教，大多说亚美尼亚语和阿拉伯语。土耳其境内还使用希腊语、阿布哈兹语、格鲁吉亚语、哈萨克语以及亚美尼亚西部方言等多种语言。近年土耳其语言政策已有一定程度的松动，该国一家国营电视台就已试播亚美尼亚语新闻节目一年。此次埃尔多安总理公布的一揽子改革方案，旨在推动土耳其的民主化进程，消解与库尔德工人党的冲突。方案中的主要内容还包括取消禁止穿戴穆斯林头巾的禁令、公民可自主选择母语教育等。

---

① 摘自土耳其《每日新闻》2013年8月29日报道。
② 摘自美国"泛亚美尼亚网"2013年10月21日报道。

1.2 美洲

阿拉斯加土著语言法案引起质疑[①]

本周四,一份将会让 20 门阿拉斯加土著语言成为该州官方语言的法案"216"遇到了现实中的阻碍。在一次州事务委员会上,该法案的联席保荐人被质疑法案的分歧性。目前,英语是该州唯一用于公务的官方语言。很多其他议员担心这份法案只会使这些语言在该州具有象征性的官方意义,却不会影响该州的法律或程序。根据阿拉斯加本土遗产中心的报道,在该州 21 门土著语言中,19 门语言正在面临灭绝的危险。尽管约 1 万人依然说爱斯基摩语,但是 2008 年最后一位说埃雅克语的人去世了,而该语言正在这份法案的名单内。目前只有夏威夷将一门土著语言认定为一门官方语言。这份法案还在审议中。

1.3 欧洲

1.3.1 法国批准语言宪章[②]

法国政府最近表示将批准一份已经存在 20 年之久的欧洲宪章。该宪章要求欧盟成员国认可并支持本国境内的地区和少数民族语言,像法国的布列塔尼语、普罗旺斯语和奥克语等。1992 年欧洲理事会就已颁布了该宪章,希望借此保护和推广欧盟境内各国的地区语言。法国代表曾签署该宪章,但是在国内并没有获得批准,因为法国宪法规定"法国的语言是法语",地区语言在法国没有地位。据报道法国总理埃劳很热衷于该宪章的尽快确认。法国的一些地方语言活动家努力多年,希望政府能做出改变,遵守欧洲宪章。然而法国政府一直没有采取积极行动,因为另一些人认为此举违背法国宪法。

1.3.2 法国有望通过地区语言宪章[③]

法国国会已经为通过欧洲地区或少数民族语言宪章扫除了一个很大的障碍,但是还需要修改该国宪法,可谓任重而道远。在停滞了 14 年之后,法国国会议员通过了一个草案,而该草案可能会为通过语言宪章打开大门。在议会的

[①] 摘自 www.sfgate.com 网站 2014 年 3 月 27 日报道。
[②] 摘自法国"联结法国"网站 2013 年 12 月 16 日报道。
[③] 摘自 www.euractiv.com 网站 2014 年 2 月 3 日报道。

510 名国会议员中,361 人投了支持票,而剩下来的 149 人则投了反对票。1999 年法国签署了这份宪章,但是由于该国宪法中关于地区语言如加泰罗尼亚语、巴斯克语和布列塔尼语的规定存在争议而停滞。该国宪法第二项规定"法兰西共和国的语言是法语"。该条款没有给认同地区语言留下任何余地,因此如果想要通过上述宪章就只有修改宪法,而政府则一直拖延到现在。法国是欧洲国家中少数没有批准该语言宪章的国家。在欧洲理事会的 47 个成员国中,25 个国家已经批准了。而且剩下的没有批准宪章的国家并没有受地区语言的影响,如摩纳哥、圣马力诺和安道尔。

1.3.3 俄罗斯试图使俄语成为欧盟官方语言[①]

11 月 28 日,一位俄罗斯官员表示,俄国家杜马将全力以赴以确保俄语被列为欧盟的正式官方语言。这一努力并非空穴来风。欧盟近来修改其官方语言政策,规定只要能够征集到 100 万个欧盟公民签名背书,就可以提出增设某种语言作为欧盟官方语言。俄罗斯有必要对此政策做出响应并有所动作。俄罗斯国防委员会成员阿列克谢·茹拉夫廖夫在议会的一次圆桌会议上作上述表态。他表示征集到上述数量的签名应该不成问题。鉴于欧盟成员国内存在大量俄语社团,俄罗斯联邦机构将积极协调,致力推动俄语成为欧盟官方语言的国际合作。俄国的该项动议最早是由俄罗斯副总理罗戈津首先提出来的。

1.3.4 乌克兰代总统暂维持 2012 年语言法[②]

3 月 3 日,乌克兰代总统图尔奇诺夫表示,他不会在议会最近通过的一项废除《国家语言政策基本原则法》(以下简称《语言法》)的决议上签字。尽管现行《语言法》存在不平衡等问题,但他有耐心等待议会起草并通过一部新的《语言法》。新法将为包括俄语在内的各种语言在乌克兰的发展提供平等机会。尽管许多乌克兰人说乌克兰语和俄语或其混合语,但是全国仍可大致分为主要说乌克兰语的西部和主要说俄语的东部。乌克兰议会上月曾表决试图废除"若某地某语言使用人数超过 1/10,可立为当地官方语言"的语言法。废除该法案的决定引起俄罗斯的谴责和说俄语的一些地区的抗议。

1.3.5 塞尔维亚希望克罗地亚制定语言法案[③]

克罗地亚议会最近通过一项新的语言文字法案:塞尔维亚语和西里尔字母

---

① 摘自俄新社 2013 年 11 月 29 日报道。
② 摘自俄新社 2014 年 3 月 3 日报道。
③ 摘自塞尔维亚 B92 新闻网 2013 年 2 月 4 日报道。

在克罗地亚的武科瓦尔市将变成官方语言和官方文字。塞尔维亚政府对此表示欢迎。武科瓦尔地区 1/3 的居民是塞族人。在克罗地亚，塞族人被认定为一种少数民族，但没有享受到包括语言权在内的少数民族权益。当地甚至曾出现"攻击西里尔字母"的行径，塞政府认为这是对克罗地亚的塞尔维亚人主权和生存的一种挑衅。克罗地亚早在 2003 年就签署了欧洲保护少数族裔权利的宪章，但至今许多承诺还没有兑现，如少数族裔人民有权利使用自己的母语和文字、用母语接受教育、保护母语文化的独立性等。克罗地亚 2013 年将正式加入欧盟，这一法案的推出可能是其为加入欧盟兑现的举措之一。

1.3.6 摩尔多瓦将罗马尼亚语立宪为官方语言[①]

摩尔多瓦共和国宪法法院近日颁布法规，罗马尼亚语成为该国官方语言。该国使用的摩尔多瓦语目前采用拉丁字母拼写体系。该国总统表示，基于历史原因，由罗马尼亚分化而来的摩尔多瓦共和国，其官方语言的必然选择就是罗马尼亚语。该国已确认官方语言是罗马尼亚语，在宪法中的文字表述为"基于拉丁字母书写体系的摩尔多瓦语"，在含义上等同于罗马尼亚语。人们普遍认为，在苏联时期区分摩尔多瓦语和罗马尼亚语更多的是出于政治目的。其实这两个国家说的是同一种语言，只有微小的地域差别。最近一段时间，传闻这两个国家即将合并，罗马尼亚总统也曾在正式场合表态支持。

1.4 非洲

乌干达举国学习斯瓦西里语[②]

斯瓦西里语将成为东非共同体的官方语言，乌干达政府因此要求国民必须学习这门语言。东非共同体由肯尼亚、坦桑尼亚、乌干达、卢旺达和布隆迪 5 国组成，南苏丹正在申请加入该组织。斯瓦西里语是坦桑尼亚和肯尼亚的官方语言，在卢旺达使用也很普遍，但乌干达人对斯瓦西里语具有抵触情绪，因为乌干达曾经历军事独裁统治，而武装力量的培训正是使用斯瓦西里语。要求学习斯瓦西里语的举措表明乌政府拥抱东非共同体、推广该语言的决心。当局已指示所有相关机构努力推广、教授和使用斯瓦西里语，将其作为可替代国家语言的语言。

[①] 摘自罗马尼亚"罗马尼亚观察者"网站 2013 年 12 月 6 日报道。
[②] 摘自美国"非洲门户"网站 2013 年 10 月 25 日报道。

第二章 语言政治

2.1 亚 洲

2.1.1 日本议员痛斥县政府公文滥用英语[①]

3月5日,在日本石川县议会的常规质询会上,该县议员新谷博范批评县政府"英语外来语用过了头"。县政府工作人员答应改正。新谷议员指出,在2月的县政府文件中片假名外来语乱用现象严重。比如外来语"エクスカーション"完全可以用日语的"短期旅行"或者"实地视察"。新谷议员痛批县政府"企图通过玩弄英语文字游戏来故弄玄虚"。县政府总务部长植村哲承认,有些外来语确实完全可以用日语来表达,并表示今后一定要珍视日语,努力使用通俗易懂的语言,让县民能够充分理解。该县谷本知事虽然认为不应该草率使用外来语,但同时表示,随着全球化进程的加速,带进来许多外来词汇,有的用日语不能恰当表达,因此有时候不得已还得使用外来语。

2.1.2 韩国总统在美用英语演讲惹争议[②]

韩国总统朴槿惠5月访美期间,在参众两院联席会议用英语发布演讲,获得掌声超过40次,受到社会各界和媒体的广泛好评。近日韩国民主党议员郑清来却在其推特页面上发表嘲讽言论。在一篇名为"朴槿惠总统与歌手PSY("鸟叔")"的微博中,他称:"论英语实力,PSY更厉害,而朴槿惠总统却在用英语演讲,PSY则是用韩语唱歌,谁更令人自豪呢?"此言一出立刻受到众多韩国人的反对。有人指责郑清来作为反对派人士,对朴槿惠只是"为了反对而反对"。在历任韩国总统中,李承晚(1954年)、卢泰愚(1989年)和金大中(1998年)都曾用英语在美国议会中做过演讲。一些民众表示"使用到访国的语言体现出对该国和

[①] 摘自日本《读卖新闻》2013年3月6日报道。
[②] 摘自韩国《中央日报》2013年5月10日报道。

国民的尊重",他们以总统熟练掌握外语而自豪。

2.1.3 韩国法律中的语言问题①

8月6日,韩国内阁正式批准4部关于推进经济民主化、促进企业公平运作的法律。但令人遗憾的是,这些法律并没有对一些重要概念给出确切定义及其适用场合与范围,行文还充斥大量歧义和模糊用语。例如在公平贸易法中,"不当"一词使用非常普遍,然而条文中没有一处对其加以解释。在其他新出台的法律中,或多或少也都存在着此类问题。由于法律条文的表述不清,立法机构后期必须花费大量人力物力来追加司法解释。宪法法院最近裁定一部水和环境保护法,因使用过多模棱两可的用词,被判决违宪。看来韩国立法者需要更好地补一补语言知识和写作课了。

2.1.4 词典项目成今年朝韩民间团体首例交流②

韩国政府6月24日批准韩民族语言大词典共同编纂事业委员会韩方人员赴朝与朝方举行工作会议。韩国统一部官员表示,韩国政府一直允许韩朝在非政治、非军事的文化领域交流。韩美联合军演引发韩朝关系恶化,民间团体的接触因此中断。这次交流是2月以来韩朝民间团体的首次接触。韩朝半个多世纪以来在日常用语和学术用语方面的差异越来越大。意识到这一点,双方决定共同编纂一部词典,以保存民族的共同文化遗产。韩民族语言大词典项目自2005年实施,曾经每年每季度都举行词典编纂的联合工作会议。由于双边政治局势紧张,协调机制一度中断。韩国政府在2007年制定《韩民族语言大词典韩朝共同编纂事业法》后,每年向该项目提供韩朝合作基金。2014年韩国政府已向该项目划拨29.28亿韩元(约合人民币1791万元)。

2.1.5 巴基斯坦电视台禁播印度语言节目③

近日,巴基斯坦新闻广播部下令要求全国各地电视台从即日起停播从印度进口的各类影视剧,因为这些节目中所讲的印度语言已经严重影响到巴基斯坦儿童的母语使用。巴基斯坦电子媒体管理局(PEMRA)负责人称,2006年成立的该机构曾允许在巴基斯坦地方电视台频道播放10%的国外内容,其中包括占6%的印度节目。巴基斯坦议会警告电子媒体管理局应认真贯彻落实政府法规,立即停播此类节目。巴基斯坦参议院新闻广播委员会常务委员会公开谴责那些

---

① 摘自韩国《中央日报》2013年8月10日报道。
② 摘自韩联社2014年6月24日报道。
③ 摘自印度ANI通讯社2013年11月27日报道。

极端消极抹黑穆斯林文化、对青少年健康发展有负面影响的外国节目。巴基斯坦政府已经责成电子媒体管理局在未来一周内起草相应的处理方案,并与巴基斯坦广播协会协同处置,促使新法规尽快落实。

2.1.6 安德拉邦呼吁把泰卢固语确定为印度第二官方语言[①]

印度安德拉邦官方语言委员会建议政府把泰卢固语定为印度的第二官方语言。该委员会表示泰卢固语是除印地语之外全国使用人数最多的语言,有必要将该语言定为国家的第二官方语言;鉴于泰米尔纳德邦、奥里萨邦以及卡纳塔克邦等地的许多居民都说泰卢固语,把泰卢固语定为这些邦的第二官方语言合情合理。此外,该委员会还建议在印度北方邦把该语言作为第三语言来学习。早在 47 年前,泰卢固语已确定为安德拉邦官方语言,此次邦官方语言委员会就如何落实该语言地位提出了几点建议,如官方语言法案应进一步完善;官方语言使用应深入到政府的日常工作,并受到监督。其他建议包括使用泰卢固语开发计算机软件、作为公务员任职的必需条件、政府官方网站使用泰卢固语等。

2.1.7 印度反对党党主席的反英语言论激起执政党的愤怒[②]

印度最大反对党——印度人民党——该党主席杰纳特·辛格,因发表反英语言论激起执政党的愤怒。他宣称英语损害了印度丰富多彩的文化。在印度,广泛使用英语阻碍了梵语使用。梵语是一种由众多印度教徒使用的古老宗教文本及仪式语言。英语给印度带来巨大损失,使印度本土语言慢慢消亡,现在几乎没有人使用梵语。执政党对其言论进行严厉抨击,认为应把英语看成是一种给印度带来幸福而非灾难的语言。执政党表示英语使拥有 6500 种本土语言的印度有了统一的语言,这在一定程度上归功于英国殖民统治。西方信息产业公司在印度设立电话外包服务中心,原因之一就是印度拥有会说英语且有文化的人力资源。英语对多数印度人是充满机遇的语言,母语只是一种表达自己的语言。

2.1.8 马德拉斯高级法院拒绝干涉四语方案[③]

本地治里是印度六大联邦属地之一,由语言关系复杂分处 3 个邦的 4 个地区构成。根据当地语言政策,泰米尔语是该属地所有正式场合使用的官方语言。马拉雅拉姆语和泰卢固语可以分别在马埃地区和雅南地区的官方场合使用,英语则作为联系各个地区的通用语言。当地语言文学组织希望地方当局能够赋予

---

① 摘自印度《新印度快报》网站 2013 年 10 月 26 日报道。
② 摘自美国福克斯新闻网 2013 年 7 月 20 日报道。
③ 摘自印度《印度时报》2014 年 9 月 14 日报道。

泰米尔语以更重要的地位,但最近马德拉斯高级法院拒绝干预当地已确立的四语方案,表示英语仍然作为处理官方事务及提供公共服务的通用语言。对于赋予泰米尔语应有重要地位的诉求,法院称政府已经开始逐步实行在所有官方信函中使用泰米尔语,并提议在首席秘书处设立专门办公室。

2.1.9 德语作为印度学校第三语言被批违宪[①]

印度人力资源发展部长近日表示,原来一些中央学校将德语作为第三语言的做法违反了印度宪法。此前一些印度精英学校和中央学校早在 2011 年就与歌德学院签订协议,将德语作为第三语言引入课堂教学。此举被称与印度宪法相悖,在现行三语政策中,德语并没有列为第三语言,因此依据法律这些学校将不能续签合同。针对受影响的 500 所中央学校 7 万名六至八年级的学生,政府要求学校必须为其提供必要的学业辅导。这些学生可以自行选择梵语以外的其他任何一种印度语言作为第三语言。如果希望选择泰米尔语,则学校将配备泰米尔语师资。上周,人力资源发展部曾决定将梵语取代德语作为学校第三语言。

2.1.10 印度政府不希望有更多语言作为官方语言[②]

在驳回一项试图将泰米尔语纳入官方语言名单的请愿时,印度内政部向印度联邦院(议会上院)表达了这一想法:他们不希望有更多的语言列入宪法规定的官方语言,因为这将带来系列后果。印度内政部认为,要将一门语言设立为官方语言,必须修正宪法第 346 条官方语言章节。他表示,一旦政府放宽限制,将可能引发其他语言的连锁反应。针对有提议将泰米尔语著名诗人泰鲁瓦卢瓦的生日作为国家语言日,部长称不能同意,这将影响不同语言邦的团结。他同时表示,印度人力资源开发部 2015 年将举行全国范围的征文活动以纪念这位泰米尔语文学巨匠。印度泰米尔纳德邦地方政党德拉维达进步同盟近日举行罢工游行,抗议中央政府忽略泰米尔语的政策。他们表示语言之争已导致孟加拉国从巴基斯坦脱离,爱尔兰从英国脱离。中央政府应重视此事。

2.1.11 印度总理推广印地语受阻[③]

自上个月就职以来,印度总理莫迪已经立场鲜明地支持提升印地语的地位。他要求政府官员把印地语作为社交媒体官方机构网站和政府公文的语言。在 5 月与南亚领导人的会晤以及上周首次出访国外在不丹国会演讲时,他都用了印

[①] 摘自印度每日新闻分析网站 2014 年 11 月 21 日报道。
[②] 综合印度报业托拉斯 2014 年 12 月 19 日报道。
[③] 摘自印度《印度时报》2014 年 6 月 21 日报道。

地语。印度 12 亿人有一半使用其他语言作为母语。新政府推广印地语的举措，在印度一些说当地地方语言和英语的邦受到广泛抵制。泰米尔纳德邦地方政党德拉维达进步联盟就谴责推广印地语是"强奸民意"的行为，"从根子上就是把不说印地语者当作二等公民"。另一方面，上周在奥里萨邦的议会会议上，一名议员因用印地语提问而受惩戒，议长要求他使用英语或当地语言发言。印度内政部官员表示"推动使用印地语，并不意味其他地方语言不重要"。

2.1.12 国际突厥文化组织庆贺活动走入教科文组织总部[①]

9 月 17 日，为庆祝突厥文化和艺术联合管理会（TURKSOY）成立 20 周年，该组织与常驻阿塞拜疆和哈萨克斯坦的联合国教科文组织代表举办一场文化活动——上演阿塞拜疆音乐家哈吉拜利百年前创作的著名音乐喜剧作品《货郎与小姐》。演出之前，来访者们还有幸参观以 TURKSOY 近 20 年发展为主题的照片展。轻歌剧和展览结束后，组织者还为巴黎的艺术爱好者们举办了招待会。TURKSOY 的庆祝活动还将在斯特拉斯堡等地继续举办。TURKSOY 是一个说突厥语系语言的国家间文化组织，可以追溯到 1992 年在巴库和伊斯坦布尔举行的突厥语系国家文化部长会议。当时阿塞拜疆、哈萨克斯坦、吉尔吉斯斯坦、乌兹别克斯坦、土耳其和土库曼斯坦文化部长共同承诺建立文化合作框架。

2.1.13 说土耳其语的国家将创造一门共同语[②]

7 月 19 日土耳其教育部长表示，说土耳其语的国家正在成功运作一个合作项目，即在联合国教科文组织指导下创制一种通用的土耳其语。土耳其语国家合作委员会（CCTS）成立于 2009 年，是一个地区性的国际政府间组织，旨在促进说土耳其语的国家间的全面合作。该组织 4 个创始国成员分别是阿塞拜疆、哈萨克斯坦、吉尔吉斯斯坦和土耳其。这些中亚国家地理位置上毗邻，各国语言都属于突厥语系，为维护该地区的合作以及邻国关系，这些国家政府协商成立 CCTS 这样的国际合作组织。当前落实通用土耳其语合作项目的首要任务是用其编写一部有关说土耳其语国家历史、地理和文学的书籍。

2.1.14 亲库尔德领导人称不反对自愿学土耳其语[③]

亲库尔德的人民民主党联合主席德米尔塔什日前表示，他不反对学生学习土耳其语，只要他是自愿的。土耳其国家教育会议 5 日要求全国高中应把土耳

[①] 摘自土耳其广播电视总台 2013 年 9 月 18 日报道。
[②] 摘自阿塞拜疆"阿塞拜疆新闻"网站 2013 年 7 月 19 日报道。
[③] 摘自美国 EKurd 网站 2014 年 12 月 12 日报道。

其语列为必修课。德米尔塔什 12 月 11 日在布鲁塞尔欧盟议会有关"欧盟、土耳其、中东和库尔德"的议题发言时作上述表态。"孩子们可以学习任何一种语言,可以是土耳其语。只要家长愿意,也可以在家里教他们。"1928 年土耳其开国总统凯末尔在拉丁字母的基础上,为土耳其语确立了 29 个字母的书写体系。2002年以前土耳其政府对库尔德语实施严格管控,禁止在教育和广播媒体领域使用。目前库尔德人仍然没有取得宪法上的少数族裔地位,他们对此耿耿于怀。

2.1.15　土耳其库尔德语教师绝食罢工[①]

土耳其一所大学十多名库尔德语专业毕业生开始举行绝食示威,抗议政府不聘用库尔德语教师。这些学生控诉土耳其政府没有遵循其承诺,解决库尔德语教师的工作问题。有 1000 多名库尔德教师等待分配工作,理论上他们应教授儿童库尔德语。土耳其长期以来一直禁止库尔德语和其他少数民族语言,两年前,政府开始允许在公立学校开设库尔德语选修课程,这被看成是一个历史性的事件。但很多老师仍失业。他们认为"政府作出给予库尔德人更多权利的承诺是句空话"。绝食学生认为政府歧视库尔德语教学,也有些人认为是土耳其政府拖沓的官僚作风,而非种族歧视导致这些老师迟迟未能上岗。

2.1.16　伊朗反对派抗议政府少数民族语言政策[②]

最近伊朗反对派强烈抨击政府限制使用少数民族语言的行径,声称其违反伊朗宪法"把波斯语作为官方和全国通用的语言,但同时允许方言在新闻媒体和教育系统的使用"的条文。事件起因是 2012 年底教育部密令克尔曼沙阿岛的老师只使用波斯语教学,而该地区的绝大部分人讲库尔德语。反对派认为此举破坏国家的团结和统一,并损坏了国家利益。国际人权联合会 2010 年的报告表明,伊朗的库尔德人一直受到歧视。自从 1979 年伊斯兰革命以来,作为逊尼派库尔德人的宗教信仰和语言自由已经被剥夺。尽管哈塔总统在职期间,库尔德人情况有所好转,但从 2005 年内贾德上台,库尔德人遭受到进一步压制。

2.1.17　伊朗与叙利亚合办阿语电视频道[③]

11 月 2 日,伊朗文化和伊斯兰教义部长阿里·贾纳提表示,伊朗将与叙利亚签署一项谅解备忘录,以共同扩大他们之间在文化和媒体方面的合作。一家由两国共同发起和建设的阿拉伯语电视频道即将建立,以便能够制衡该地区出

[①] 摘自土耳其库尔德 Rudaw 通讯社 2014 年 8 月 26 日报道。
[②] 摘自美国"欧亚评论"网站 2013 年 1 月 21 日报道。
[③] 摘自英国《阿沙尔克奥萨报》2013 年 11 月 3 日报道。

现的极端宗教组织的影响。双边协定还鼓励向外界传播两国共有的周五祈祷讲道传统。伊朗和叙利亚还协商成立一个专门的文化委员会,来研究和解决逊尼派与什叶派之间的分歧。该委员会主要使命是负责团结伊斯兰教的两大主要对立教派,减少在该地区的宗派紧张局面。叙利亚宗教事务部长穆罕默德·阿卜杜勒-萨塔尔·赛义德正在德黑兰进行为期3天的访问。

2.1.18　巴勒斯坦促进加沙地区希伯来语教育①

哈马斯控制下的加沙地区教育部门决定重新为七到九年级的学生开设希伯来语课程。教育部长认为让民众了解"敌人"以色列的语言很重要。尽管2005年以色列就已撤军,但加沙地区的经济还是严重依赖以色列。学习希伯来语可以让学生听懂以色列电台播报,阅读希伯来文材料,有机会去以色列的话还能与当地人顺畅交流。在开设希伯来语项目的第一年,已经在九年级试开选修课。学生感到学习希伯来语既有用,又有趣。学习"敌人"的语言,可以使他们理解对方的思维模式和文化背景,还可能深入了解以色列人的生活,甚至可以减少"敌人"。但是由于目前师资力量的缺乏,教材不能及时到位等因素,并非所有学校都有能力开设希伯来语课程。教育部门采取了一些鼓励措施,希望能吸引更多师资加入该项目。

2.1.19　以色列强化阿语教育议案②

以色列利库德党负责民族和解事务的国会议员亚里夫·雷文7月7日撰文表示,在以色列说阿语的人越来越少,原因有三:其一认为这是敌人的语言,打心底里就反感;其二是以色列人固有的实用主义倾向,更多的是关注科学技术而非语言;其三是政府教育机构长期以来对阿语的忽视,使以色列人不愿学习这门语言。但以色列人应该学阿语,因为不能无视自身生存环境。为了更好融入中东地区,以色列人应了解周边邻居的文化、思维方式和行为处事之道。这一切离开了语言,几乎都不可能做到。过去数十年,以色列人宁愿去学那些没有实际用途的欧洲语言,也不愿学阿语。一些学校甚至取消了阿语课,这又加剧了社会对阿语的漠视。最近3位国会议员提出强制学习阿语的法案,因为阿语对推动当地和平进程、促进经贸发展和强化国家安全都非常重要。

---

① 摘自卡塔尔半岛电视台2013年2月12日在线报道。
② 摘自以色列《耶路撒冷邮报》2014年7月7日报道。

2.1.20 叙利亚增设俄语为二外课程[①]

叙利亚政府宣布把俄语作为第二外语引入小学五年级的课程。叙利亚教育部官方网站最近正式发布了这一最新决定,该国五年级学生可以自行决定将俄语或法语选作学习课程。教育部声称选择俄语是因为对俄罗斯经济文化发展的高度认可。有关俄语课程开设所需具备的物质条件将在下一学年之前准备完毕。俄罗斯和叙利亚长期以来一直是盟友,尤其是在军事和经济合作等方面。事实上,在叙利亚有两万多个家庭父母至少一方是俄罗斯人。很多叙利亚人都曾在苏联或如今的俄罗斯接受过高中阶段的教育。从军事角度来看,俄罗斯在地中海区域的唯一海军基地就坐落在叙利亚的塔尔图斯港。这个基地是苏联在冷战期间建立的。此外,叙利亚还从俄罗斯购买大量的军事装备。两国经济合作进展也很迅猛。俄罗斯向叙利亚出口工业制成品,并向叙利亚投资基础设施、能源和旅游业等重要工业部门。俄语在叙利亚的重要性可见一斑。

2.1.21 阿塞拜疆提议建立"语言警察"[②]

为了更好使用、保护和推广阿塞拜疆语言,一些政治家提出设立"语言警察"。世界阿塞拜疆人协会主席、国会议员萨比尔·鲁斯坦哈尼就认为,目前世界上已有很多发展中国家设立了语言警察,阿塞拜疆也应效仿。像监督其他行业领域一样,对阿塞拜疆语也应有严格的监管。他以加拿大魁北克省为例,说该省的法语人口占大多数,尽管英语是加拿大强势的官方语言,但在该省语言警察却不允许在其境内有任何对法语的压制行为。鲁斯坦哈尼明确反对阿塞拜疆国内已出现的大量外语广告和海报。他认为这违反了阿塞拜疆语言法,并希望能对这些违规的外国企业实施处罚。

2.1.22 印度尼西亚总统被批 APEC 会议夹用英语[③]

一名知名法律专家日前表示,印尼总统佐戈已经触犯该国法律,因为他在 11 月 11 日亚太经合组织会议上发表演讲时使用了英语。雅加达大学法学教授声称总统说英语,违背了 2009 年第 24 号法令中第 28 条规定的"国旗、国语、国徽和国歌"内容。该条文规定印尼总统及其他高级官员无论在何种官方场合发表讲话必须说印尼语。佐戈总统出席亚太经合组织企业家峰会,向在场企业家们介绍印尼的商业机会时,发表即兴演讲,期间使用了英语。"这是你的机会,"

[①] 摘自俄罗斯"今日俄罗斯"2014 年 1 月 7 日报道。
[②] 摘自阿塞拜疆新闻通讯社 2014 年 6 月 11 日报道。
[③] 摘自印度尼西亚环球之声 2014 年 11 月 12 日报道。

他用带有口音的英语向企业家一再重复这句话。法律专家指出总统不会因此而受到处罚,他只是提醒和劝告总统应为国民使用本国语言做表率。

2.1.23 保留马尔代夫的语言①

近来阿卜杜拉·亚明总统要求所有国家机构都应遵守 2011 年颁布的国家语言法案。该法案创设了旨在保护和发展迪维希语的迪维希语学会。他们认为马尔代夫人和迪维希语不能分开,这种语言就是国民的身份象征,作为马尔代夫人,使用国语是应尽的社会责任。尽管目前说迪维希语的人数不到 40 万,但该学会仍坚称迪维希语处于"改变"和"演变"之中,而非衰退。马尔代夫学校的教学语言是英语,很多学生在学习过程中没有足够时间使用迪维希语。近些年来,一些阿拉伯语和乌尔都语词也开始影响迪维希语。最近一些学校已经把阿拉伯语引入小学七年级,并计划将其推广到所有年级。年轻人已把阿拉伯语和英语看作同样重要的外语。重提 2011 年语言立法,推动迪维希语使用,被认为是发展保护民族文化、增进民族认同的重要举措。

2.1.24 纳扎尔巴耶夫论语言政策②

在接受卡巴尔电视台的采访时,纳扎尔巴耶夫总统表示:"政府已竭尽全力确保哈萨克语的发展。根据宪法,哈萨克语是哈萨克斯坦的官方语言,任何人都不能阻止说哈萨克语,尽管仍有一些作家和公众人物哀怜哈萨克语在苏联时期的发展滞后。"他又说:"如果对其他语言的使用施加限制,哈萨克斯坦就可能会变成另一个乌克兰。语言政策问题尤需谨慎。"此外,总统也批评了当前哈萨克语使用中的一些乱象,例如,既有合适的词语却仍臆造新词;为了与俄语撇清关系,盲目地向土耳其语、阿拉伯语和波斯语借入表意更不精确的新词。纳扎尔巴耶夫还表示"如果不说英语,哈萨克斯坦可能会错失很多机会"。尽管全世界有 6000 多种语言,但 70% 的人口把英语作为教育、科学及互联网与媒体语言。他希望在哈萨克斯坦同时发展哈萨克语、俄语和英语。

2.1.25 吉尔吉斯斯坦 2015 年用于支持国语的财政支出超 2 亿索姆③

12 月 27 日,吉尔吉斯斯坦总统阿尔马兹别克·阿坦巴耶夫在本年度最后一次记者招待会上宣布,吉政府明年将为国语发展提供至少 2.43 亿索姆的财政资助。他表示对吉尔吉斯语的发展而言,这是一个历史性的进步。过去 20 多

---

① 摘自马尔代夫独立新闻社 2014 年 4 月 21 日报道。
② 摘自哈萨克斯坦腾格里新闻社 2014 年 8 月 25 日报道。
③ 摘自 24kg 新闻社 2014 年 12 月 27 日报道。

年,尽管吉尔吉斯斯坦一直在讨论国语发展,但除了支付相关人员工资外,国家预算并没有真正投入过一分钱用于该项事业。此次2.43亿索姆的财政预算是该国政府首次在国语发展事务上的发力。阿坦巴耶夫总统表示政府将扎扎实实为国语发展提供必要的支持。此次财政支持是首次为国语发展的基础建设服务,今后金额也不会减少。据悉,图书音像制品及其他学习资源建设是重点之一。

2.2 美洲

2.2.1 加拿大政府部长因语言问题遭调查[①]

加拿大外交部长约翰·贝尔德正在接受议会语言监督委员会调查。与此同时,加拿大国际合作部长朱利安·范蒂诺,也因语言问题接受调查。加拿大官方语言专员弗雷泽指出:"外交部长因为只使用英语名片违反联邦语言法而遭调查;国际合作部长因命令下属只用英语发送需要他审查的信件而遭调查。"尽管外交部长有双语名片,但官方语言专员在一份报告中指出:"拥有两种语言的名片,本身就违反了联邦官方语言法的条款和政府的要求。在一些场合使用双语名片,在其他的场合只用英语名片,不利于在国内外推广使用两种官方语言,否认了两者地位的平等。"他建议外交部在9月份之前把这个问题处理好。

2.2.2 违反魁北克语言法者将晒上网[②]

一个宣传法语至上的民间组织近日开发了一个在线应用程序。使用该应用程序,民众能够方便地在网上发布那些违背该省语言法令、使用英语实施交易的魁北克商家名称。"我用法语购物"这一应用程序,使得魁北克语言法的贯彻落实走向大众化和数字化时代。该应用程序首先要求消费者给商家打分,从1分到10分,并依据商家是否提供法语服务,雇员和商家标牌所使用的语言是否遵循了魁北克《101语言法》。开发该应用程序的民间团体将组织志愿者,研读相关的法律条文,采取必要的措施,督促得分最差的商家找出合适的改进方案。该组织宣称,每个消费者都可以选择购买合适的服务,来促使商家遵循魁北克语言宪章,以使法语在该省保持优势地位。

[①] 摘自加拿大《全国邮报》2013年4月10日报道。
[②] 摘自加拿大《多伦多星报》2013年9月25日报道。

2.2.3　加拿大外交部长使用双语名片①

与加拿大语言警察对峙长达数月之后,加拿大外交部长约翰·贝尔德终于妥协了。联邦官方语言委员会委员弗雷泽办公室宣布,贝尔德已经遵照官方语言法,妥善处置了他以前只用英语印制的名片,并已确认所有的文书材料等都已使用英法双语。在被任命为外交部长后不久,贝尔德在 2011 年 5 月印制了只有英语的名片。这违反了加拿大要求政府官员官方交流必须使用英法双语的规定。在收到 4 宗有关投诉之后,弗雷泽于去年 8 月签署指令,要求贝尔德遵循官方语言法,废弃英语名片。贝尔德曾辩称他同时拥有一套双语名片,根据不同场合使用。这一辩词也被驳回,因其不利于加拿大双语化政策的实施。

2.2.4　加拿大内阁部长在社交媒体上必须使用双语②

加拿大官方语言监察专员格雷厄姆·弗雷泽表示内阁大臣发表推文时必须使用英法双语。一份初步报告显示前外交部长贝尔德和公共安全部长布莱尼因使用单语违反了语言法。弗雷泽称部长不必是双语人,但在履行职责与公众交流时,必须使用双语。在接收到多次投诉后,官方语言专员办公室展开调查,发现在两个月期间,贝尔德发布了 202 条推文,有 181 条只用英语;布莱尼发布 31 条推文,大多数是双语内容,有 2 条只用法语,1 条只用英语。官方语言法规定国会议员在私人场合可以与下属使用某一种语言,但在正式公务场合必须使用双语。语言监察专员要求官员在新兴社交媒体发布消息时,必须使用双语。

2.2.5　加拿大外长受语言警察调查③

加拿大外交部长约翰·贝尔德最近因为在社交网站推特上经常只用英语发表推文,遭到民众向官方语言专员投诉,认为此举违反了加拿大政府官员必须使用双语与公众交流的规定。政府当局决定介入调查。此次争议的焦点在于贝尔德在其私人推特账号上的发言,究竟属于个人身份,还是官方身份。由于该账号简介为"加拿大外长及渥太华国会议员",发文主题又涉及以外长身份发布的官方消息,所以被指违反《法定语言法案》中的相关规定。贝尔德的发言人则辩称,账户乃个人名义,不在法案管辖的范围之内。事发后,贝尔德的推特内容已改用英法双语发文,以免再遭非议。

---

① 摘自加拿大《赫芬顿邮报》2014 年 1 月 29 日报道。
② 摘自加拿大通讯社 2014 年 2 月 12 日报道。
③ 摘自加拿大电视台 2014 年 8 月 20 日报道。

2.2.6 奥巴马医改计划的实施遇到西班牙语阻碍[①]

由于语言障碍、网站部署不足以及上网者信息技术技能的缺乏,说西班牙语的美国人注册医改计划有些困难,可能达不到预期人数。加州医保中心已开设西班牙语网站,但只有5%的人用西班牙语注册。实际上该州38%的人口是西班牙裔,他们很多人说英语。联邦政府的医保网站直到12月才发布西班牙语版本。纽约州的医保网站上,一些页面有西班牙语内容,却没有专门的西班牙语网站。网民点击西语选项时,将被引导到一个说西班牙语的呼叫中心接受电话服务。而奥巴马的医改方案能否落实,西裔族群的态度举足轻重。

2.2.7 美国中央情报局发行手册规范工作人员的书面语言[②]

美国中央情报局发行厚度为185页的《书写风格指南手册》,针对其工作人员应该如何进行"清晰和简明"的书面表达给出详尽的建议,其中包括何时应该使用大写字母、在公告中剔除科技术语以及形式相似词语的差异等。该手册2011年撰写成文,于上周公开发行,涉及单词的拼写、标点的使用、缩略词和复合词等方面。

2.2.8 五角大楼研究普京等外国首领的肢体语言[③]

美国五角大楼近年斥资数十万美元,资助一支研究团队对俄罗斯总统普京和其他国家领导人的肢体语言展开研究,以便更好地预测他们的行为,并指导美国的外交政策。一项名为"肢体线索"的项目由国防部网络评估办公室提供支持,任务就是利用动作模式分析原理来预测世界领导人未来如何行动。美国政府希望利用这一项目来预测普京未来采取的行动,从而在"角力"中获得优势。文件显示,网络评估办公室自1996年就一直支持"肢体线索"项目。2009年以来,五角大楼已向相关项目组支付30万美元经费。项目组负责人承认其监视对象包括普京和其他国家领导人。五角大楼官员则拒绝公开评论这一项目。

2.2.9 美国语言因素干预纳瓦霍部族首领选举[④]

美国纳瓦霍部族首领候选人克里斯·德斯坎(Chris Deschene)因语言问题遭到反对。一些纳瓦霍公民及其他首领候选人提出申诉,认为德斯坎不应该被列入10月份的大选候选人名单。批评人士指出,不能流利地讲纳瓦霍语致使克里斯·德斯坎缺少竞选资格,因为操流利的纳瓦霍语是部落法律规定参加首领

---

① 摘自美国《纽约邮报》2013年12月28日报道。
② 摘自美国《纽约每日新闻》2014年7月9日报道。
③ 摘自美国《今日美国》2014年3月6日报道。
④ 摘自美国《先驱日报》2014年9月11日报道。

竞选的必要条件之一。克里斯·德斯坎认为自己有资历当选美国最大的印第安保留地的部族政府首长，并以保护部落传统为己任。他认为语言的流利程度则是仁者见仁智者见智的事儿，而且他的纳瓦霍语能力也在不断提高。反对德斯坎的申诉因缺少证据于本周已被驳回，但反对者可以向部落最高法院上诉。这是在纳瓦霍部族首领选举中首次因语言问题提起的反对申诉。

2.2.10 潘基文呼吁推动语言多样性和多语化[①]

2月21日是"国际母语日"。联合国秘书长潘基文当天发表致辞，呼吁各国携手推动语言多样性和多语化，建设更加美好的世界，使人人过上有尊严的生活。潘基文表示，纪念"国际母语日"，就是将语言和文化多样性及多语化视作能够推动和平和可持续发展的力量。在联合国努力实现千年发展目标、制定2015年后发展议程的时刻，这种多样性能实现和平对话、增进相互理解、推动革新和创造，促进建设更加公正和包容的社会。2014年的活动关注各地的本土语言对推动科学发展的重要作用，这将帮助最新科学知识的广泛传播，另一方面，常被忽视的各地传统知识也将使全球知识库更充实。

2.3 欧洲

2.3.1 英国外交官的外语能力受重视[②]

英国下议院外交事务委员会近日表示，考核外交官员的晋升时应更注重语言能力。在2007年曾一度被英国外交部关闭的服务外交人员的语言培训学校，近日重新开张，并增加对课程的资金投入。英国议员呼吁还应调集更多资源以激起雇员学习外语的积极性。在外交部对外交官职务升迁考核的权重因素中，领导和管理才能占据最重要部分，但议员们认为语言能力也应受到重视，因为有无所驻地区的语言能力将直接影响外交人员在国外及时获取信息和处理问题的能力及国家形象。外交部回应称，语言能力是遴选驻外官员的重要参考标准。他们已将语言培训预算从前年的300万英镑增加到去年的390万英镑。

2.3.2 爱尔兰政府被批评推进爱尔兰语乏力[③]

爱尔兰政府最近备受责难，因其在实施推进爱尔兰语20年规划方面的进展

[①] 摘自联合国网站2014年2月21日报道。
[②] 摘自英国广播公司2013年4月19日报道。
[③] 摘自爱尔兰广播电台2013年9月19日报道。

有限。在向爱尔兰议会一个专门委员会提交的意见书中，爱尔兰联盟秘书长表示政府的推动措施乏善可陈，相反出现了许多错误和不足，例如削减爱尔兰语组织机构的经费预算。最尖锐的批评来自前地方政府事务部长埃蒙·奥凯夫，2011年初爱尔兰推出该项语言规划时他正当政。他当时曾制定了周密的保障措施，并且由地方政务事务部的高级官员监管落实。批评者指出爱尔兰政府错失了很多机会，本可以鲜明地表现其对"仅用英语"风气的态度。新芬党议员批评政府削减对爱尔兰语电视台TG4的资金资助，并呼吁出版新的爱尔兰语报纸。有关学校的爱尔兰语教育及师资队伍的建设问题也被人提到台面上。

2.3.3 爱尔兰外交部披露外语培训经费[①]

爱尔兰外交部称过去4年为其雇员支付75万镑学习外语。根据外交部信息公开原则发布的信息披露报告显示，该部门向一些语言学校和教师支付了时薪67.5镑一对一的语言培训费用。涉及的语种包括马耳他语、匈牙利语、日语和波兰语。用于公职人员的外语培训支出从2012年的156 435镑，增加到191 666镑，增幅达23%。过去4年间累加支出744 980镑。根据市场行情，一对一语言培训的时薪在30—67.5镑之间。自去年9月1日到今年6月底，外交部共支付外语培训费172 020镑。涉及的语种包括阿拉伯语、汉语、法语、西班牙语以及手语等29种语言。主要签约培训机构包括法语联盟、孔子学院、塞万提斯学院以及一些爱尔兰高校。去年，爱尔兰还为其驻外使馆支付4300万镑，对非洲和越南外交事务增加了700万镑拨款。

2.3.4 苏格兰独立问题还没有涉及语言[②]

9月苏格兰将举行独立公投，此举可能改变英国政治版图，给当地盖尔语复兴带来希望。但到目前为止，语言权尚未成为苏格兰独立运动的中心议题。过去半个世纪，说盖尔语的人数一直在减少。尽管大部分苏格兰人不把说当地语言当作民族身份的一部分，但是这种衰退状态可能会得到逆转。2005年苏格兰议会通过盖尔语法案，该语言终得"官方认可"。该法案要求"确保盖尔语作为苏格兰官方语言的地位，并保持对其如英语一样的尊重"。英国人口普查显示说盖尔语的人数下降。1991—2001年下降11%，2001—2011年下降1.2%。

[①] 摘自爱尔兰《爱尔兰时报》2014年10月21日报道。
[②] 摘自加拿大《渥太华公民报》2014年5月26日报道。

2.3.5 威尔士语支持者封锁政府大楼[1]

4月25日,威尔士语支持者在威尔士政府门前举行静坐抗议活动。威尔士语社团6名成员象征性地封锁了政府大楼的主要入口将近3个小时。早上8点左右,他们突然聚集,并在正午之前自行离开。根据2013年人口普查结果,威尔士语的使用及影响力正在衰退。威尔士语的支持者们试图通过此次活动呼吁政府立即采取挽救措施。4月24日,该社团负责人因在政府办公室喷漆涂写威尔士语标语而被逮捕。威尔士语社团发言人指责政府对2013年人口普查中反映的"威尔士语走向衰退"应对处置不力。他们希望当地政府采取6点补救措施,包括为当地所有学生提供威尔士语教育,制定切实方案对威尔士语进行有效保护,增加对威尔士语言社区规划系统的资助。

2.3.6 德国总统建议把英语列为欧盟官方语言[2]

英国首相卡梅伦要求就英国与欧盟关系的前景进行全民公决,这在柏林引起不安。2月22日德国总统约阿希姆·高克在当地就欧盟的未来发表演讲。他恳求英国继续成为欧盟的一员,并建议把英语列为欧盟的官方语言。他认为建设一个更加一体化的欧洲社会,最大的困难之一是沟通交流的欠缺。越来越多的年轻人已经把英语作为国际通用语言进行交际。同时他相信在欧洲说不同语言的人能够和睦相处,既可以使用母语有在家的感觉,又可以在任何场合与不同年龄的人用英语交流。此外,他强调二战后英国为现代欧洲的建立做出了卓越贡献,英国应该继续留在欧盟,欧洲的未来不能没有英国。

2.3.7 比利时荷语区教育部长力主英语成为布鲁塞尔官方语言[3]

在布鲁塞尔一项多语言计划启动仪式上,荷语区教育部长声称,如果该市想要成为国际都市,就应把英语作为官方语言。他表示未来20年英语将成为一门全球语言,是政治、外交、旅游的主要语言。多语言计划是个自下而上的的项目,旨在鼓励布鲁塞尔市民学习掌握多门语言,尤其是法语、荷兰语和英语。荷语区教育部长希望布鲁塞尔市民至少能说一门共同的语言——英语。这项提议的实际操作很困难,因为这需要大动该市教育体系。比利时有3种国语,该市一半以上的孩子在家只用其中之二。语言问题已经深入到比利时政治生活的各方面,任何有关语言教育的提案都可能引发争议。布鲁塞尔市政府没有统一的教育管

---

[1] 摘自英国"晨星在线"2014年4月26日报道。
[2] 摘自英国《卫报》2013年2月22日报道。
[3] 摘自德国"欧盟动态"网站2013年10月23日报道。

理权,语言教育体制的改变需征得荷语区和法语区的同意。

2.3.8 因少数民族语言问题法国政府受指责①

因涉嫌歧视少数民族语言,法国政府受到本国语言维权人士的谴责。目前他们已向联合国教科文组织寻求"文化庇护",以保护他们认为岌岌可危的法国少数民族语言。这些团体在联合国教科文组织总部大厦前举着写有"法国政府谋杀我们的语言"的标语进行抗议游行,并谴责法国政府在此问题上的不作为。法国曾在联合国教科文组织的几个条约上签字,其中包括2001年通过的《世界文化多样性宣言》。该宣言试图呼吁成员国保护语言遗产、促进语言多元化。示威者谴责政府违反国际公约与不作为,导致法国少数民族语言处于濒危境况。目前法国有500万人使用少数民族语言,在公共场合使用这些语言容易遭受歧视,在媒体和教育领域,这些语言也没有一席之地。

2.3.9 法国两部长阐述法国对外文化新政②

法国外交部长法比尤斯和文化部长菲利佩蒂认为在与美国的贸易协定谈判中,法国必须捍卫"文化例外"的原则以保护文化多样性。由于法国文化是法国吸引力与影响力的基石,法国外交部和文化部决定为对外文化政策增加新内容。首先,将法语的全球推广作为第一要务,致力在新兴和不发达国家进一步推广法语教学,促使说法语的人数增长。其次,支持法国文化和创意产业的发展,促进海外文化推广网络与文化产业的结合,推动文化产品出口。第三,重视培养留学生,吸引研究者,推动人才国际交流。第四,推动法国文化与遗产两张旅游王牌,加大法国文化、美食及奢侈品的海外推广力度以增强法国美誉度。

2.3.10 奥地利穆斯林只允许使用德文版《古兰经》③

奥地利议会2月25日通过一项法令,试图规范伊斯兰教的管理方式,使得这个规模庞大的宗教群体与其他宗教群体待遇有别。新"伊斯兰法"禁止境内伊斯兰教组织接受外国资助,并要求该国穆斯林提交并使用《古兰经》的标准德语版本。这一法律得到奥地利占大多数的罗马天主教众的欢迎,但伊斯兰教组织却不太买账。土耳其国家宗教机构对此也有异议。奥地利外交大臣表示该国的伊斯兰教不应由其他国家主导。奥地利有50万穆斯林,约占全国人口的6%,大多数是土耳其移民后裔。很多伊斯兰神职人员由土耳其派遣并接受其财政资

---

① 摘自卡塔尔半岛电视台2013年5月17日报道。
② 摘自法国《费加罗报》2013年7月15日报道。
③ 摘自英国路透社2014年2月28日报道。

助。此前奥地利政府与伊斯兰组织的关系相比法国、德国要缓和得多。

2.3.11 西班牙政府担忧加泰罗尼亚语的复兴[①]

加泰罗尼亚是西班牙17个大区中的一个,首府是国际性大都市巴塞罗那。目前当地学校正在执行一个以加泰罗尼亚语实施课堂教学的计划。这是加泰罗尼亚独立计划的一部分,也是巴塞罗那向马德里挑起的语言战争。该地760万居民为保护自己的语言已经奋斗了几个世纪,自佛朗哥1939年执政后,居民不准在公开场合说加泰罗尼亚语。尽管此后政府放宽禁令,但人们依然不能在政府部门说该语言,也不允许用这种语言给孩子取名字。然而,经过多年培育和推广,该地区如今到处都能听到加泰罗尼亚语。它还成为当地学校的主要教学语言。在安道尔以及法国、意大利等国的一些地区也说该语言。全球说加泰罗尼亚语的人数已接近1000万。西班牙政府对此忧心忡忡。

2.3.12 瑞典的芬兰语权益受保护[②]

瑞典近来立法进一步扩大芬兰语使用的范围。这些政策出于保护语言权利,并非现实需要。根据该法,瑞典8个省市的养老院、幼儿园可以选用芬兰语服务。芬兰语公共服务也将从原来7个地区拓展至40个地区。瑞典官方此前并不鼓励使用芬兰语,以后民众可以要求公务员使用芬兰语交流。两年以前,欧盟曾敦促瑞典把芬兰语纳入国家少数语言范围,以促进对欧洲少数族裔语言的保护。数据表明,瑞典有5.5%的人会说芬兰语,其中包括芬兰后裔。相关官员表示这一变化对使用芬兰语的老年人格外重要。有些人虽然在瑞典生活多年,但是一直不太会使用瑞典语,这个政策出台以后,这些人将受益良多。

2.3.13 芬兰审查语言权利[③]

近日芬兰内阁声称,该国说不同语言的群体所享有的权利极不平等。另外,在提交给议会的一份报告中,芬兰政府还希望能进一步在全国推动对芬兰语和瑞典语这两种官方语言的学习。芬兰境内有148种语言,国际上对其语言多样性及语言服务问题关注已久。语言服务的缺位不仅体现在移民社区,传统的本土居民也深受其害。萨米人数千年来世居此地,但其语言权利得不到保障,想在公共领域获得萨米语服务尤其困难。许多萨米族儿童住在传统萨米地区之外,他们在学校教育中得不到本族语教学。在芬兰有4.5%的人母语既非芬兰语也

---

① 摘自巴基斯坦《商业记录者报》2013年5月26日报道。
② 摘自"冰岛新闻"网站2013年1月6日报道。
③ 摘自美国《阿拉斯加快报》2013年6月19日报道。

非瑞典语,他们享受不到理应有的母语服务权利。

2.3.14 芬兰寻求终止强制性瑞典语课程[①]

正统芬兰人党和执政的保守派试图废止在公立学校必须学瑞典语的强制规定。这是日益增长的右翼势力牺牲瑞典语少数族裔利益,加强芬兰语国家认同的一个措施。芬兰民族主义者已经征集到5万个民众签名,要求废除强制学习瑞典语的规定。由于签名达到规定数,芬兰议会将不得不对此展开辩论。宪法规定,芬兰是一个双语国家:芬兰语和瑞典语。这意味着芬兰的瑞典裔能够使用自己的语言与政府打交道。根据一项调查,200名国会议员中主张将瑞典语作为强制课程和选修课程的各占一半。政治家指出瑞典语是芬兰文化的一个重要组成部分,没有必要追求所谓纯粹的芬兰语认同。芬兰历史上曾经被瑞典统治500年之久,民间对瑞典的抵触情绪很高,常被一些政治派别利用。

2.3.15 俄罗斯绿色和平组织成员抱怨狱中的语言障碍[②]

11月18日,克里姆林宫人权委员会官员在巡视圣彼得堡3处监狱后说,羁押在俄罗斯监狱的绿色和平组织成员抱怨狱中的语言障碍问题很严重。目前这3处羁押场所共关押了28名绿色和平组织成员和2名新闻记者。这些人是在9月试图进入俄罗斯天然气工业公司位于北海的石油钻井平台抗议时被捕的。起初这批绿色和平组织者以非法入侵罪被批捕,此后罪名拟定为寻衅滋事。这一罪名量刑最高可达7年。据介绍,这些监狱缺少英语报章杂志;监所内的其他关押犯也大多不会讲英语,沟通不畅;只有在和狱警交流时,才会配备官方翻译。绿色和平组织11月中旬曾表示,负责处理此案的俄国调查委员会置国际社会的反对于不顾,试图对其成员延长羁押3个月。

2.3.16 俄罗斯官员被警告不要使用官场腐败暗示语[③]

公开逮捕、播放反腐宣传片、加重罚款等都未能解决俄罗斯的贪污腐败问题。如今俄罗斯政府试图寻求一种新的语言预防腐败方法。俄罗斯劳动和社会保障部为政府官员制定了与来访的民众交谈时的禁用语,因为这些语言可能给人索贿的暗示,损害政府官员在公众心目中的形象。这些用语包括"这个问题解决起来有点困难,但还是能解决""需要进一步研究"等,容易使办事的民众理解为官员希望得到酬劳。劳动部公布的文件还禁止官员向来访群众使用不规范的

---

① 摘自德国《镜报》2013年8月26日报道。
② 摘自俄新社2013年11月18日报道。
③ 摘自英国《卫报》2013年3月7日报道。

暗示性语言或暗示性形体语言,如抱怨工资低,可能被认为是索贿。

2.3.17 俄罗斯国防部在缅甸开设语言培训中心[①]

俄罗斯国防部计划本年秋季在缅甸为该国赴俄参加军事进修的军人开设俄语课。课程将全部采用俄语授课,受训军官必须达到高级一等的水平。通过短期的语言培训,学员应掌握基础俄语军事术语。目前缅甸正积极选派军事指挥人员赴俄进行为期3年的军训,重点学习如何使用和操作俄制武器和装备,但其中第一年大部分时间都用于学习俄语。此次俄罗斯国防部直接把语言培训中心开办到缅甸,是试图节省缅甸军事人员的培训成本。通过系统的语言学习,未来军官赴俄后将直接学习专业技术,节约培训资金和时间成本。培训中心的选址和预算问题将在未来几周商榷。俄方认为该中心将加强俄罗斯在南亚的影响,也是俄罗斯扩展亚太地区军备市场的新方法。

2.3.18 普京立法禁止文艺娱乐领域出现低俗语言[②]

俄罗斯总统普京日前签署新法令,禁止俄罗斯文化、艺术、娱乐领域出现低俗语言。根据最新法令,任何含有淫秽语言的新电影不会通过审查,意味着将被禁止在电影院上映。此外,带有低俗语言的书籍、光盘或电影只能以密封包装形式发布,而且上面显著位置必须标明"含有淫秽语言"字样。俄罗斯当地媒体报道,使用低俗语言的个人被抓到最多可面临70美元罚款,官员的最高罚金为40美元,商人为1400美元。屡犯者将面临更高罚款,以及3个月停职或停业处罚。低俗语言的定义将通过"独立审查"。有人对政府此"清洁国家语言"的努力欢呼,但仍有一些批评家认为此举限制了言论自由。

2.3.19 俄罗斯外交部称注意到波罗的海国家对俄语的敌视[③]

俄罗斯外交部人权问题特别代表康斯坦丁·多尔戈夫9月13日在立陶宛和爱沙尼亚俄侨代表大会上,向国际社会呼吁保护这两个国家俄裔居民的权利。"我们不会容忍波罗的海国家对俄语的敌视。拉脱维亚、立陶宛政府试图降低俄语的地位,这是公然侵犯人权。"他表示俄罗斯注意到波罗的海国家的少数族裔不能使用俄语与政府沟通,并且不能使用母语地名。"根据种族划分,拉脱维亚主要城市的居民超过一半说俄语。这是公然在文明的欧洲粗暴地侵犯人权。"此外,多尔戈夫还批评拉脱维亚和爱沙尼亚公民权法案,很多俄裔居民由于语言等

---

① 摘自俄罗斯"俄亚在线"网站2013年6月20日报道。
② 摘自美国有线电视新闻网2014年5月6日报道。
③ 摘自白俄罗斯"九七宪章"网站2014年9月15日报道。

问题没有取得公民权。他称此为"欧洲新纳粹和排外主义",并呼吁国际社会向上述两国施加压力。

2.3.20 不到三成乌克兰人支持俄语作为官方语言[①]

乌克兰基辅国际社会学研究所近日所做的调查显示,只有28%的乌克兰人赞同将俄语列为乌克兰官方语言,虽然47%的受访者认为,俄语应该成为人口占优势地区的区域语言。19%的乌克兰居民认为应该将俄语推广到全国范围。不过56%的被调查者说,乌克兰语才是他们的母语,40%的乌克兰人已经习惯了从一出生就开始讲俄语。只有3%的人讲其他语言,其余人则拒绝回答。乌克兰反对派代表一直试图要求在地区党内只允许讲乌克兰语。乌克兰最高拉达会议召开期间,经常发生由于说俄语引起的议员之间的肢体冲突。此前乌克兰最高拉达议长弗拉基米尔·雷巴克已经决定只用乌克兰语发表演讲,以免引起新的争端。

2.3.21 乌克兰卫生部长迫使总理使用俄语作为政府会议工作语言[②]

12月5日,乌克兰卫生部长亚历山大·克维塔什维利在一次政府工作会议上迫使总理阿尔谢尼·亚采纽克采用俄语作为工作语言。据媒体报道,在政府工作会议公开会议结束转入闭门会议后,亚采纽克总理起初用英语发表讲话,然后转而使用俄语。格鲁吉亚裔卫生部长克维塔什维利因为乌克兰语能力欠缺,最终迫使总理使用俄语。闭门会议开始时,总理向新任命的外籍部长询问他们能否听懂乌克兰语,只有立陶宛籍经济发展部长和乌克兰裔美籍财政部长做出肯定回应,克维塔什维利表示有困难,亚采纽克决定使用英语,这引起乌克兰籍部长的一片哗然。最终总理不得不使用能普遍接受的俄语完成会议演说。

2.3.22 语言问题继续分离乌克兰[③]

乌克兰2012年颁布的语言法允许在少数民族人口占当地人口10%的地区官方语言使用双语。这应该是能够使乌克兰多样化的族群更好地团结在一起的政策。乌克兰27个地区有13个通过议案,将俄语作为当地第二官方语言。但对说乌克兰语的民众而言,这无疑是在加强俄语的地位,一些乌克兰人对此表示不满。今年2月,乌克兰议会投票试图废止这部语言法,尽管临时总统图奇诺夫最终拒绝签字,但对俄语民众的伤害已经造成。俄语使用权被损害成为克里米

[①] 摘自俄罗斯KM新闻网2013年3月21日报道。
[②] 摘自俄罗斯塔斯社2014年12月5日报道。
[③] 摘自俄罗斯《莫斯科时报》2014年10月13日报道。

亚要求脱离乌克兰的理由之一,在说俄语的东部地区也触发了一系列反应。在当前动荡局势下,妥善处理语言问题是解决乌克兰政治问题的关键。

2.3.23　乌克兰废止俄语官方语言地位法案①

乌克兰最高拉达(议会)近日废除了一项俄语作为官方语言的相关法律。2012年生效的《国家语言政策基础法》规定,如果某一地区以俄语为母语的居民数超过10%,则俄语取得当地官方语言的地位。在乌克兰27个行政区划中有13个地区符合此条件,这意味着在这些地区的居民有权要求使用俄语接受基础教育和政务服务。近日出台的法案引发反对派强烈不满。围绕该法案在乌境内多次出现支持者和反对者发动的游行活动。2月23日,乌克兰最高拉达就该法案进行表决,其中232名议员支持废除该法案。对此,乌克兰反对党"祖国党"领导人亚采纽克称,废止该法并不影响居民使用俄语的权利。俄罗斯方面表示俄正采取一系列具体措施,加强与那些不愿抛弃俄语的乌克兰家庭的互动,使其子女能够用俄语沟通并使用俄语接受教育。

2.3.24　克罗地亚语成欧盟新官方语言②

2013年7月,克罗地亚即将成为欧盟第28个成员国。随之而来的是,作为该国国语的克罗地亚语也将正式成为欧盟官方语言之一,至此,欧盟官方语言总数已经达到24种。据估计,欧盟组织用于翻译的费用预算将达到15亿美元。当前这一数字是14亿美元。尽管欧盟翻译支出的费用巨大,一些公共政策组织也一直在呼吁将英语作为欧盟唯一的官方语言,以节省欧盟机构运行的庞大费用开支,但欧盟方面声称将继续坚守其倡导的文化多样性和语言多元性的准则,没有打算做任何改变,并将恪守"在差异性中寻求一致性"的准则。

2.3.25　克罗地亚的塞尔维亚语争论引发民族矛盾③

本年度加入欧盟的克罗地亚,由于语言问题而麻烦缠身。克政府表示根据该国少数民族法律,在塞尔维亚族人口占1/3以上的地区将推广塞尔维亚语和斯拉夫字母的正式使用。在这些地区中有一个叫乌科瓦的小镇,1991年曾被塞尔维亚武力摧毁,事后被克罗地亚人当作抵抗塞尔维亚人的象征。当年参加战争的老兵对于要在该地建筑物挂上双语标牌表示很愤怒。从本年度2月份开始,就有约两万人参加抗议集会。一些老兵声称将采取极端措施来阻止政府的

---

① 摘自俄新社2014年2月23日报道。
② 摘自美国"国际公共广播电台网"2013年5月24日报道。
③ 摘自美国"欧亚评论"网站2013年12月27日报道。

计划。集会组织者警告政府不要引发当地民众的更大愤怒,并在4月又组织了约两万人参与抵制活动。政府表示加入欧盟后的克罗地亚是个宽容的欧洲国家,将继续实施这一计划。9月开始在该镇建筑物挂上双语标牌时,民众情绪升级,冲突加剧,一些激进分子甚至遭到逮捕。政府外交部长表示其政府将恪守欧盟语言宪章精神。

2.3.26 巴尔干语言问题增加地区紧张气氛[①]

康奈尔大学语言学家惠勒斯·布朗表示,世界上没有任何一个地方的语言问题比巴尔干地区更不和谐。塞尔维亚和保加利亚的语言学家都试图证明马其顿语是其方言。马其顿语是马其顿的官方语言。上述论断都是为各自国家利益服务的。布朗表示,巴尔干诸语言,如波斯尼亚语、塞尔维亚语和克罗地亚语,在很大程度上属同一种语言,如同美式英语和英式英语。但各国都把语言作为国家象征,语言具有了政治意义。强调语言的独异性,无疑为当地的紧张局势火上浇油。宗教、文字等对当地语言的发展有巨大影响:说克罗地亚语的人使用拉丁字母信奉天主教,说塞尔维亚语的人使用西里尔字母信奉东正教。

2.3.27 格鲁吉亚公务员国语差将受罚[②]

公务员和媒体若违反格鲁吉亚国语的相关法律,有可能受到处罚。最近格鲁吉亚修订该国语言文字法和行政处罚法。如果公务员在准备政府书面文献时,显示其国语缺欠,将科以200—500格鲁吉亚拉里的处罚。屡犯者罚款增至500—1500拉里。根据新规定,限制他人根据语言选择受教育的权利,行为主体也将被追究行政责任。对个人处罚200—500拉里,对行政单位处罚500—1500拉里;屡犯者,个人处罚追加至500—1000拉里,行政单位最高达3000拉里。对违反格鲁吉亚语言标准规范的媒体,初犯处罚1000—5000拉里,屡犯则高达10 000拉里。

2.3.28 拉脱维亚拟停办俄语学校[③]

拉脱维亚政府要求,所有中学自2018年1月起,使用本国语言进行教学,即实际上取消俄语学校。根据相关文件,所有中央及市属学校应在规定期限内改用本国语言教学,外语类学科除外。目前,拉脱维亚仍有数万人在使用俄语,仅在里加一个城市就还有数十所俄语学校。俄语和拉脱维亚语的使用率大致相同。拉脱维亚民族主义联盟曾提议取消俄拉双语教学。2011年民族主义者试

---

① 摘自美国科学网站"物理组织"2013年6月27日报道。
② 摘自阿塞拜疆趋势通讯社2013年9月26日报道。
③ 摘自俄罗斯"纽带"新闻网2014年1月24日报道。

图就该问题进行全民公决,但以失败告终。2014年1月初,拉脱维亚申诉专员尤里斯·杨松斯再次提议关闭俄语学校,认为俄语教学对学生的学习兴趣将有负面影响,而取消双语教学有利于学生掌握本国语言,提高参与社会生活的兴趣。

2.3.29 拉脱维亚前总理倡议俄语作为学校必修课[①]

11月10日,前总理艾纳尔斯·施列塞尔斯表示,拉脱维亚学校应将俄语作为必修课。他认为:"拉脱维亚各级学校应引入三语系统。拉脱维亚语学校应该加强俄语学习,就像俄语学校必须学习拉脱维亚语一样。"三语系统是除俄语、拉脱维亚语之外,学生还必须学习一门外语。2004年拉脱维亚实施教育改革,尽管还有一些措施可以完善,但总体上取得了成功。俄语学校毕业生比拉脱维亚语学校毕业的学生具有更强的竞争力,他们至少能说3门语言。拉脱维亚政府宣布将为2018年9月1日全境少数民族都使用拉脱维亚语而努力。此举引起俄裔人群的不满。拉脱维亚至少有40%的俄罗斯人,但俄语在该国只作为外语。

2.3.30 拉脱维亚语言法规被指具有歧视性[②]

3月27日,一个联合国人权小组表示,拉脱维亚的语言法规具有歧视性,因其限制了说俄语以及其他少数民族语言的人就业,并呼吁拉脱维亚政府修改带有歧视性的语言法规。然而拉脱维亚政府认为他们的法规只是在修正苏联时代的错误。联合国人权委员会对拉脱维亚语言状况的关注及调查是由近期乌克兰危机引起的。随着俄罗斯指责乌克兰忽视俄语族群的权利而插手克里米亚,说俄语的人的权利成了苏联国家的关注焦点。在与拉脱维亚官员举行听证会之后,联合国调查小组3月初发表了一份声明,强调波罗的海地区"非居民"和少数民族语言的地位。自从1991年拉脱维亚从苏联独立出来,俄罗斯经常谴责其对说俄语居民的不公平。拉脱维亚则认为后者在干涉其内政。拉脱维亚语是该国两百万人的唯一官方语言,其中约1/4人口说俄语。

2.3.31 格鲁吉亚议会开始辩论国语法案[③]

9月8日,格鲁吉亚议会人权保护委员会将启动有关"国家语言"的法案草案辩论,同时提交讨论的还有由教育和科学委员会提出的广播法修正草案。国家语言法案将确定国家语言,并建立专门的国语管理部门和委员会,对违反国语法的行为进行处罚,以确保对国家语言的保护。广播法修正案则规定广播电视

---

① 摘自俄罗斯塔斯社2014年11月10日报道。
② 摘自埃及"金字塔在线"网站2014年3月27日报道。
③ 摘自格鲁吉亚"阿布哈兹社会和经济研究"网站2014年9月7日报道。

节目应使用国语,如果确实需使用其他语言,不得超过节目时长的10%。除了法律允许的特例,音像制品等的翻译和字幕必须使用国语。相关议员称这些议案经过长时间的酝酿,才最终提交议会审议。按照拟议中的国语法方案,国语管理部门编制50人,预算金额为300万拉里(约合1050万人民币)。

2.3.32　亚美尼亚没有理由在单民族国家设置第二官方语言①

亚美尼亚副议长赫尔米娜在6月16日的新闻发布会上表示,鉴于该国97%的人口是亚美尼亚族,不存在一个说其他语言、人数较多的少数民族,因此没有理由设立第二官方语言。赫尔米娜同时也是亚美尼亚-俄罗斯议会间组织的联合主席。根据苏联1978年宪法,除亚美尼亚和格鲁吉亚外,俄语是苏联几乎所有共和国的官方语言之一。在最近一次对亚美尼亚的访问行程中,俄新社社长基赛尔约夫针对亚美尼亚俄语地位下降的问题,称这将影响亚美尼亚的国家安全。亚美尼亚官员表示俄语很重要,但没有理由把它设立为一种官方语言。

2.3.33　立陶宛总统建议削减俄语广播②

8月29日,立陶宛总统新闻办公室建议修正该国法案,将对公众的俄语广播比例从30%降到10%。由于信息攻击和敌意宣传极易发生,立陶宛政府认为有必要保护自己的国家和社会免受不良信息的误导。目前立陶宛俄语电视节目的播出比例占30%。这一修正案要求,立陶宛电视和广播节目的90%应该使用欧盟官方语言。该修正案已通过了议会审批。依据新规定,立陶宛广播电视委员会针对侵犯立陶宛主权和独立的宣传、煽动行为,不仅可以暂时吊销违反者的执照,还可以采取罚款等行政手段。总统新闻办公室表示"信息安全是国家安全的一部分",敌意宣传会危害立陶宛的安全和民主。

2.3.34　波兰欧盟议员使用种族主义言辞受到谴责③

欧洲议会议长马丁·舒尔茨将波兰极右翼欧洲议会议员雅努什·科尔文·米克在议会辩论时发表的演讲贬斥为"种族主义"言论,并称今后将采取适当措施,以避免再次发生此类事件。他表示米克的发言破坏了欧洲议会相互尊重,反对任何形式的歧视这一指导原则。7月16日,在就欧盟最低工资法发表评论时,米克将当前欧洲失业青年情况与美国内战时的南方"黑奴"(Negroes)相提并论。他表示"如今有2000万欧洲公民成为美国南部失业的'黑奴'"。"黑奴"一词由

---

① 摘自亚美尼亚"新闻网站"2014年6月16日报道。
② 摘自俄新社2014年8月29日报道。
③ 摘自波兰"华沙之声"2014年7月18日报道。

于带有强烈的贬义色彩,被贴上种族主义标签,20世纪70年代后在美国逐渐被废弃,如今通常的叫法是"非裔美国黑人"。

2.3.35 保加利亚批评乌克兰取消保加利亚语地区语言地位的行为①

最近乌克兰政府决定取消保加利亚语作为地区语言的地位,而保加利亚政府对此表示不满。本周早些时候乌克兰议会取消了国家语言政策法案,该法案旨在赋予占该国总人口10%以上的少数民族语言以地区语言的地位。该国保加利亚人主要居住在南部的比萨拉比亚地区,在那里保加利亚语享有地区语言的地位。而该国另外一门地区语言则是俄语。在索菲亚,保加利亚外交部长向乌克兰驻该国大使提及了此事。另外,在布达佩斯召开的外交部长会议中,保加利亚外交部长同样提到了此事。该部长在网站上发表了一份声明,他表示:乌克兰现任政府首领必须显示责任心,并且在尊重人权和法律的前提下包容乌克兰社会的所有团体。

2.3.36 白俄罗斯总统演讲从俄语转向国语有玄机?②

白俄罗斯总统亚历山大·卢卡申科通常在公共场合说俄语,但最近却使用长期以来一直被忽视的白俄罗斯语发表重要演讲。卢卡申科在独立日前夕的讲话,让许多观察家怀疑他是否要"转变"立场。首先他用白俄罗斯语发表讲话,实属少见;其次在演讲中,他把所有试图破坏国家统一的人都称作敌人,而不管他是来自东方还是西方。卢卡申科总统历来偏向东方,属亲俄派。有评论认为俄罗斯对克里米亚的兼并和对乌克兰东部地区的干预,对白俄罗斯局势影响很大。民意调查显示公众厌倦与俄罗斯结盟。6月白俄罗斯曾修建纪念14世纪民族英雄立陶宛大公的塑像,招致亲俄派的反对,但据说是卢卡申科批准的。

2.3.37 希腊称马其顿语是人为创制出来的③

希腊是刚刚卸任的2014年上半年的欧盟轮值主席国,总理萨马拉斯声称,马其顿不够加入欧盟的语言条件,因为世上本无马其顿语,它只是马其顿政府臆造出来的产物。对此,保加利亚国家历史博物馆专家季米特洛夫也表示,70多年来,无论是保加利亚还是斯拉夫研究界,都不承认存在马其顿语。奥地利教授奥托认为马其顿语只不过是采用塞尔维亚拼写方式书写的保加利亚语。几年前出版的法国百科全书指出马其顿语是保加利亚语的方言。俄罗斯在多卷本斯拉

---

① 摘自 www.novinite.com 网站 2014 年 2 月 25 日报道。
② 摘自英国广播公司 2014 年 7 月 10 日报道。
③ 摘自保加利亚焦点通讯社 2014 年 7 月 3 日报道。

夫文学史上也没有单列马其顿文学。季米特洛夫表示，当前使用的马其顿书面语是 1944 年由当时的马其顿政府交由 12 位语言学家和文学家人为创制的。

2.3.38　欧盟高官主张弃用"破产"[①]

已经使用 500 多年的英语词"破产"（bankruptcy）可能被欧盟除名。最近欧盟官员表示"破产"一词臭名昭著，希望能使用更为中性的"债务调整"来替代。欧盟近来试图实施和谐的经济调整，调整阶段可能很多人将遭遇财务危机。由于"破产"的负面性，身处逆境的人难以重拾信心，不利于其重建金融信誉。"债务调整"不含贬义，有助于破产者的心理调适。针对欧盟官员在处理经济改革出现的问题时玩文字游戏，下议院财政委员会的保守党国会议员反唇相讥，称"这只能说明欧盟智力上的破产"。欧洲议会发言人则表示"破产"说只反映该官员个人意见，并非欧洲议会的官方立场。

2.3.39　欧盟法院裁定不得把德语测试作为移民签证条件[②]

一名意欲前往德国与配偶团聚的土耳其妇女因不会德语而被德国拒签，其丈夫是名商人，自 1998 年以来一直生活在德国。基于对该案例的考虑，欧盟法院于周二做出裁决：德国不得把土耳其移民配偶的基础德语知识作为颁发签证的条件。自 2007 年以来，来自非欧盟国家的长期移民必须通过德语测试，才能加入其在德国的配偶。柏林称此项规定的目的是阻止强迫婚姻以及促进移民融合。然而，欧盟法院认为，此项规定违背了始于 20 世纪 70 年代的欧盟-土耳其协定。德国内政部强调此项裁决只适用于土耳其移民，来自其他国家的移民配偶仍需要证明其德语知识。

2.3.40　欧盟面向苏联国家增设宣传渠道[③]

塔斯社援引波兰通讯社的消息称，欧盟目前正积极创建一个俄语新闻频道，其服务对象是东方伙伴国家（阿塞拜疆、亚美尼亚、白俄罗斯、格鲁吉亚、摩尔多瓦和乌克兰等国）。新开设的频道将由波兰人波米亚诺夫斯基领导的欧洲民主基金会资助。该项目目前定名为"面向东方伙伴的欧洲电视"，也称"欧洲之声"。波兰通讯社报道称，波兰外交部明年将为此项目拨款 300 万波兰兹罗提（合 100 万美元）以支持其运作。有关人士表示："使这个新设置的频道成为现代意义的电视节目，对我们来说非常重要。它应该具有实用性，并且有很高的质量。欧洲

[①] 摘自英国《每日电讯报》2014 年 2 月 17 日报道。
[②] 摘自美国《华盛顿邮报》2014 年 7 月 10 日报道。
[③] 摘自阿塞拜疆趋势通讯社 2014 年 10 月 24 日报道。

目前在信息政策领域不是很积极,波兰在这方面有必要带个好头。"

2.3.41 欧盟应该更多一些德语①

德国国会副议长约翰内斯·辛汉默近日抱怨,来自布鲁塞尔的太多文档没有提供相应的德文版本。他希望欧盟签署的所有文件都应配有德文版,因为目前许多文件只提供英文版,而那些对德国民众有直接影响的法规条文如果只有英文版,将无法让所有德国人都详尽了解其中的细节,这对德国人不公平。辛汉默表示,德国人认可欧洲和欧盟的重要性,不过,他们也应该能够通过母语了解欧盟的决策过程,毕竟德语是欧盟使用人口最多的语言。他同时指出,如果在这方面不能有所改进,就难怪德国人可能对于欧洲议会选举的参与度下降。

2.4 非洲

2.4.1 利比亚柏柏尔人要求语言权及投票权②

6月26日,部分柏柏尔民众聚集在利比亚全国代表大会办公场所门前,要求赋予其民族权利,并在宪法上明确柏柏尔族语的地位。抗议者要求大会和政府为居住在萨布哈、迈尔祖格和奥巴里等地区的柏柏尔年轻人提供更多的工作岗位。他们还要求政府完成柏柏尔人的登记程序,使其能够像其他利比亚族群一样参加投票。抗议者的宣传语是"醒来吧,柏柏尔民族!我们的语言被分散了""剥夺柏柏尔人投票权是违法的"。一位抗议者表示,目前约有20万柏柏尔人被社会边缘化,至今尚未被国家认可。柏柏尔人从利比亚政府那里得到的全是无用的承诺。利比亚全国代表大会目前还没有对这些柏柏尔人的诉求表态。柏柏尔人声称他们世居利比亚,但被之前的卡扎菲政府及现任政府所忽视。

2.4.2 冈比亚总统称将弃用"殖民英语"③

鉴于英语是一个"殖民遗产",冈比亚决定不再把英语作为国家的官方语言。冈比亚总统叶海亚·贾梅3月11日做出上述表示,但他没有说明这个西非小国将用何种语言来取代英语。现有人口190万的冈比亚是个多民族国家,主要民族语言包括曼丁哥语、富拉语和沃洛夫语。英语是冈比亚的官方语言,学校教育语言也主要使用英语。在3月11日播出的冈比亚首席大法官就职仪式录像上,

---

① 摘自德国《本地新闻》2014年4月9日报道。
② 摘自利比亚《利比亚先驱报》2013年6月26日报道。
③ 摘自英国路透社2014年3月12日报道。

贾梅总统强调："英语作为官方语言已经没有任何存在的理由,我们必须说自己的语言。英国人不关心我们的教育,实施的不是善政。他们所做的一切都是为了掠夺。"贾梅总统自1994年发动政变上台后,与英美关系紧张。

2.4.3 突尼斯总统呼吁把阿拉伯语作为教育语言[①]

突尼斯总统马尔祖基5月27日呼吁将阿拉伯语作为该国各教育阶段的主要语言。在就职阿拉伯联盟教学、文化和科学组织第22届主席演讲时,他批评了他的国家目前学校课程教学用语不当,指出以前的独裁政府破坏了教育政策。在升入中学后一阶段时,学生被迫从阿拉伯语转向法语。接受这种教育的学生,既不精通阿拉伯语,又不太会说法语。这种局面从突尼斯1956年取得独立时保持至今。马尔祖基曾在2013年阿盟会议上,倡议开展一个文化项目,以重视阿拉伯语在阿拉伯各国科学和技术发展中的作用。5月26日开始,为期两天的第22届阿盟教科文组织会议有多个议题,包括年度财政预算、阿拉伯各国之间教育文化的合作问题等。该组织是1970年根据阿拉伯文化统一宪章,在突尼斯设立的国家间组织,主要协调阿拉伯世界的文化和教育活动。

2.5 大洋洲

新西兰呼唤语言多样性政策法案[②]

新西兰境内有160种不同语言,但很难从这种语言多样性中最大化地获取社会和经济效益。澳大利亚和英国的情况与新西兰相似,但由于推出鼓励语言多样性的政策并因此受益,而新西兰的语言政策却不成体系。为此,新西兰政府有必要制定统一的、强有力的语言多样性政策,因为它可以减少贸易壁垒,提高学生跨学科的表现能力,而且能提高国民(尤其是毛利人、太平洋诸岛人以及移民)的健康和福祉。片面强调单语社会,代价昂贵,将导致国际贸易的机会减少,外来移民不容易融入本国社会,致使各土著语言衰退甚至消亡。新西兰政府过去在语言问题上一直摇摆不定,不同政党执政时对语言多样性的策略不一,使得语言政策没有连续性。譬如2002年的语言政策曾强调学习亚洲语言、太平洋语言和欧洲语言的重要性,但其影响力已微乎其微。

---

① 摘自伊朗法斯新闻社2014年5月28日报道。
② 摘自新西兰《新西兰信使报》2013年3月5日报道。

第三章 语言与经济

3.1 亚洲

3.1.1 新技术改变日式英语腔[①]

日本 NTT 通讯科学基础研究所 6 月 6 日宣布,他们已经开发出一项新的基础技术,能够将日本人讲英语的节奏自动修正为英语母语者的节奏。开发者希望能将这一技术应用在手机和视频会议上,使英语沟通更加顺畅。他们还希望今后更多的通信基础业务能够普遍应用该技术。该技术只需修正音长信息,就能将日本人独特的发音变成易懂的英语。他们通过收集大量的英语母语者的发音样本,并对其实施计量分析,整理分析出标准的声学数据模型;在实际使用时,提取正在说话的日本人本身的语音特点,并与该数据模型进行比对,实施自动修正。由于统计机器学习的局限,如果事先建立的样本中没有相应的英语数据,则该方法很难见效。这也是制约其走向实用的一大难题。

3.1.2 日本世界轮胎巨头定英语为公司官方语言[②]

总部设在东京的世界轮胎巨头——日本普利司通株式会社正式确定将英语作为公司官方语言。在日本传统制造业巨头中,普利司通是首家将英语地位提升到公司战略层面的公司,此举彰显该企业进军全球的企图心。日本是一个外向型经济国家,由于国内市场狭小,产品需要大量出口国外。普利司通把英语作为公司官方语言的举措旨在促进海外市场营销。公司管理层表示,公司员工,尤其是年轻的员工,如果想要升职,掌握英语是必备条件。此前已有一些日本新兴的电子商务企业尝试将英语作为企业官方语言。

---

① 摘自日本共同社 2013 年 6 月 7 日报道。
② 摘自日本《每日新闻》2013 年 10 月 21 日报道。

3.1.3 日本网上英语课程获得成功[1]

日本收费低廉的网络英语会话课程发展迅速,在 20 岁至 40 岁的公司职员中特别流行。日本外语教育市场的不断扩大,折射了日本企业谋求海外扩张时对语言的需求日益增长。一项研究表明,2012 年日本国内外语教育市值为 7892 亿日元,2013 年增至 8230 亿。网络学习服务市场,特别是能够连接个人电脑和手机的移动服务,从 2012 年的 55 亿日元增至 2013 年的 65 亿。自去年 9 月日本成功申办 2020 年夏季奥运会以来,网上外语学习的需求就一直在增加。为了节约成本,一些从事语言培训的网络公司从菲律宾招聘员工,为学员提供网络面对面的教学服务。为保证质量,授课老师大多来自菲律宾国内的名牌大学。为提高竞争力,一些公司还向学员提供到菲律宾进行语言实习的机会。

3.1.4 赴韩劳工工资高催热尼泊尔的韩语测试[2]

8 月 21 日,1.8 万名尼泊尔人在首都加德满都谷地报名参加将于 10 月份举行的韩语考试。报考年龄限制为 18—39 岁。报考人不得有犯罪或被政府限制出境记录。考试排名前 30% 的考生随后将接受技术考试。通过技术考试的优秀考生可能得到前往韩国务工的机会。此次韩国将接受 8200 名尼泊尔劳工赴韩工作,其中 4600 人从事制造业,3600 人从事农业。韩国是劳工薪酬最高(月薪约 970 美元)的国家之一,尼泊尔人对赴韩国工作非常积极。目前韩国境内约有 2 万名尼泊尔劳工。2011 年尼泊尔人申请韩语考试的已达 5.7 万名。

3.1.5 英语成为马来西亚求职者就业的障碍[3]

求职者的英语水平太差是马来西亚众多用人单位人事主管普遍抱怨的问题。尽管大多数应聘者能够使用英语进行基本的笔头和口头交流,但其英语水平远远没有达到岗位要求的水准,尤其是初涉职场的大学毕业生。从 2005 年以来,每两年一次的全国性人力资源调查显示,应聘者的英语水平差一直位居人事主管抱怨的前三位。马来西亚 91% 的私人企业把英语作为工作语言。相关人士呼吁政府采取措施,恢复英语作为教学媒介语的地位,以提高该国大学生的英语技能,增强他们的自信心,提高就业的国际竞争力。

---

[1] 摘自日本《日本时报》2014 年 1 月 29 日报道。
[2] 摘自尼泊尔《喜马拉雅时报》2013 年 8 月 21 日报道。
[3] 摘自马来西亚《星报》2013 年 5 月 22 日报道。

3.1.6 泰国加强外语导游服务培训[①]

泰国旅游体育部门计划在全国各大旅游胜地开设新语言学校,以解决当地语言服务人员短缺的问题。旅游部长表示,由于英语的国际地位,泰国的英语导游数量持续增加,但其他语言的导游服务仍很稀缺。泰国政府希望在各大旅游景点补足合格外语导游的数量,以接待来自中国和俄罗斯等非英语国家的游客。他还强调,语言学校应向有兴趣的学生提供免费课程。泰国政府着眼未来,计划在全国范围布局语言学校的网络建设,树立品牌并支持商业机构的导游培训服务;政府还要求各地根据当地旅游特色,设计不同的语言课程,以避免导游数量供大于求的情况。泰国政府计划到2015年,旅游创收2万亿泰铢,这需要吸引更多高端旅游者赴泰国旅游,做好基础的语言服务就显得更加重要。

3.1.7 泰国旅游事业促韩语培训[②]

随着到泰国旅游的韩国人越来越多,泰国需要更多能说流利韩语的导游。7月2日开始,作为东盟和韩国政府间组织的"东盟-韩国中心"决定在泰国为当地旅游业和酒店服务业从业人员举行为期9周的韩语培训。培训内容包括韩语基础的听说读写技能实训,设定场景包括机场、酒店及旅游景点等场所。2013年,130万韩国人造访泰国,另有30多万泰国人到韩国旅游。东盟-韩国中心负责人表示,他们与泰国旅游业界合作的韩语培训课程,将有助于进一步带动韩国游客市场,促进两国的民间往来。该语言培训项目最早起源于2012年,旨在培养东盟国家旅游从业者的韩语能力。本年度东盟10个成员国都将实施该计划。7月该项目的泰方组织者为泰国旅游与体育部。

3.1.8 外国游客刺激印尼农民学英语[③]

在印度尼西亚东努沙登加拉省,很多村庄被开辟为生态旅游村。为吸引更多的游客,为他们提供更好的服务,这些村庄的农民们正努力学习英语。英语课程由印尼一家从事鸟类保护的非营利组织开办,希望帮助当地村民更好地从事生态旅游与保护工作。尽管这些农民学历很低,大部分都是小学毕业生,只有少数高中毕业生,但他们学习英语的积极性很高。这些村民白天在田间劳动,晚上学习英语。他们表示一旦学会英语,接待那些不会说印尼语的外国游客就会有很大的优势,而这将给他们带来可观的经济效益。

---

① 摘自泰国"泰国旅游新闻"网站2013年5月2日报道。
② 摘自韩国《韩国先驱报》2014年7月20日报道。
③ 摘自印度尼西亚《雅加达邮报》2013年3月22日报道。

3.1.9　菲律宾赴德护士须过德语关[1]

菲律宾护士若想到德国就业,首先必须要学德语。菲律宾劳工部官员表示,根据当前情况,菲律宾护士在赴德之前,需要学习德语、熟悉德国文化。尽管菲律宾政府在官方文件中表示担心人才流失,但由于当前菲律宾的护士数量供过于求,而欧盟国家需要更多专业的医疗护理人员,因此菲律宾政府才允许德国雇主前来招聘技术娴熟的菲律宾护士。德方表示应聘的菲律宾护士应拥有熟练的德语语言能力,并且对德国文化有认同感。目前,菲律宾政府正在与德国磋商医疗服务人员工作要求的细则,该协议将于3月底正式出台。菲律宾政府保证,赴德医疗人员在德国享受与德国医疗人员同等的待遇和福利政策。日本对雇佣菲律宾护士也有语言要求,但较之于德国则并不是那么严格。

3.1.10　菲律宾精通英语的劳动力受日企青睐[2]

英语是菲律宾的官方语言,菲律宾的劳动力成本也比其他说英语的国家都便宜,包括美国摩根大通和荷兰ING在内的许多欧美金融巨头都把客户服务中心和行政管理工作外包给位于马尼拉的菲律宾企业。对于急欲拓展海外市场的日资企业来说,地理位置临近的菲律宾变得越来越重要。一些日本信息技术开发企业利用菲律宾廉价的劳动力以及良好的英语能力,开发和销售面向全球市场的软件。东京证券交易所上市的智能手机游戏开发公司KLab,就通过菲律宾子公司,成功地将游戏产品推至全球玩家排行榜的首位。他们计划在未来两年内将当地员工从2012年的30人增至300人左右,以应对更多的国际需求。日本更多中小企业也都开始进驻菲律宾,试图助推自身的国际化进程。

3.1.11　新德里地铁提供手语服务[3]

德里地铁公司本月起开始对其员工培训手语课程,以使聋哑乘客能享受更好的地铁服务。公司发言人称该项目将帮助聋哑人乘坐地铁时,享受更加迅捷和舒适的服务。该课程由德里地铁公司与印度手语研究训练中心合作完成。通过该课程的学习,地铁一线员工将能与初次使用地铁系统的聋哑人进行初步交流。800多个地铁客户服务中心将全部配备手语服务人员。目前地铁热线每月接收约80—85个来自残障人士的求助电话。地铁公司发言人表示,如果员工掌握手语,就能及时为聋哑人提供服务。手语训练课程约为两天,每天6个课时。

---

[1]　摘自菲律宾《星报》2013年3月15日报道。
[2]　摘自日本"日经网"2014年6月12日报道。
[3]　摘自印度新闻网2013年4月21日报道。

3.1.12　巴基斯坦推行服务于企业用户的新英语测试[①]

巴基斯坦高等教育委员会成为国家首个推行 Aptis 英语测试的机构。该测试的研制单位就是研制雅思考试的英国文化委员会。雅思已被英国、澳大利亚、加拿大和其他国家的绝大多数教育机构认可。新推出的 Aptis 考试主推企业用户，作为雅思的补充。尽管 Aptis 考试费用尚未公开，但据称价格更便宜。全球企业市场极需专业人士评估职场英语水平。Aptis 将用于评估企业组织机构雇员使用英语协同工作的能力。测试项目以完成任务为主，考核听说读写技能。受试可选择测试其中一项或全部内容。考生在 24 小时内即可获知成绩。

3.1.13　尼泊尔从 3 月 27 日开始韩语测试[②]

韩国国外就业部的尼泊尔就业许可办事处计划 3 月 27 日实施网上韩语考试。预计有 500—700 名尼泊尔人参加考试，他们曾在韩国工作 3 年多，如今试图再次赴韩务工。只有年龄在 18—39 岁的人有资格参加网考。韩国人力资源部准备每 4 个月举办一次网上韩语考试。对于尼泊尔境外务工人员来说，韩国是个不错的选择。一个尼泊尔人在韩国的月收入约为 1000 美元，是其他热门就业国家（卡塔尔、沙特阿拉伯、阿拉伯联合酋长国和马来西亚）的 4 倍多。目前约有 1.5 万名尼泊尔劳工滞留韩国。2008 年，约 3.2 万名尼泊尔年轻人参加第一届韩语测试。这一数字每年都在增加——2010 年 4.2 万，2012 年 5.1 万。去年韩国决定招收 1.5 万名工人，使得尼泊尔的韩语考试再次走俏。

3.1.14　尼泊尔超过 5.8 万人参加了韩语测试[③]

韩语能力测试（TOPIKL）是尼泊尔人申请去韩国工作的主要条件之一。5.8 万人过去两天在加德满都各考场参加了该测试。考试结果将于 10 月 15 日公布。相比其他国家，韩国提供更好的工资和设备，因此成了尼泊尔公民出国务工的主要国家之一。韩国最低工资为 1000 美元，加班有额外收入。自从 2007 年尼泊尔和韩国签署了谅解备忘录后，已先后有 2.6 万以上的尼泊尔人去韩国工作，涉及农业、畜牧业和制造业等领域。凡是通过此项测试的人士将有资格申请去韩国工作。此外，他们还需要提供健康报告以及警察签署的无异议证明信。

[①]　摘自巴基斯坦《快递论坛报》2013 年 2 月 8 日报道。
[②]　摘自尼泊尔《喜马拉雅时报》2013 年 2 月 24 日报道。
[③]　摘自尼泊尔"坎特普尔网"2014 年 9 月 28 日报道。

3.1.15 斯里兰卡医生需掌握泰米尔语①

斯里兰卡全国所有医院新招聘的医生均要求在年底前通过泰米尔语言测试，达到能与病人用泰米尔语交流的程度。第一批医生已经开始了为时 10 日的语言培训，新一批培训也即将开始。政府医疗人员联合会主席说，今年的目标是培训 1000 名医生，并使之掌握基本的泰米尔语。目前国内大部分医生不会泰米尔语，造成医患沟通的困难。如果医生不能理解病人自述病情，就无法对症治疗。卫生部、官方语言部、世界卫生组织联合政府医疗人员联合会，启动了针对所有年轻医师的泰米尔语言培训计划。到本年年底，还将测评一年来的培训结果，所有受培训的医生应该能流利使用本国的第二官方语言。这些受过培训的医生也将在后续的语言培训中起到重要作用，引导其他医生学习泰米尔语。

3.1.16 斯里兰卡建立语言学习中心帮助赴外劳工②

斯里兰卡政府计划为全国各地的赴外移民及劳工设立外语学习和资源中心。斯里兰卡海外就业促进与福利部长佩雷拉表示，这些中心将依据国际先进的教育理念和教学实践经验，向即将出国务工者传授如何使用职场外语的知识技能。语言知识及交流技能是各阶层人士职场能力的重要组成部分。各地即将新建的外语培训中心将帮助受训劳工在派赴国外就业前，就掌握必要的外语技能，使其能很快地进入工作状态。斯里兰卡海外就业局承办了首家外语培训机构。培训机构将配置现代化的教学设施和语言实验室，更好地帮助受训劳工提高语言能力。

3.1.17 卡塔尔电信公司对员工进行手语培训③

为帮助有听力障碍的顾客能够顺利购买到该公司的产品、享受其提供的服务，卡塔尔电信公司决定对其员工进行手语培训。2012 年，首批受训学员人数为 20 名的手语培训课程已经顺利结束。该公司计划在接下来的几个月里，所有员工都将接受手语课程的培训。培训合格者将被颁发合格证书以及全球通用的徽章。证书用来证明持有者具有手语助理翻译的资格。佩戴徽章则更便于有听力障碍的顾客识别他们的手语助理翻译身份，以更好地寻求帮助。卡塔尔电信公司销售和服务首席执行官表示，这次手语培训体现了该公司对听障人士的关爱。

---

① 摘自斯里兰卡国防部与城市发展网站 2013 年 4 月 21 日报道。
② 摘自斯里兰卡《每日新闻》2013 年 11 月 22 日报道。
③ 摘自卡塔尔《半岛报》2013 年 5 月 20 日报道。

3.1.18　土耳其英语培训业受追捧[1]

土耳其对英语需求的激增,引发英语教师这一职业的走俏。近些年来土耳其旅游业发展迅速,使用英语服务好国外游客、赚取更多外汇是经济利益的驱动。政治方面的因素是,土耳其迫切希望加入欧盟,提高国民英语水平将使土耳其更开放,融入欧洲大家庭更容易一些。以前由于政局动荡,导致土耳其经济长期萧条,如今事态正呈现新的转机。这对英语老师这一职业非常利好。土耳其被认为是中东门户,很多国际大型企业都将其总部设在伊斯坦布尔(土耳其最大城市)及其周边地区。这些跨国公司的土耳其员工迫切需要提高英语水平,而学生为了就业前途也学习英语。土耳其国民比以往任何时候更加渴求学习英语,而且这种需求不仅局限于私人学校,各大院校也在寻求英语老师。

3.1.19　沙特阿拉伯公司为职工提供英语培训[2]

随着沙特阿拉伯经济不断发展,该地区的公司意识到学会英语是与世界交流的最好途径之一。如今沙特阿拉伯人不论在什么岗位上工作,公司领导都强调他们必须学习英语,尽管许多国民还没有意识到该语言的重要性。政府已经制定政策,规定跨国公司必须招聘本地区员工,并帮他们提高英语水平,甚至为这些培训课程提供资金。各个公司提供的培训课程旨在提高沙特阿拉伯员工的技能以及教授对其职业、个人成长比较重要的知识。因为意识到了市场对英语的需求,公司和组织都指导其员工掌握好这门语言,以便在工作中有出色的表现。目前,来自各行各业的沙特阿拉伯人走进培训班学习英语,很多公司也聘请这些培训机构走进企业为其员工进行英语培训。

3.2　美洲

3.2.1　佐治亚州需要学德语[3]

在冷战期间,由于美国在德国驻有军事基地,美国年轻人能够很方便地去了解这个国家,但是在后柏林墙时代,美德双方需要共同努力才能为两国的文化交流创造机会。如今在佐治亚州,有13 626名学生在公立学校学习德语。他们当中很多人从高中开始学德语。一些学校由于资金有限,选择与世界经济接轨的

---

[1] 摘自英国《赫芬顿邮报》2013年8月12日报道。
[2] 摘自沙特阿拉伯"阿拉伯新闻网"2013年12月8日报道。
[3] 摘自美国"亚特兰大全球网"网站2013年1月23日报道。

强劲语言如汉语,取消了德语课程。然而在佐治亚州有将近600家德国企业,该州对德语的需求仍在上升。该州教育部门官员表示,目前德语的需求量在该州名列第四。前三门语言分别是西班牙语、法语和拉丁语。这主要是因为德国企业在该州的大量商务投资。他还表示,学德语的学生大量增加将会使德国企业和当地在这些企业就业的员工共同受益。

3.2.2 牙买加为旅游工作者进行俄语和西班牙语培训①

近日,牙买加旅游部及其下属旅游产品开发公司表示,为了更好地服务那些来自非英语国家尤其是俄罗斯和西班牙及拉美地区的游客,他们计划在其系统内部进行俄语和西班牙语的语言技能培训。旅游部长表示,该项目将切实帮助基层旅游从业者提高外语交流水平,以提升国外游客的满意度,确保回头客。培训对象为该国从事旅游业的一线人员,包括移民和海关报关部门的官员、搬运工人、出租车和公共交通司机、宾馆和景点接待服务人员以及飞机乘务人员等。这一培训课程为期12周,首批共吸引到300人参加。牙买加旅游部为该项目拨款300万美元,寄希望于此举能够提升国内旅游的外语环境,吸引更多来自上述国家的游客。

3.2.3 联合国建立多语专利数据库推动创新②

联合国世界知识产权组织建立免费的多语专利数据库,旨在帮助在不同学科领域工作的人们能够使用母语查阅专利文件。该数据库目前已覆盖阿拉伯语、汉语、英语、法语、德语、日语、朝鲜(韩国)语、葡萄牙语、俄语和西班牙语等10种语言的91 000条术语和15 000个概念表述。所有数据都经过世界知识产权组织的专业专利翻译人员的验证。新出现的专业术语还将及时添加。在一些国家或地区,科研人员还不能获取不同语言的专利文本。此次多语数据库的建立,有望使研究者能够方便、准确地检索专利数据,完成其专利申请,促进科学技术的进步。

3.2.4 Teklynx International 建立葡萄牙语网站开发巴西市场③

总部位于法国的全球主要标签条形码软件开发集团——Teklynx International已经建立了新的葡萄牙语网站以拓展其在巴西的市场。建立葡萄牙语网站是Teklynx拓展全球市场、增加终端用户和转销商计划的重要部分。新网站

---

① 摘自牙买加《牙买加观察者报》2013年11月25日报道。
② 摘自美国"泛非在线"网站2014年10月17日报道。
③ 摘自美国《华盛顿新闻报》2014年7月21日报道。

具有与其英语网站和西班牙语网站相同的功能特征,葡萄牙语用户可通过该网站学习使用 Teklynx 软件的全套解决方案,以满足企业从简单到极度复杂的各种标签需求。网站还为访客提供观看在线研讨会、了解行业新动向和解决方案以及下载用户案例等许多服务。

3.2.5　加拿大需要教移民更好的语言技能[①]

过去一二十年,移居加拿大的新移民受教育程度比以往都更高,但这些新来者仍比在加拿大出生者收入更低,他们更多从事一些低层次工作。研究表明,移民母语是否为英语和法语以及语言水平决定了他们工作的性质。来自北欧,与英语和法语同源语言国家的人比加拿大本地人收入要低 6%,而说非印欧语的移民差距则扩大到 33%。即便新移民受过良好的教育训练,由于语言缺陷,他们仍在就业市场苦苦挣扎,因为更体面和收入更高的工作需要有较好的社会交往和分析技巧,这需要有更高的语言技能。政府有必要为新移民提供更好的语言服务。

3.3　欧洲

3.3.1　欧洲语言阻碍电子商务的发展[②]

欧洲移动电子商务面临的最大困难是语言和基础设施问题。欧洲国家有许多不同的语言,这使得在欧洲建立一个全球移动电子商务的生态系统极其困难。欧洲国家的电子商务通常以国内市场为主。为应对国际化业务,由多家欧洲大型公司组成的联合大企业——欧洲 500 强,利用其各种投资为欧洲各国的电子商务企业提供更好的本地化服务,使得顾客身处欧洲任何地方,都能享受到电商以其母语提供的服务。让移动电子商务全球化并不简单,本地化和移动电子商务基础设施建设开销不菲。更多企业为了节省成本,也许会更倾向于继续支持国内市场。

3.3.2　英国外国留学生人数骤降[③]

根据最新数据,赴英留学而持学生签证的人数下降了 46%,这引起教育学界的恐慌。政府解释是许多赴英学生使用旅游签证,这部分人群没有包含在统

[①]　摘自加拿大《温哥华太阳报》2014 年 12 月 30 日报道。
[②]　摘自美国"移动电子商务资讯"网站 2013 年 6 月 16 日报道。
[③]　摘自英国广播公司 2013 年 5 月 23 日报道。

计数据中。与去年相比,英国政府加强了对申请学生签证者的英语要求,要求他们必须和前往就读的学校面谈。政府发言人否认此举对大学有冲击,并表示这样做是为了保障英国高校的高质量和高附加值。高等教育统计局统计,2011—2012年英国大学的非欧洲籍留学生增长了 1.5%,但是在该国定居的学生人数则下降了 0.6%。

3.3.3　为什么英国中小企业出口贸易不如意[①]

英国政府希望 2020 年英国出口贸易翻番,达到 1 万亿英镑。这其中很大一部分需要仰仗中小企业。尽管海外市场有巨大的商机,但众多中小企业却往往只能望洋兴叹。英国巴克莱银行 2012 年对 1500 家中小企业的调查发现,近 1/3 的企业在将其产品输送到国际市场 6 个月后,就已看到对企业的积极影响;然而很多企业面临的困难也很严重,譬如寻找和接触潜在客户、语言和文化差异以及海关进出口程序。语言和文化是要进入国际市场的中小企业最大而又绕不开的障碍。欧洲委员会一项研究发现:82% 的消费者在线购物时对不是他们母语的商品信息置之不理,因此英国商品要销售到海外市场,语言这关必须得过。一些为中小企业开展国际贸易服务的翻译服务公司已经应运而生。

3.3.4　英国外语能力低下导致每年损失 480 亿英镑[②]

英国人抱有"人人都说英语"导致不愿学习外语的想法,使其每年损失约 480 亿英镑,占该国国民生产总值的 3.5%。无论是为特定国家提供商品和服务,还是参与国际竞争,开拓全球新市场,缺少语言技能都可能让公司遇到法律或经济管理上的麻烦。英国商会的调查证明:62% 寻求国际贸易机会的出口商认为语言是制约其发展的障碍;70% 的出口商缺乏与国外合作方语言沟通的能力。英国工业联合会的调查表明,英国企业对外语的需求很旺盛,但很多公司几乎找不到懂外语的英籍员工,不得不延聘外国员工来填补语言缺口。

3.3.5　英国使用威尔士语可助长经济[③]

威尔士政府的一个工作小组曾调查如何使经济和语言发展同步。该小组发现食物产品如用威尔士语标注的奶酪已经变得相当有名,而且可以有更大的发展。小组还建议接受威尔士政府扶持的公司应该提供双语服务。目前该小组已经出版了 27 份建议书,建议更多的社区与威尔士知名品牌联系在一起,以此来

[①] 摘自英国《卫报》2013 年 10 月 24 日报道。
[②] 摘自英国《卫报》网站 2013 年 12 月 10 日报道。
[③] 摘自英国广播公司 2014 年 2 月 21 日报道。

吸引游客前来参观和消费。该建议书表示,这样会带来双重好处——游客多了,公司的发展机会也多了。另外,人们也会增加对威尔士语的认识。该小组组长说,威尔士语的未来不可避免地与经济、就业、财富以及社区的健康联系在一起。因此,他们所要做的就是寻找将语言和经济联系在一起所产生的积极成果。小组建议采取使经济和语言同时发展的方法,促进特殊经济语言的称呼来反映社区对威尔士语的使用情况。该小组还建议创造更多的威尔士语商务网络机会以及使用威尔士语的机会。

3.3.6 英国经济发展致使小语种消亡[①]

高速发展的经济是造成小语种消亡的罪魁祸首。澳大利亚和北美是小语种消亡的"高发区"。世界上 6000 多种语言已有 1/4 面临消亡的危险。专家预言人类语言消亡的速度已经超过生物灭亡的速度。在经济发达地区,使用小语种的人越来越少,多数语言正受到严重冲击。剑桥大学研究者发现人均国内生产总值水平与语言多样性息息相关。越是经济发达地区,语言的多样性消失得越快。随着经济发展,当地在政治和教育领域内通常只使用某一种语言,人们要么接受这种语言,要么就可能在社会和经济生活中处于劣势。为了促进世界语言多样性得到更好的保存,使用双语是一个可取之法。语言多样性的研究也能促进大众对人类文化多样性的起源和维持有一定了解。

3.3.7 英国护士的语言能力令人担忧[②]

如今有 20 914 名来自欧盟的护士在英国的医院和疗养机构中工作,该数字是 4 年前的 2 倍。欧盟法律禁止护士监管部门对来自欧盟的护士进行语言能力和医学知识测试,因为这与"自由流动"的原则相悖。来自欧盟以外国家的护士要证明其英语能力,昨天晚上,护士和助产士理事会宣布将对来自欧盟以外的护士放松要求。由于不能对来自欧盟的护士进行测试,护士和助产士理事会督促医院和疗养院等医疗机构在雇佣护士之前进行严格把关,但大部分的医疗机构并没有这么做。病人和医生都表示这些护士的英语交际能力令人担忧,使病人身处险境。

3.3.8 法语人数下降可致使 50 万工作机会损失[③]

法国总统奥朗德授命进行的一项报告表示:全球范围内说法语的人数减少,

---

① 摘自法新社 2014 年 9 月 3 日报道。
② 摘自英国《每日邮报》2014 年 8 月 26 日报道。
③ 摘自英国路透社 2014 年 8 月 26 日报道。

将使法国错失很多经济机会。2020年法国将损失12万个工作机会，2050年这一数字将飙升到50万。报告撰写人、资深经济学家贾克·阿达利认为：如果不采取措施，法语使用人数将持续减少，进而导致法国公司的市场份额减少、英美商法的兴盛和欧洲大陆商法的萎缩，以及法国经济和文化的吸引力下降。报告还认为，如果在教育和工业领域采取适当的措施，将可能使说法语的人数从当前的2.3亿，增加到2050年的7.7亿，若是放任自流，则人数将减少为不足2亿。奥朗德已要求采取措施推动法语的全球推广，从而促进法国经济增长。

3.3.9 德资企业说波兰语的员工或遭开除[①]

苏格兰法夫地区的利德尔超市是一家德资企业。最近这里的波兰裔员工被告知不能说母语，而要用英语为顾客服务。休息期间员工之间也不能用波兰语交流。一些职员曾向管理层申诉，称当地许多客户只说波兰语而不会说英语。英语不好的波兰顾客正是因为知道在这家超市能享受波兰语服务才肯来光顾。但经理坚持不遵守此项规定的员工将有可能被开除。有员工表示在苏格兰生活了近10年，还从来没有受到过这样的歧视。这一事件在当地引起波兰裔民众的不满。波兰人社团最近组织波兰文化的庆典活动，并在活动现场征集到100人签名的请愿书，希望利德尔总部能够了解当地的语言生活状况，因地制宜采取适当措施。但据悉利德尔总部坚持表示说英语是考虑到所有客户的利益。

3.3.10 英语成赫尔辛基餐馆的主要语言[②]

在赫尔辛基的许多餐馆，英语逐渐成为主要的服务语言。一些顾客认为使用英语有利于营造国际氛围。有些顾客甚至没有觉察到餐厅服务员的母语不是芬兰语，"只要食物好，用什么语言服务无所谓"。来自捷克的侍者说，3年前她前来进修芬兰语时，发现很多芬兰人都能说英语。她自己的英语不太好，在接电话和招待顾客时很费力。芬兰酒店业协会主管蒂莫·拉皮表示，服务行业越来越多使用英语，一方面可以归结于有越来越多的国际顾客前来消费，另一方面体现训练有素的劳动力短缺，很多缺乏芬兰语交际能力的打工者开始在芬兰餐馆工作。

3.3.11 马耳他2013年吸引85 000名外国学生来学英语[③]

马耳他旅游部长近日表示，去年约有85 000名外国学生来该国学习英

[①] 摘自英国《每日邮报》11月6日报道。
[②] 摘自芬兰《赫尔辛基时报》7月16日报道。
[③] 摘自马耳他《独立报》2014年1月29日报道。

语,总计消费约 1.45 亿欧元。马耳他政府将全力支持游学产业的发展。最新统计数据显示,每 18 名游客就有一名是来学英语的。马耳他近年来每年平均吸引 82 000 名学生来学英语,占全国旅游业总收入的 5.7%。2012 年同比增长 18.2%。外国留学生主要来自意大利、德国和俄罗斯。旅游部长表示,尽管 2013 年的官方数字还没有公布,但是预测仍将比 2012 年有所增长。马耳他全国目前大约有 40 所英语培训学校,每年支付教师工资部分就已超过 1200 万欧元。

3.3.12 马耳他语言教学产业 2013 年收入 6400 万镑[①]

英语语言研究院表示,2013 年对外国学生的英语培训项目为马耳他带来 6400 万镑的收入。该院过去两年投资 300 万镑翻新校舍,以迎接更多前来学英语的留学生。2013 年赴马耳他学英语的留学生共有 75 000 名。这给当地创造了更多的就业机会,同时带动了旅游、娱乐及餐饮等相关产业的发展。英语语言研究院拥有 3 所培训学校和 1 家三星酒店。其收入比 2009 增长了 40%,并有望在未来几年持续增长。3 所学校共有 150 间教室,能容纳 1500 名学员。马耳他总理和旅游部长等政府官员出席了该校新校舍的竣工仪式以示支持。

3.3.13 希腊发行菜肴翻译软件[②]

旅游菜肴翻译软件——菜肴词典(Dishionary)于 7 月 15 日发行,该软件将希腊地方菜肴翻译成游客所使用的语言,消除海外游客用餐过程中的语言障碍。每一道希腊菜肴都配有图片、配料清单,并对菜肴的历史加以描述。游客可以查阅菜肴的希腊语拼写和发音、菜肴评论和推荐,还可以分享自己的经验。目前,软件已在希腊投入使用,收录了大量的希腊菜肴,将其翻译成英语、西班牙语、俄语、意大利语、法语、希伯来语、阿拉伯语、德语和汉语 9 种语言。

3.3.14 塞尔维亚的语言学习受到投资影响[③]

中国在塞尔维亚的投资激发了当地学生学汉语的积极性。当地某高中 2012 年开设汉语教学,预计 2013 年将有爆炸式增长。越来越多的机构和学校开设了汉语课程。与其他国家相比,塞尔维亚学生学汉语的成绩不错。更多的塞尔维亚学生更愿意学英语,90% 的学生从一年级开始学习英语,到五年级才开始

---

① 摘自马耳他《马耳他时报》2014 年 6 月 24 日报道。
② 摘自美国《华盛顿新闻报》2014 年 7 月 15 日报道。
③ 摘自新西兰《新西兰新闻周刊》2013 年 1 月 3 日报道。

学习第二外语。某种语言是否受追捧与该语言在本地投资规模大小有关。譬如意大利菲亚特汽车在某地开厂,就吸引了 3000—4000 名小学生学习意大利语。南部某地,法国米其林轮胎厂开办,当地学校就引进了法语和塞尔维亚语双语教学。

3.4 非洲

3.4.1 坦桑尼亚航空公司开设斯瓦西里语网站①

为了让当地乘客能及时有效地获取准确的航班信息,坦桑尼亚快捷航空公司近日开设斯瓦西里语网站。这次改变源于近期该公司管理层由于航班延误和取消影响乘客的旅行计划而发布的道歉声明。快捷航空方面表示:作为东非人,我们以说斯瓦西里语而自豪,通过开设斯瓦西里语网站,公司将提供更好的服务,并提高网上在线服务质量。斯瓦西里语作为东非使用最广泛的语言,到现在为止使用人口已超过 1.4 亿。这使得斯瓦西里语成为该公司网上订票时使用的最佳语言。快捷航空提出以满足乘客需求为导向的市场推广战略,新推出的斯瓦西里语网站将进一步巩固其在东非地区航空业的地位。公司上季度的数字化水平与去年 7 月份的 11% 相比,创纪录地增长了 22%。

3.4.2 索马里自动取款机歧视非英语使用者②

10 月初,索马里萨拉姆银行在半岛酒店安装自动柜员机,但因未提供索马里语服务遭投诉。一些经常出差的商人认为自动柜员机应显示索马里语,因为在其他国家都会提供国际语言和当地使用的语言服务。当前该地 90% 的机器都使用英语,然而很多前往索马里的外国人其母语并非英语,他们对此并不买账。例如来自北欧国家和阿拉伯国家的商人,对银行只使用英语的情况表示震惊。当地零售业主很多不懂英语,他们对此也啧有烦言。银行方面不顾几乎 100% 当地人只说索马里语的事实,硬将英语作为工作语言,其做法饱受批评。

---

① 摘自美国"泛非在线"网站 2014 年 10 月 17 日报道。
② 摘自索马里 Mareeg 新闻网站 2014 年 11 月 2 日报道。

3.5　大洋洲

3.5.1　澳大利亚老移民需要更多支持[①]

澳大利亚几所大学近日发布的联合研究表明,英语糟糕的移民比英语流利的移民工资要低 1/3。对于移民而言,抵达澳大利亚的年龄是影响其"钱景"的主要因素。来自英语非母语国家的移民如果在 11 岁之前来到澳大利亚,则他们日后所挣的工资将比那些同一语言背景,但在 18 岁后才移民的人要多挣 15%。这是因为 11 岁之前就抵达澳大利亚的移民将有机会更好地掌握英语。这项研究结果对于成年移民很有意义,政府有必要为 18 岁以后来到澳大利亚的移民提供英语技能方面的培训。研究显示,英语技能影响移民寻找工作机会的方法。英语较好的移民经常浏览招聘广告,有更多渠道获得招聘信息;而英语较差的移民常常只看工厂张贴的告示牌,这也制约了他们的工作机会。

3.5.2　新西兰支持亚洲语言投资[②]

新西兰政府计划未来 5 年斥资 1000 万美元,帮助学校建设汉语、日语和韩语教学科目,或扩大现有课程建设。亚洲-新西兰基金会执行主任约翰·麦金农对此表示欢迎,他认为这一计划是朝着建设新西兰亚洲语言能力迈出的一大步。新西兰与亚洲的联系越来越密切,儿童和学生到他们进入职场,都需要具备与亚洲相关的能力,其中就包括语言技能,具备多语能力将是个优势。当全球经济火车头转向亚洲后,很多国家都在调整语言教育政策。2012 年澳大利亚政府宣布亚洲语言优先策略,计划在每所学校提供包括汉语、印地语等在内的亚洲语言课程。新西兰的亚洲语言教育主要瞄准其亚洲重要贸易伙伴的语言。

---

① 摘自澳大利亚《布里斯班时报》2014 年 12 月 27 日报道。
② 摘自亚洲-新西兰基金会网站 2014 年 8 月 28 日报道。

第四章 语言保护

4.1 亚 洲

4.1.1 日本冲绳努力保护本土语言①

冲绳语是琉球群岛6种本地语言使用人口最多的语言。在日本兼并冲绳之后,当地人的语言被压制到了濒临灭绝的境地。目前没有人知道6种琉球语的确切使用人数。他们之间相互不能沟通,更不用说外来的日语。联合国教科文组织曾将6种琉球语列为严重濒危状态。日语和琉球语之间的差异比德语和英语差异还要大。当地人称,被日本兼并后,琉球语被当成次等语言,不能在公共场合使用。当地一些有识之士对日语的强势入侵深表忧虑,主张积极拯救当地语言,不仅应在学校教,还应该在日常生活使用。语言是对当地人身份和文化的认同。

4.1.2 韩语日呼吁语言净化运动②

今年10月9日是韩国世宗创造韩语字母567周年。韩国总理郑烘原表示,韩国民众日常生活的语言中充斥脏话甚至暴力词汇。为了改变这种不良文化现象,他呼吁发起一场语言净化运动。此前,许多韩国人因为网络上滥用苟简词语、外来语及粗话而大感惋惜。一些民间组织指出政府的语言使用也有失范之处。他们表示今年4月到6月,在韩国17个政府部门、国会以及最高法院发布的3000份新闻文稿中,平均每份都有3次以上触犯国家语言法的错误。2005年的语言法要求官方文件必须全部用韩语写成;如有必要可以插入部分汉字或外文。保护韩语的努力可以追溯到20世纪初期,当时日本殖民者限制当地人使用韩语,但后者借由韩语确认其国家和文化身份而进行抵制。即便今天,韩国还经

---

① 摘自阿联酋"海湾新闻"2014年12月17日报道。
② 摘自香港《南华早报》2013年10月9日报道。

常通过娱乐节目、竞赛等活动来推进韩语的规范和正确使用。每年国家语言学会都奖励那些对规范使用韩语做出贡献的公共机构。

4.1.3 江原道9月提供7国外语口译服务[①]

为了减少外国游客因语言障碍带来的不便,韩国江原道推出"出租车向导外语口译服务"项目,计划从9月开始在道内所有出租车和旅游咨询处提供多语种口译服务。这是首次在道内提供外语向导口译服务,外语类别有英语、日语、汉语、德语、法语、西班牙语、俄语,共7种。服务时间为工作日上午7时至晚上22时,周六及公休日8时至18时。出租车司机或外国游客只需通过手机拨打粘贴在出租车上的电话号码,接通后根据语音提示选择相应语言,即有对应的翻译人员提供口译服务。江原道观光体育局希望通过这种服务解决国外游客来韩交流不便的问题,以后将通过放大指示牌外语字体、培养并安排100名旅游随行口译志愿者等措施推进这一工作。

4.1.4 泰国举办全国泰语日[②]

泰国文化部7月25日宣布,为了保护本国语言,泰国政府将于7月29号在泰国国家大剧院举办泰语日庆典活动。届时包括一位著名喜剧演员和一名传奇歌手在内的社会名流和知名学者将获颁奖章,泰国文化部宣称此举是表彰他们正确使用泰语的模范作用。在近日的一次讨论中,泰国国王呼吁全国民众、教育机构以及公共和私人组织懂得如何正确使用泰语。他在讨论中的表现反映出其对泰国文化遗产保护的关心。同时,他还对如何保护泰语提出了建议,比如应纠正错误发音、保护方言,以及要创造新词汇必须先精通泰语等。

4.1.5 越南语面临语言失落的危险[③]

如今越来越多的越南家庭过分强调英语的重要性,结果使其母语的地位日渐式微。譬如在胡志明市开设了一所国际学校,其初衷是为旅居越南的外国儿童提供一个良好的学习环境,但是如今在该校就读的越南籍学生的数量远远超过外国学生。越南家长迫切希望子女沉浸在英语环境中,一些年轻的越南家长开始为自己的孩子取新奇的英文名字。许多越南儿童甚至在掌握母语词汇之前就已经开始学习英语。另有一些越南人在说越南语的场合说洋泾浜英语,而其实他们的英语水平并不很高。教育专家警告说,如果儿童在多元文化背景中成

[①] 摘自韩国《中央日报》2014年8月25日报道。
[②] 摘自泰国新闻署网站2013年7月25日报道。
[③] 摘自越南《西贡解放日报》2013年2月9日报道。

长,比如在国际学校就读,那么他对任何一种文化都不会敏感,甚至形成不了国家和地区的概念。一些有识之士对这种社会现象深表担忧。

4.1.6 乌兹别克斯坦的塔吉克语正在消亡①

撒马尔罕曾经是乌兹别克斯坦的塔吉克语言文化中心。现在有关该语言的记忆就是残存在墙上的涂鸦,这些涂鸦文字还充斥着错误。当地50万居民原本都说塔吉克语,但这座城市用22年时间消灭了该语言。如今这里没有一个用塔吉克语的公共标识,用的全都是乌兹别克语。塔吉克语也禁止在媒体上使用。当地很久以前就停止用塔吉克语出版报纸。电视频道的塔吉克语新闻播报每周仅有几次,且每次只有1—10分钟。在1991年乌兹别克斯坦从苏联独立出来之前,撒马尔罕曾存在多种语言,其官方语言就包括乌兹别克语、塔吉克语和俄语。当时也有塔吉克语学校、塔吉克语图书和塔吉克语电视和广播节目。但20年以来乌兹别克斯坦政府开始系统地在教育、媒体等领域限制塔吉克语的使用,最终酿成这种结果。

4.1.7 安达曼群岛语言濒危②

在印度安达曼群岛上,仅有6人会说当地一种语言,剩下的49人不知道当地语,但其中28人能说印地语。该岛上如今依然存活的语言还有两种——加洛瓦语和昂格语,但是说这两种语言的人数也已经很少,分别只有300人和106人。如今这3门语言都面临灭绝。大安达曼语曾有10种语言,6种已经在1935年灭绝。随后印度政府把这些部落人群迁徙到安达曼群岛。如今他们当中仅有55人健在,其中6人会说本地语言。尽管专家们认为在安达曼群岛的北哨兵岛有200人说加洛瓦语的姊妹语言,但至今仍没有文字记录。

4.1.8 印度积极推动贡根语发展③

贡根文化协会和卡纳塔克邦贡根语言学会近日联合启动一系列活动,以推动当地民众对贡根语的了解,将其传承下去。这一活动从2月15日延续到3月17日,将在40个地点进行街头戏剧表演活动。其中心思想是,如果不立刻采取行动加以保护,这种语言很快就将濒危灭绝。贡根文化协会希望吸引更多年轻人从事贡根语学术研究。目前参加贡根语言等级考试的学生数量不断增加,有望在2018年达到500人;卡纳塔克邦已经将贡根语列为部分年级的选修课程。

---

① 摘自乌兹别克斯坦"乌兹别克斯坦新闻网"2013年8月13日报道。
② 摘自印度《印度时报》网站2013年1月28日报道。
③ 摘自印度"大慈世界"网站2013年2月15日报道。

4.1.9 挽救佛经语言——巴利语[1]

巴利语是印度一门古典语言，最近政府却把它从公务员考试科目中剔除。由于公务员考试需要，许多年轻人才愿意学巴利语。这间接保护了巴利语和佛教。佛教学者认为巴利语符合印度文化部有关古典语言认定的标准：巴利语是古印度佛教典籍《大藏经》的使用语言，并已成为佛教经文传播的重要载体。政府此次举措将影响青年人学习巴利语的兴趣，可能对佛教在印度的传播发展不利。学者们认为此举反映政府及官员对文化遗产的无知。相关人士计划发起请愿，希望政府将巴利语列为古典语言，并取消把巴利语从公务员考试中剔除的决定。

4.1.10 印度用一百万张明信片拯救一门语言[2]

自去年3月份以来，全国各地说信德语的民众向印度总理办公室寄发了成千上万张明信片。这些手写的明信片上写有寄信人的名字和手机号。他们只有一个要求：希望国营的全印电台能够开设一个信德语频道。2012年，孟买一个名为"国际信德人朋友"的组织在排灯节活动中募集了6万卢比，买了12万张明信片，让其成员寄送到总理办公室。该国第八次宪法修订版本把信德语写入了宪法，但没有给它明确的地位。很多民众担心信德语行将灭亡。一些活动家们认为信德语电视台或许是挽救该语言的最佳途径。除明信片运动外，他们还策划了一份诉状，本周二将把相关法律告示提交给信息广播部。

4.1.11 印度过去50年220种语言消亡[3]

从来没有人怀疑过印度语言的多样性。根据印度人民语言调查组最新研究，尽管印度官方公布的语言只有122种，但他们实际发现的语言有780种，甚至有人还猜测另有其他100种语言存在。该研究由3000名志愿者以及语言研究和出版中心联合完成，历时4年。他们还总结出，在过去的50年间有220种印度语言已经消亡；另外，随着说话人的自然死亡及其后裔未能学习母语，在以后50年内另有150种语言也将消亡。该组织出具的调查报告有50种发行版本，第一版9月5日发行，最后一版将于2014年12月发行。该调查负责人表示这是印度有史以来最全面的调查。此前印度政府没有把使用人数低于1万的语

---

[1] 摘自斯里兰卡非营利组织"兰卡网"在线2013年4月17日报道。
[2] 摘自印度《印度斯坦时报》2013年5月17日报道。
[3] 摘自英国路透社网站2013年9月7日报道。

言计算在内,而该调查甚至包括了只有四五个人说的语言。

4.1.12 印度欧迪尔语获得古典语言的地位[1]

印度内阁经过长时间的考虑之后,终于让步。本周四,欧迪尔语继梵语、泰米尔语、泰卢固语、坎那达语和马拉雅拉姆语之后,成为印度第六门古典语言。该语言被标注为印度雅利安语系的首门语言,而且成为古典语言的前提则是它与印地语、梵语、孟加拉语和泰卢固语没有相似之处。将其列为古典语言的提议由文化部提出。在印度,一旦一门语言被认定为古典,它就可以获得财政支持建立学习中心,并且为该语言的卓越学者颁发奖章。另外,大学拨款委员会必须至少在中央大学为这门语言的卓越学者设立专业头衔。选择一门古典语言的标准在于其早期记录材料要有1500—2000年的历史,这些材料包括说该语言人群的重要遗产以及本土的语言传统。而且由于古典语言和文学与现代的不同,因此古典语言和它后来的模式也可以有不连续性。

4.1.13 印度列出500种濒危语言[2]

印度语言中央研究院正在实施一个项目,罗列该国境内近500种濒危语言并试图最终保护它们。濒危语言使用人口应少于1万。印度人力资源开发部已同意对此项目立项。中央研究院将与各大学和学院合作,项目内容包括出版各语言字典及构建语法规则,并将这些语言表述的包括民间传说在内的历史文化知识存档。语言专家将会为这些语言的抢救和保护提出建议。首批将启动约70种语言的研究,未来10年将追加到500种。抢救每种语言需花费60万至80万卢比(1万卢比约合1460人民币)。印度濒危语言究竟有多少,目前没有一个确数。

4.1.14 印度泰米尔纳德邦"停止梵语周"[3]

"唯印地语"命令引发众怒后一个月,印度执政党人民党又面临泰米尔纳德邦马鲁马拉奇党的愤怒。事情起因是中央中等教育委员会倡导在学校举办"梵语周"。马鲁马拉奇党负责人指责该倡议"试图通过梵语来支配其他语言",这是"险恶并且危险"的;泰米尔纳德邦不允许这样做。此前,印度中央政府要求该国公务员在官方交流和社交媒体上必须使用印地语,泰米尔纳德邦各政党都极力反对。中央政府不得不表态说"唯印地语"指令只适用于说印地语的各邦。20

---

[1] 摘自印度《印度教徒报》官方网站2014年2月25日报道。
[2] 摘自印度《印度教徒报》2014年2月25日报道。
[3] 摘自印度新德里电视台2014年7月17日报道。

世纪 60 年代,泰米尔纳德邦曾为反对印地语成为唯一官方语言,发生过抗议。

4.1.15　印度卡纳塔克邦应以民族语言为傲①

6月17日,在为卡纳达语协会的百年建筑奠基时,卡纳塔克邦首席部长斯达拉马哈指出,如果政府在与法院的诉讼战中失利,将试图修改宪法,以使卡纳达语能够成为小学教学语言。最高法院最近将裁决这一方案。斯达拉马哈称他已向印度总理莫迪呼吁召集全国各邦联席会议,制定"使用地方语言作为教学媒介语"的国策。斯达拉马哈感慨卡纳塔克人不重视自己的语言,认为应向泰米尔纳德邦学习,他们以民族语言为豪。他表示不反对家长要求子女学英语,但卡纳达语应作为教学授课用语,这两者并不矛盾。邦政府将投资5000万卢比促成此事。

4.1.16　巴基斯坦厄姆语面临消亡②

厄姆族(Ormur)通常被看作是普什图的一支族系,但他们在南瓦济里斯坦已形成自己独立的语言群体。近年来厄姆语陷入危机。联邦政府将当地的普什图语、巴尔蒂语和布鲁夏斯基语等列为国语,厄姆语却被排斥在外。然而这门语言经受住了时间的考验,在洛加尔省以及临近地区的厄姆人仍有人在使用它。尽管被普什图族包围,但几乎所有厄姆人都能说厄姆语和普什图语方言。2009年的一次军事行动导致约1万名说厄姆语的人迁往省市中心,只有部分人留守下来。人们认为逃离的本族人回归故土可望使这门语言幸免于难。在激进主义和恐怖主义盛行的地区,保护文化遗产已经居于次要地位。由于巴基斯坦政府没有给予特别保护措施,厄姆人只好依靠自己的努力来保卫厄姆语。

4.1.17　叙利亚用音乐号召使用阿拉伯语标准语③

近日,叙利亚著名音乐家哈萨姆·丁·百里默率领沙姆合唱团在叙利亚首都大马士革举办了一场名为"用标准语歌唱"的演唱会。在演唱会上,歌手们演唱的所有歌曲的歌词均是使用阿拉伯语标准语创作。百里默希望通过这场音乐会表达对他的母语阿拉伯语的热爱,并号召人们使用阿拉伯语标准语。他认为"阿拉伯语标准语能够承载各种情感;是一门古老、丰富、细腻并且包容的语言;是一门包含了思想、艺术、科学、文学等内涵的语言;是维系阿拉伯民族和人民团结的根基"。这场演唱会用音乐的形式向观众们传递了阿拉伯语标准语的美感,

---

① 摘自印度《印度教徒报》官方网站2014年6月18日报道。
② 摘自巴基斯坦《论坛快报》2014年3月26日报道。
③ 摘自叙利亚《十月报》2013年3月17日报道。

受到了在场歌迷的一致好评。

4.1.18 阿联酋立法保护阿拉伯语[①]

11月25日,阿联酋政府保护阿拉伯语的法案在议会得以确认。这一提案由文化、青年和社会发展部提出。面对国内阿拉伯语的使用日渐减少这一现象,阿议会曾展开研究,并建议出台法律保护作为母语的阿拉伯语。此举将对主要以英语授课的公立大学产生影响。议会同时注意到一些方言正在侵蚀古典阿拉伯语。针对学生使用阿拉伯语的人数降低,有人认为阿语教师需要再培训,教育方法也亟待改进。调查显示,该国18%的私立学校学生和3%的公立学校学生阿语水平"很糟糕",但其英语能力却很优秀。网络社交媒体上,年轻人大多使用拉丁字母拼写阿拉伯语。法规草拟者介绍,出台新法案是希望阿联酋成为世界母语保护的楷模,不过强调阿拉伯语并不意味着忽略其他语言。

4.1.19 以色列:复兴意第绪语[②]

曾几何时,作为"跨时空粘合剂"的意第绪语是犹太人的通用语。如今即使在以色列它也被认为是犹太教原教旨主义者的语言。1993年卡翰建立了一个名为"青年意第绪"的组织,以保护这种独特的犹太语言和文化。通过举办各类展览会和艺术节,他们希望向人们传达意第绪语并没有过时这一思想。在大屠杀之前,约有67%的犹太人都说意第绪语,大屠杀后这门语言几乎被消灭了。即便是在以色列建国后,由于推崇希伯来语,意第绪语再次受到压制。由于这些组织的推动,意第绪语在以色列开始慢慢被更多人所接受。

4.1.20 古典阿拉伯语正在被遗忘[③]

在阿拉伯地区,拥有悠久历史的古典阿拉伯语正日益被人淡忘,其语言状况令人担忧。一些专家认为古典阿拉伯语被人遗忘的原因可归为:(1)古典阿拉伯语是一种精英语言,已经过时,难以摆脱像拉丁语和古希腊语等古典语言的宿命。(2)英语的影响很大。在全球化背景下,阿拉伯地区的精英为了确保子女能拥有美好的未来,纷纷把孩子送到以英语作为教学媒介语的国际学校学习。(3)古典阿拉伯语不食人间烟火,严重脱离现实生活,致使各地人们纷纷敬而远之,选择各种方言交流。

---

① 摘自阿联酋"国家"网站2014年11月25日报道。
② 摘自以色列《犹太新闻》2014年2月8日报道。
③ 摘自英国《金融时报》2013年10月20日报道。

4.2 美 洲

4.2.1 北美高科技拯救部落语言①

语言专家表示,北美越来越多的部落正在努力挽救其民族语言,因为一些语言现在已很少人用。此外,他们越来越重视高科技在语言保护方面所起的作用。一些专家预测如今在美国和加拿大尚存大约200种美洲原住民语言,此前有100种已经灭亡。早在20世纪90年代初,语言学家预计只有11%的原住民语言通过家长传授给其子女。目前还能够说原住民语言的往往是中老年人群。现在,北美大部分部落都在试图复兴自己的语言。他们所做的努力包括学徒项目(一个会说部落语言的长者向后辈学生传授语言)和沉浸式学习项目。许多人还利用现代网络通信技术和社交媒体,如优图视频直播和谷歌视频群聊。这些技术手段的应用效果很好,因为在年轻人当中很流行。

4.2.2 美国最后一位说Klallam语的人在华盛顿去世②

美国政府曾经试图淘汰Klallam语,后来却努力去保护这门语言。黑兹尔·桑普森是最后一位说该语言的幸存者,但是她已在本周二去世,享年103岁。在学英语之前,桑普森的父母教她学习了Klallam语,如今她的去世意味着一个时代的终结。Klallam语从属于美国印第安语言中的赛利希语系,该语系主要存活在太平洋西北部和加拿大西南部。从19世纪初期开始,美国联邦政府就开始系统地淘汰许多印第安语言,包括迫使印第安年轻人学习英语以及把他们送入寄宿学校。后来情况发生了逆转,在《1990年印第安语法案》通过之后,联邦政府设立了保护项目,该语言就是项目需要保护的语言之一。在北得克萨斯大学一位语言学教授的努力下,在该部落的许多老人包括桑普森在内的协助下,一本关于该语言的字典终于出版了。目前美国约有3000名说Klallam语的人,主要分为华盛顿州西部的3个部落。尽管华盛顿州的奥林匹克半岛的几所学校将该语言列为第二语言,但是这3000人中大部分人不说Klallam语。

4.2.3 美国最后一位契卡索语单语者离世③

迪克森是世界上最后一位只说契卡索语的人,上周在俄克拉荷马州家中去

---

① 摘自美国《旧金山纪事报》2013年4月17日报道。
② 摘自英国路透社2014年2月6日报道。
③ 摘自美国华盛顿大学Kuow调频广播2014年1月8日报道。

世。契卡索族约有 5.5 万人，主要居住在俄克拉荷马州南部地区。自 20 世纪 60 年代开始，说该语言的人就一直在减少。契卡索语复苏项目负责人表示，在该族被迫迁到印第安人保留区前，契卡索语还是该族人的主要语言。19 世纪 80 年代该语言的地位逐渐被英语取代。现在能说契卡索语的人大多六七十岁，年轻时就进入印第安人寄宿学校或当地公立学校学习英语。迪克森因生活在传统社区，没有受过英语教育，成为唯一只使用契卡索语的老人。尽管目前说契卡索语的人都是双语者，语言学家希望尽快能以抢救方式整理出该语言资源。

4.2.4 美国有了一门新语言[①]

肯塔基州参议院最近以 10∶1 的投票数通过了 16 号法案，该法案将为全州的学校带来一个新的选择。新的立法将允许学生学习计算机编程来完成外语要求。随着全国其他一些类似法案的出现，似乎美国的课堂将迎来一门新的语言。一名共和党参议员支持该法案，因为他认为这将增加学生在日益发展的信息技术行业的竞争力。目前肯塔基州的学生需要修满 22 个学分才能完成高中课程任务，该法案的支持者们认为把电脑编程当作一门语言来学习将会增加学生就业的机会。准备就读大学或学院的学生必须至少有两个外语学分。同时，该州的 16 号法案也不是首创。早前新墨西哥州的民主党参议员就提出了类似的法案，旨在推广 Java、HTML 以及其他电脑编程语言的教育。既然所有类似的法案才刚刚提出，那么学习新的电脑编程语言是否会影响美国双语人的数量还有待观察。根据欧洲委员会的调查，只有 15%—20% 的美国人认为自己说两门语言，而欧洲人中 56% 会说两门及以上语言。

4.2.5 美国原住民语言保护[②]

今年初，美国总统奥巴马访问了立岩美国原住民保留地。他称赞苏族部落领袖复兴他们的拉科塔语的努力。每周有一个晚上，老少居民会聚集在北达科他州耶茨堡的一处教室，学习苏族部落语言拉科塔语。这些语言几代以前曾经流行，但 20 世纪初原住民儿童被送去寄宿学校接受英语同化教育，有关他们本土语言文化的记忆被抹去。一些苏族老人积极参与课程建设，试图在其有生之年，确保这门语言不会在他们这一代失传。他们很欣慰地看到年轻一代在努力学习他父母那一代不被鼓励说的语言。年轻人也表示愿意学习部落传统和

[①] 摘自 guardianlv.com 网站 2014 年 2 月 1 日报道。
[②] 摘自美国之音 2014 年 11 月 27 日报道。

语言。

4.2.6 加拿大因纽特语保护见成效[①]

近日加拿大东部努勒维特地区正在举行因纽特语庆典活动。该活动每年举办一次,试图在该地推广并鼓励使用因纽特语。因纽特语委员会长表示,这门语言反映了该民族自身的特质,他们希望通过庆祝活动等措施让更多的人来继续学习和使用这门语言。尽管因纽特语和其他加拿大原住民语言一样面临危险,但是该语言的生命力依然旺盛。加拿大 2011 年人口普查数据显示,因纽特语在原住民语言使用排行榜位列第二。加拿大境内有 35 500 人说因纽特语,它也是其中 34 110 人的母语。这些人主要居住在加拿大东部的努勒维特以及魁北克省。2011 年人口普查数据排名首位的是阿尔冈琴语,说这种语言的有 144 015 人。位居第三的是阿萨巴斯卡语,说该语言的有 20 700 人。

4.2.7 墨西哥 60 种语言面临消亡[②]

语言学家表示,在墨西哥 143 种土著语言中,其中 60 种面临消亡的危险。其中一门语言只有两位长者能够流利掌握,而他们俩甚至只是泛泛之交。另一种语言只有 36 人会说。根据该国社会人类学调查和高级研究中心(CIESAS)的声明,当 60 种土著语言面临危险时,其中 21 种处于极度濒危状态。有 3 种语言的情况最严重,如今它们正在遭受剧变。原因有很多,如移民、社会不稳定以及促使人们接受西班牙语的经济和意识因素。每种墨西哥土著语言都包含了数千年的人类经验、智慧和对于自然环境的实用知识,因此对它们的保护就显得特别重要。一些语言学家表示,为了保护这些濒危语言,就必须采用综合的语言政策:双语教育、学校课程的设置和双语材料。但是更重要的是对教师的培训。

4.2.8 墨西哥沃达丰"拯救濒危语言"[③]

阿亚帕涅科语是哥伦布"发现"新大陆以前墨西哥使用的古老语言,如今还能说这种语言的只剩两位老人。但他们由于个人纠纷,多年没有向对方说一句话。谷歌 2012 年开始资助"拯救濒危语种"项目,语言学家们试图让他们重归于好,以延续阿亚帕涅科语,但各种努力都于事无补。欧洲通信运营商沃达丰邀请两位老者参加名为"沃达丰的第一次"的活动,他们开始了第一次对话,两人关系随之得以修补。此后他们一同在一间以他们名字命名的简陋校舍里教当地孩子

---

① 摘自美国《阿拉斯加快报》2014 年 2 月 25 日报道。
② 摘自 news.nationalgeographic.com 网站 2014 年 4 月 10 日报道。
③ 摘自英国"现场活动"网站 2014 年 5 月 20 日报道。

说阿亚帕涅科语。语言学家也开始跟进,为这门语言编写词典。沃达丰为此还专门建立一个网站,试图让更多人了解和学习这门古老语言。

4.3 欧洲

4.3.1 首位英国学者入选法兰西学术院[①]

2月21日,高度排外的法国学术组织——法兰西学术院迎来了首位英国出生的院士迈克尔·爱德华兹。经过内部投票,这位英国诗人、文艺评论家和学者成功入选。法兰西学术院创立于1635年,是法语语言界的最高权威机构,设有40个座席。今年已经74岁的爱德华兹曾两次被提名入选法兰西学术院院士,但一直未能如愿。此次他将接任已故法国小说家让·杜图尔的席位。爱德华兹拥有英法两国国籍,近年来主要用法语发表作品,曾在英法两国很多大学教授法语和比较文学,致力于法语文化的传播。虽然他是第一个入选法兰西学术院的英国人,不过法兰西学术院也曾接纳过为法语发展做出贡献的外籍院士,如已故塞内加尔总统桑戈尔,现任院士还有来自黎巴嫩、比利时和阿尔及利亚的作家。

4.3.2 法国资深哲学家号召抵制英语[②]

法兰西学术院院士米歇尔·塞雷斯,是法国当前享有盛名的哲学家。近日他发表言论,号召法国人抵制英语。他呼吁法国人抵制所有使用英语做广告的商品,不去观看所有片名没有翻译成法语的电影,以此抵制英语的强势入侵。他表示如今在法国城市的墙上,用英语书写的广告标语比二战德国入侵时出现的德语还要多。法国曾在1994年通过法律,规定学校必须把法语作为教学媒介语,同时确定在商务和公共服务领域,必须使用法语。最近,法国政府允许大学开设更多的英语课程,此举引起社会上的强烈反响。塞雷斯是在这种语境下发表上述言论的。维护法语至高无上的地位,是法兰西学术院的使命。

4.3.3 英国发现保护推广古威尔士语的法律文件[③]

最近在英国下议院档案中发现一份1563年的法律文件。伊丽莎白一世在该文中要求威尔士教堂保留国教祈祷书和圣经的威尔士语版本。一些历史学家相信正是该法案保证了威尔士语能够流传下来。一些国会议员希望能够将该文

[①] 摘自法国"法兰西24小时电视台"网站2013年2月22日报道。
[②] 摘自英国《电讯报》2013年10月22日报道。
[③] 摘自英国广播公司2013年7月17日报道。

件的副本在圣阿萨弗展出,以纪念把《圣经》翻译成威尔士语的威廉·摩根主教。在16世纪的都铎时代,一位名叫汉弗莱的国会议员促使下议院通过该法案。1588年,摩根主教出版了一套《圣经》的威尔士语版本,正是下议院的法案鼓励推广此书。在此之前威尔士的《圣经》起初是拉丁语版,后来是英文版;可是许多当地人却根本就看不懂。登比郡的学者威·廉塞尔斯泊雷也出版了国教祈祷书主要内容的威尔士语版本。这些翻译文献被认为是为威尔士语设立了标准。

4.3.4 威尔士语挽救对策①

在威尔士,16岁以下的年轻人仅有1/3日常交流时说威尔士语。卡马森郡曾是威尔士语大本营,2001年当地超过70%的人都说威尔士语,可如今连一个会说威尔士语的人都没有了。2011年在威尔士会说威尔士语的人数比例从2001年的21%下降到了19%。这些数据激发了人们保护该语言的意识,84%的受访者表示愿意使用这门语言。目前网民日常上网和在社交媒体上都很少使用该语言,因此应创造更多网上使用威尔士语的机会。专家建议语言纯洁主义者不必担心混用威尔士语和英语引发混乱,在当前威尔士语濒临灭绝的情况下,只要能说威尔士语就应受到鼓励,而不是一味求全责备,因此适量的混用无关宏旨。

4.3.5 牛津词典收网络用语②

牛津大学出版社表示将把一些网络流行词以及新词加入在线牛津词典,以体现语言使用新趋势,例如一个词"vape"或"vaping",表示使用电子烟吸入无烟尼古丁蒸气。牛津词典学家称,"vape"和"e-cig"(电子烟)的使用在过去两年增加了约9倍。许多新词是非正式词语或缩写,反映了人们不断变化的媒体消费习惯以及互联网不断强化的优势地位,譬如"listicle"(指网上以编号形式呈现的文章)和"live-tweet"(在推特上即时发表的对某事件的评论)。牛津词典方面称收录在线词典的新词并不表示它们一定会进入更传统的《牛津英语词典》。

4.3.6 苏格兰盖尔语的生存仍面临威胁③

苏格兰盖尔语委员会的年度报告显示,越来越多的孩子开始在学校学盖尔语,接受盖尔语作为媒介语教育的学生数在小学阶段增加6.1%。小学一年级人

---

① 摘自英国《每日电讯报》2013年8月11日报道。
② 摘自美联社2014年8月14日报道。
③ 摘自苏格兰《格拉斯哥先驱报》2014年7月9日报道。

数达 486 人,增幅为 13%;中学阶段增加了 7%,达到 1181 人。波特里和威廉堡两地还将兴建新的盖尔语小学,而在因弗内斯和格拉斯哥的盖尔语学校也将增设小学部,形成从小学到中学一以贯之的盖尔语媒介教育。即便如此,盖尔语委员会主席伊恩·坎贝尔表示,在传统使用盖尔语的地区,比如西部群岛的农村地区,使用盖尔语的人口仍在持续减少,当本地说盖尔语的人去世以后,由于没有足够数量的年轻盖尔语使用者来补充,盖尔语在苏格兰的长期生存仍面临威胁,因此需要做更多的工作以应对这一局面。

4.3.7 西班牙巴利阿里群岛居民抗议削弱加泰罗尼亚语①

巴利阿里群岛地方政府近期出台一系列政策。这些政策被认为削弱了加泰罗尼亚语,从而引发以加泰罗尼亚语为母语的当地居民的大规模抗议。反对党为此上诉至西班牙宪法法院,指控地区政府实施对加泰罗尼亚语的"文化大屠杀"。去年,当地政府颁布一项法律,规定在大部分公共领域,熟练掌握加泰罗尼亚语不再是成为公务员的必要条件。该法律一出台就立刻遭到反对党的不满和谴责。当地政府还出台新教育法规,在公立学校实施三语(加泰罗尼亚语、西班牙语和英语)教学。此规定被认为减少了学生学习加泰罗尼亚语的时间;而学英语增加了学业负担,进而引发当地教师和学生家长的罢课示威。

4.3.8 意大利人并不热爱他们的语言②

意大利语可能是一种浪漫的语言,然而意大利人并不那么热爱自己的语言。在谈及保护意大利语问题时,位于佛罗伦萨、历史悠久的秕糠学会会长表示"意大利语并不是意大利人真正热爱的语言"。由于缺乏对母语的感情,在日常生活当中,意大利人越来越多地使用英语。很多人对自己国家的历史和语言文化漠不关心,对外来文化的影响毫无抵抗力,以至于生活在国外的意大利人变得没有归属感。除了美食,意大利的年轻人很轻易与自己的母国脱离关系。意大利人从英语借用了很多表述用法,并整合到他们使用的语言当中。秕糠学会创设于 1582 年,目的是为净化意大利文艺复兴时期的文学语言托斯卡纳语,是与法国"法兰西学术院"齐名的母语保护组织。

---

① 摘自爱尔兰《爱尔兰时报》2013 年 10 月 7 日报道。
② 摘自意大利"本地网"2014 年 2 月 24 日报道。

4.4 非 洲

4.4.1 纳米比亚语言发展不平衡[①]

纳米比亚教育部官员称,与当年的殖民语言,像南非阿非利堪斯语、德语和英语大行其道相比,本土语言却未能获得足够多的教育资源和资金支持。纳米比亚是一个多语言国家,然而诸语言的发展却很不平衡。纳米比亚宪法规定纳米比亚人有权使用任何语言,但在政治和教育等方面,语言使用的冲突却不断发生。纳米比亚政府没有出台任何一项法律,明确保护和发展非洲本土的濒危语言。许多当地语言被边缘化,英语作为国际语言占据了大量教育资源。教育部官员认为当务之急是制定合理的语言政策,明确非洲语言的地位,进而引起民众关注。

4.4.2 加纳语2073年灭绝?[②]

加纳海岸角大学学者声称在今后60年的时间里,加纳当地语言可能灭绝。鉴于当前加纳很多家长把英语作为最重要的家庭交流语言,教育专家断言今天的加纳儿童以及未来几代人将不会说本土语言。加纳2200万国民说49种主要语言以及更多的方言土语,其中9种语言得到政府扶持。全国最大的语言谱系属于克瓦语支,包括几种主要的不同方言,如使用者占加纳人口40%的阿肯语方言。全国高达60%的人口都说某种形式的克瓦语。加纳的官方语言是从英国殖民政府继承下来的英语。加纳学者预计当地语言不久将被英语"斩尽杀绝"。

4.4.3 肯尼亚世界最小部落拥有自己的词典[③]

世界上最小的部族亚库族(Yaaku)正在使用自己的语言编写一部词典。该部落一名长老表示,在收购44年前一名德国学者的手稿之后,他们即开始着手这一宏大计划。为驻扎当地英军服务的匈牙利医生作为志愿者为促成此事提供了帮助。根据联合国教科文组织数据,亚库族是世界上最小的部族,只有3000—4000人。生活在森林深处的该部落面临灭绝,尤其是被马赛族和桑布鲁族人所同化。部落首领表示当地只有10名老人还能说和听亚库语。现在这些

[①] 摘自纳米比亚《非洲全景》2013年6月19日报道。
[②] 摘自加纳"喜悦在线"网站2013年9月12日报道。
[③] 摘自肯尼亚《海岸周报》2014年4月22日报道。

老人每周 3 天到当地小学,教本部落的孩子学习自己的母语和文化。此外,他们还建立自己的博物馆。志愿者正设法提供良好的条件,为挽救这门语言而努力。

4.4.4 尼日利亚伊尚人担心伊尚语灭绝[①]

12 月 6 日,在尼日利亚埃多州举办的"伊尚与国家发展"研讨会上,与会者对伊尚语及其文化的现状表示担忧,他们诉称如果不采取紧急措施,在学校教育系统积极补救,当地语言和文化可能面临灭绝。在埃多州,人们以说英语为荣,也不鼓励儿童说伊尚语。这门语言可能因为缺乏使用者而濒危。一些有识之士表示,除非当地人说伊尚语,否则它就可能像拉丁语一样死亡。然而即使是已死的拉丁语,至今还有热爱的人仍在学习和阅读,当地学校却不教伊尚语,人们也已开始遗弃这门语言。会议组织者呼吁社会各界关注这一问题,并要求政府在当地大学设立伊尚语和伊尚文化研究中心,开展不同层次的语言教学,加强人们对本土文化的归属感,使这一语言不至于灭绝。

4.5 大洋洲

4.5.1 澳大利亚恢复古老的语言[②]

布里奇特·普利曼的兴趣是把瓦拉美语(Warragmay)教给孩子。自从 10 年前偶然间在凯恩斯的职业技术教育课堂上学到这种语言以后,她就迷上了这门语言。她成为瓦拉美语充满激情的基层推广者,后来还获得了语言学学位。如今她和妹妹致力开发这种语言资源。瓦拉美语 10 年前列入"濒临灭绝"的名单,通过许多像普利曼这样的热心人的努力,该语言如今已经变更为"复活"状态。尽管仍处濒危状态,但全社会还在试图把它挽回过来。这其中技术手段发挥了重要作用。目前普利曼等正在把这门语言的发音刻录成光盘,以便人们可以随时在家学习。他们还希望在当地学校把这门语言当第二语言来传授。

4.5.2 澳大利亚削减原住民语言项目财政拨款[③]

日前,澳大利亚联邦政府颁布 2014—2015 年财年预算,4 年内将对支持原住民语言项目的财政拨款削减 950 万澳元。教育部建议对北领地原住民地区的小学仅采用英文授课。此举引发澳大利亚学者的担忧。对于第一语言为非英语的

---

① 摘自尼日利亚《国家报》2014 年 12 月 6 日报道。
② 摘自澳大利亚广播电台 2013 年 3 月 26 日报道。
③ 摘自澳大利亚"对话"网站 2014 年 5 月 27 日报道。

原住民儿童来说,培养读写技能、提高英语水平的最好方式是双语教育。能够掌握本族语言对原住民的健康发展有着重要意义。在英语单语心态下,还讲原住民语言被视为一种缺陷;政策制定者把原住民儿童的求学困难归咎于其语言,削减公共支出时,其语言保护项目首当其冲。后果是使原住民感觉文化安全受到威胁,身份认同感和归属感被挑战,更加远离主流社会。

4.5.3 举办萨摩亚语言周[①]

萨摩亚语言周在一些萨摩亚商人的支持下即将开办。此举不仅帮助他们展销自己的萨摩亚特色商品,同时也能支持萨摩亚语的发展。太平洋岛民教育中心和萨摩亚商会本周共同启动萨摩亚语言周活动。其活动主题是"用词句和故事滋养儿童,使用你自己的语言!"萨摩亚商会提供萨摩亚语书籍和其他资源。商会组织认为萨摩亚传统是其独特的商业标识,也在一直鼓舞着他们不断发展。语言对其商业发展非常重要,可以据此建立人脉,甚至开发商品。太平洋岛民教育中心表示,和商会合作探索以家庭为单位发展语言很有意义。语言周活动包括开幕节、脸谱网站上的字谜游戏、萨摩亚学生表演以及商品展示等。

4.5.4 萨摩亚采取措施保护语言[②]

上周,萨摩亚政府通过法律,将萨摩亚语确定为官方语言,同时成立萨摩亚语委员会。目前萨摩亚青少年的母语水平不高,英语成为人们日常交流的主要语言。一些民众对此表示不满。萨摩亚政府根据民意,决定成立萨摩亚语委员会以保护母语地位。具体措施包括鼓励学生在中小学校说母语,并建议把母语设置为一门独立课程。鉴于当前该国高等教育主要还是采用英语教学,因此初中等教育究竟是采用英语还是母语教学,最终仍取决于学生和家长的选择。萨摩亚政府的此项新政策受到各界的普遍欢迎。一些旅居他国的萨摩亚人认为此举唤醒了他们的母语意识,并希望在现居地也能享用萨摩亚语教育资源。

4.5.5 新西兰振兴毛利语[③]

新西兰政府和毛利语推广组织近日呼吁新西兰民众保持信心,在未来15年,即在2028年努力使说毛利语的人数增加1倍。目前说毛利语的民众都是在英语占据主导地位下自觉使用毛利语的支持者,这是振兴毛利语的群众基础。发展壮大毛利语,需要毛利人群体和政府的大量投入。尽管可能面临困难,但毛

---

① 摘自新西兰《独家新闻》2013 年 5 月 23 日报道。
② 摘自新西兰广播电台 2014 年 1 月 29 日报道。
③ 摘自新西兰《独家新闻》2013 年 6 月 7 日报道。

利语的复兴必将实现。当前越来越多的毛利人移民海外,这是新西兰复兴毛利文化的一个挑战,但是即便毛利人移居国外也能采取各种方式传承自己的语言和文化。目前已经有不少毛利人通过网络和多媒体制作了各种毛利语项目。新西兰教育部也辅助制定了一系列战略,让毛利儿童有更多机会接触毛利语,提高其对毛利文化的保护意识,支持毛利人社团制作更多互联网教育课程。

4.5.6 全球近1/4的语言濒临消亡[①]

随着城市化及全球化步伐的加快,加之各国大规模推行语言统一政策,全球很多语言正濒临消亡,多种原始文化及知识面临失传。近日英国和澳大利亚学者发表的报告表明,全球约7000种语言中有1/4濒临消亡,自1970年起,已有近400种语言失传。全球近半数语言的使用人口不足1万,人数总和仅占全球人口的0.1%。400种主流语言的使用人数占全球人口95%。说汉语、西班牙语、英语、印地语、葡萄牙语、孟加拉语、俄语和日语8种语言的人数占全球人口的40%。这反映非主流语言正逐渐被主流语言吞并。研究报告显示,语言消亡速度与物种灭绝速度极为相似,因为文化、语言和物种依赖相同的环境因素。研究者呼吁,保护大自然应包括保护语言和文化。

---

① 摘自英国《卫报》2014年6月8日报道。

第五章 语言科技

5.1 亚 洲

5.1.1 日本研制的机器人教日语[①]

9月中旬,一款具有像真人一样动作和表情的日语教学机器人正式在河内亮相。机器人由日本大阪大学研究团队仿照日本一名女模特研制而成。这款机器人面部12个部位,包括嘴、眼睛和双颊可以由气压控制,模拟人的真实表情。专家介绍说:"机器人教日语时,能够让学生感觉更放松,减少焦虑感,创造良好的学习氛围。"这款机器人能够通过互联网控制,因此无论操作员身在何方都能实现远程日语教学。真正老师的嘴部动作和表情由计算机分析后并入网络传输给机器人,由它表现出来。40名越南学生成为这款机器人的首批学生。

5.1.2 日本研制智能手语翻译机[②]

日本科学家日前设计出一款智能手语翻译器。它能够利用肌电位测定传感器、陀螺仪传感器以及距离传感器,对接收到的信号进行综合判断,并解读手语。目前全球约有3.6亿人患有听觉障碍,接近世界人口的5%。设计师表示"正是希望残障人士能像正常人一样进行顺畅的交流,才有如此革命性的创新设计"。患有听觉障碍的人和不懂手语的人说话时,该设备能够翻译手语,以语音方式传达给非障碍者。此外,该设备还能选择以文本方式显示在正常人的智能手机上。听觉正常者和听觉障碍患者说话时,声音转化为文本数据,显示在该设备的屏幕上。此款手语翻译器目前还停留在概念设计的阶段。

5.1.3 手机设备能输入缅甸语[③]

自从缅甸敞开国门以来,很多外国企业不断涌入,中国台湾地区智能手机公

[①] 摘自越南"越南网"2013年9月19日报道。
[②] 摘自日本Ameba新闻网2013年12月16日报道。
[③] 摘自英国广播公司2013年1月14日报道。

司 HTC 成为最先吃螃蟹的人。1 月 14 日 HTC 面向缅甸市场推出了配有缅甸语输入法的新手机。缅甸是目前世界上拥有手机人数最少的国家之一，巨大的市场前景使得该国成为国际智能手机厂商角逐的战场。三星和华为等厂商通过引入低成本设备占得了市场先机，但是 HTC 还是希望通过其最新研制的缅甸语输入法技术，降低手机使用技术门槛，吸引更多用户。与其他东南亚语言不同，目前缅甸语还没有一个国际统一的符号标准，这使得这门语言很难融入软件中。HTC 表示其手机将是全球首个提供缅甸语文字录入和智能搜索的设备。

5.1.4　印度尼西亚：科技推广巴厘语[①]

一家非营利性组织召集全球人类学家、语言学家及摄影师，准备推出第一款教授巴厘语的多媒体教材。该教材包括 24 个对话视频、语言练习以及现代巴厘语的语法注释，试图为各地人民理解巴厘岛的文化提供方便。巴厘语属于南岛语系，是大约 100 万人的母语。该语言的文字形式已经消亡。全球化和当地旅游业的发展促进了英语的兴盛，与此同时印尼语作为国家官方语言在日常生活中的地位也在逐步上升。巴厘语越来越乏人问津。该多媒体教材向非营利性组织和社会团体免费提供，个人用户需要缴费 25 美元，开发者们声称将用这笔钱来支持技术更新。该项目将为人们学习鲜活的巴厘语提供平台。

5.1.5　阿联酋"天课"缴纳专用自动柜员机实现多语言界面[②]

"天课"是伊斯兰教一种传统的宗教课税制度，旨在限制富有阶层聚敛财富，缓和贫富对立的社会矛盾。截至 2013 年，为了方便缴纳天课，阿联酋天课基金会通过世俗银行和伊斯兰银行在阿联酋全国各地设置了 2291 台天课缴纳专用自动柜员机。通过自动柜员机缴纳天课，方便快捷，能够实现 24 小时全天候服务，不受节假日、上下班时间等约制。为了方便阿联酋本国国民和外籍人士使用自动柜员机缴纳天课，自动柜员机的操作程序设有阿拉伯语、英语、西班牙语和法语工作界面。阿联酋天课基金会每天 8 点至 14 点（斋月期间 8 点至 14 点，21 点至 24 点）也提供相关的阿拉伯语、英语、西班牙语和法语电话热线的咨询服务。

[①] 摘自印度尼西亚"巴厘探索"网站 2013 年 2 月 18 日报道。
[②] 摘自阿联酋《联合报》2013 年 7 月 13 日报道。

5.2 美洲

5.2.1 谷歌搜索技术的四大挑战[①]

尽管谷歌目前是全球搜索引擎的龙头老大,市场占有率很高,但在技术上它仍面临诸多严峻挑战。在 3 月 10 日的一次谷歌区域性技术大会上,谷歌负责搜索业务的高级副总裁阿密特·辛格尔谈到谷歌当前亟待解决的四大技术挑战,即知识图谱、语音识别、自然语言理解及谈话理解。具体而言,知识图谱就是"使计算机像人类一样理解世界",即理解事物与概念之间的联系,以及它们彼此之间的影响,这也是谷歌搜索当前关注的焦点;语音识别技术则可以将人类语音转化为文本,是语音搜索的核心所在;自然语言理解是理解语言的微细差别,旨在将人类所使用的语言转化为有用信息;谈话理解则与自然语言相关。

5.2.2 动物语言翻译机 10 年内可望成真[②]

美国动物行为专家科恩—斯罗伯德奇科夫教授表示手机大小的动物语言翻译机可望在 5—10 年内成为现实。目前,他正在研发一种新型的人工智能技术,用于记录草原土拨鼠的叫声,而后借助人工智能技术分析这种叫声并将它们翻译成英语。根据他的研究,土拨鼠向同伴发出的有关潜在危险的警告信息中含有大量细节,甚至会具体到类似"一条瘦小的褐色草原狼正在快速接近"这样的细节。过去 30 年,他一直在从事动物行为学的研究,他希望他发明的这项技术最终将用于翻译其他所有动物的语言,让人类与动物谈心不再是一个梦想。

5.2.3 语言特征或许与海拔高度有关[③]

不同的语言可能取决于地理型态。美国迈阿密大学人类语言学家凯莱布·埃弗里特对全世界 500 余种语言的研究发现,高海拔地区所讲的语言比低海拔地区的语言包含的挤喉音要多。在高海拔地区的语言中挤喉音更常见,这是因为在这种地区发这种音更容易,或是在干燥的高海拔环境发这种音可以减少口腔水分的流失。通常学界认为,除了某些环境和野生动物的特定词汇,地理环境对语言的影响微乎其微。埃弗里特以世界语言地图作为数据源,对 567 种语言的音素数据进行分析。他把这些音素数据与各种语言所处的海拔高度进行比对,发

[①] 摘自美国《福布斯》2013 年 3 月 10 日报道。
[②] 摘自美国《大西洋周刊》2013 年 6 月 4 日报道。
[③] 摘自美国"趣味科学"网站 2013 年 6 月 10 日报道。

现包含挤喉音的语言,分布在世界六大高原中除青藏高原的其他五个高原或周边地区。他同时承认,要确认语言和地理环境的关系仍需进一步验证。

5.2.4 谷歌开发手机翻译①

手机的普及让世界各地的人们联系变得更加方便,然而许多通信因为语言的不同而遇阻。这种状况未来可能得到改善。谷歌公司智能手机业务副总裁巴拉表示,谷歌正在开发一种新的技术,能够将手机变成通用翻译器。对于通话的双方,拨打电话的人可以说母语,然后手机将其翻译成接听电话人的母语再传输给接听者。目前谷歌正在研发这种手机翻译器的原型系统。该系统距离成熟尚需时日。但针对特定语言之间的转换,该系统已经做得几近完美。如英语和葡萄牙语的转换,在安静条件下准确率接近100%;如果周围有噪音,则准确率就会下降。

5.2.5 安卓系统有了纳瓦霍语应用程序②

现在安卓用户可以采用一种方法来温习他们的纳瓦霍语。智能手机使用者可以利用纳瓦霍语键盘应用程序,通过手机短信和社交媒体等年轻人热衷的手段来练习纳瓦霍语。该程序涵盖传统纳瓦霍语文字和65个词组,通过基础对话帮助初学者学习。同时该程序还可以用作用户的主键盘。据开发该程序的公司负责人介绍,他们开发此程序是希望为想学习纳瓦霍语的用户提供更多途径。如今年轻人大多使用数码产品,因此该程序为所有想学纳瓦霍语的年轻人提供了一次机会。自从今年2月开始,苹果手机用户就可以使用该程序。然而由于纳瓦霍语保留地的更多用户使用安卓系统,因此对安卓版本的应用程序需求较多。本月早期纳瓦霍语程序的安卓版本发行以来,用户已经下载上千次。

5.2.6 谷歌注重语言识别技术③

看到未来语音识别的光明前途,谷歌试图在不同设备上开发部署这一技术。谷歌工程部门负责人表示,语音在可穿戴设备上的重要性远远超过传统的屏幕和键盘。当前很多这类设备已经具备传统计算机的功能,像智能手表、谷歌眼镜等。这些可穿戴设备正日益进入人们生活。像键盘和屏幕这种传统的输入输出设备正逐步被取代,语音识别作为人机接口的设计因为轻便就显得尤为重要。根据一项测试,分别向谷歌和苹果的语音识别系统提出800个问题,发现尽管两

---

① 摘自新西兰《新西兰先驱报》2013年7月26日报道。
② 摘自美国KRMG电台网站2013年9月19日报道。
③ 摘自英国"技术雷达"网站2013年12月11日报道。

者的识别水平都仍处于 C+ 级,但谷歌系统的性能较去年已有较大提升。谷歌计划将语音识别技术大量部署于新兴的可穿戴设备上。

5.2.7 15 年内计算机将比人类"聪明"[①]

谷歌工程总监雷蒙德·库兹韦尔日前表示,计算机到 2029 年将比人类更加"聪明"。届时计算机能够理解人类语言,并做到自主学习,甚至像人一样讲故事、说笑话。他曾成功预言"技术拐点",并坚信人工智能机器将不可避免地超过人类大脑。目前他正领导谷歌的技术专家们强化谷歌搜索引擎对自然语言的理解力。当前主流的搜索引擎主要还是基于字符串匹配的模式识别技术,他表示希望计算机能够理解当前网站上的任意一处细枝末节,能够读懂书上的每一个字,并且以此自然语言理解为基础,结合语言生成技术,能够与用户进行实时有智能的对话,为用户解决更多的实际问题。

5.2.8 智能手机输入法更智能了[②]

手机用户往往对小键盘不满意:输入效率低、容易点错、强行自动修改用户输入的特殊字词。旧金山一家科技初创公司发明的 Fleksy 有望解决糟糕的默认键盘问题。通过识别滑动手势、强大的自动更改算法以及自定义多种键盘布局等特性使键盘输入变得更聪明、高效,并使盲打成为可能。Fleksy 能分析要拼写单词中的字母组合模式,以及该单词中每个字母所处的相对位置,从而使得每个要输入的词都可编码为一个独一无二的几何结构。根据智能算法,即使用户把某个单词的大部分字母都拼写错了,Fleksy 仍能识别并将错误的输入结果改正。这一技术目前正成为安卓和苹果系统的首选输入法,并向其他语言迁移。

5.2.9 阿里卡拉应用程序助力语言复兴[③]

阿里卡拉语言被联合国教科文组织列为极度濒危语言。在该语言社区只有少数人至今仍会说这门语言,但没有一个人说得完全流畅。从事阿里卡拉文化研究的一位人类学家表示,为了救助该语言,就必须适应时代的发展。而这种适应性的部分内容就是利用现代技术让该语言社区的年轻人更好地接触该语言,于是催生了该语言学习的应用程序。该程序可用于苹果电子产品,如 iPad 和 iPhone。除了该语言的单词和词组外,该程序还加入了一些文化和历史信息。而该应用程序并不是科技产品用来挽救该语言的首例,早在 20 世纪 80 年代和

---

① 摘自英国《卫报》2014 年 2 月 22 日报道。
② 摘自美国"下一代互联网"网站 2014 年 4 月 16 日报道。
③ 摘自 www.kansascity.com 网站 2014 年 4 月 20 日报道。

90年代,一位语言学家就将说阿里卡拉语言的长者话语用磁带记录下来。即使将来这门语言被完全弃用,这些资料对其复兴也会显得特别珍贵。此外,目前大学还应用网络实行对该语言的教学。挽救语言需要大量资金,而政府已经以补贴或财政援助的形式进行了一定的扶持。

5.2.10 美国军方开发能进行实时翻译的平板电脑[①]

美国军方预计本年底推出其作战翻译系统的一款平板电脑样品机。过去10年,美军在伊拉克和阿富汗等地活动一直需要聘用翻译。美国国防部高级研究规划署也提供各种翻译服务,让士兵们利用翻译机迅速将英语翻译成当地语言。年底前推出的这款平板电脑名为"广义操作语言翻译系统",目标是实现两个人之间的实时互动性语言翻译。该项目支持多种语言,甚至还包括方言和俗语。除了上述项目,美国军方5月21日公布的研发项目清单还包括100多个其他项目和29个高级研究项目。大多数此类项目都跟网络安全有关。

5.2.11 社交媒体打响防止网络语言骚扰之战[②]

美国著名社交媒体推特公司首席执行官迪克·科斯特罗日前接受采访时表示,推特正在计划着手打击和治理推文中的骚扰、虐待等不恰当言辞。在最近的一份营收报告中,推特每月有2.8亿活跃用户,仅比上一季度增长数百万。在发往公司内部员工的邮件中,他将原因之一直指为推文上日益涌现的语言骚扰,并提醒应该对此采取必要措施。针对用户抱怨的网络语言暴力问题,推特公司表示尽管这种暴力骚扰并不直接对用户身体造成伤害,但他们仍将严肃对待。此前推特曾采用自动屏蔽等生硬措施阻止语言骚扰,但收效甚微。如今他们试图投入更多资金研发语言技术,以更好区分语言骚扰和正常抱怨。

5.2.12 借助语言选项帮助公司锁定用户[③]

寻求在全球范围内增加和保持用户量,领英公司5月6日正式推出新的特色功能,即允许已注册的企业用户通过语言选择和地理位置来锁定受众的目标对象。此前,领英的处理是将公司发布的信息全盘推送给用户,这有可能对一些用户造成困扰。此次新增功能将帮助用户剔除掉无关信息,增强用户体验。领英已有3亿用户,60%来自美国之外。领英网站已有22种不同语言的版本,其中包括波兰语、韩(朝)语、泰语和俄语。包括140个行业的350万家公司把领英

[①] 摘自美国"国防科技"网站2014年5月22日报道。
[②] 摘自美国《纽约时报》2014年2月25日报道。
[③] 摘自英国路透社2014年5月6日报道。

作为展示交流平台,大部分公司利用免费网页进行新品展览、创意推广和员工招募之类活动。领英目前正在积极拓展系列就业服务并扩张海外。今年早些时候,领英主站就已推出中文测试版本。

5.3 欧洲

5.3.1 IT 技术帮助欧盟委员会以 23 种语言运作[①]

有 27 个成员国的欧盟委员会日常运作使用 23 种不同语言。该机构雇佣 2500 名译员和翻译支持人员,每年翻译 200 万页书面文件。如果一份文件需要翻译,该文档将通过内部网络发送到内部协调部门,他们会根据任务的轻重缓急安排生产。一旦进入翻译流程,文件首先分割成句子,并与包含有 7 亿句翻译记忆库的 Euramis 进行匹配,如果找到相同或相似的句子,则调取记忆库中的相应译文作为可能的翻译。该机构另有一套系统支持实时的多语种文本协同翻译。这些部门的 IT 系统很好地支撑了欧盟委员会的翻译服务。但今年 2 月欧盟委员会翻译预算削减 5%,其内部翻译的 IT 流程需要进一步完善。

5.3.2 西班牙语成为推特网上的第二大常用语言[②]

1 月 14 日西班牙塞万提斯学院负责人声称,西班牙语已经成为推特网上的第二大最常用语言。根据最新统计,全球说西班牙语的人数超过 5 亿,仅次于汉语。此外它还是网络上排名第三的全球最常用语言。尽管如此,专家预计网络上使用西班牙语的用户增加潜力不可限量,因为目前拉美国家的电信网络设施还比较落后,60% 以上的拉美人还没有上网。此外,全球把西班牙语当作第二外语学习的人数每年增长 8%。如果照此速度增长下去,三四代以后全球将有 10% 的人口说的是西班牙语。美国届时将成为全球说西班牙语人数最多的国家。亚太地区想要学习西班牙语的人数也在与日俱增。

5.3.3 俄语网站全球第二[③]

英语作为网络语言霸主的地位尚未动摇,但网络第二大常用语言已经易主。最近万维网科技公司 W3tech 宣布,随着网络在俄罗斯的普及率不断增加,俄语已经超越德语,上升为第二语言。他们的评判标准是,统计使用每种语言的网站

[①] 摘自英国"信息时代"网站 2013 年 2 月 21 日报道。
[②] 摘自美国"福克斯新闻网"2013 年 1 月 14 日报道。
[③] 摘自俄罗斯《莫斯科时报》2013 年 3 月 22 日报道。

总数,而不是根据点击率确定排名。结果表明英语网站占全球网站总数的比例是 54.7%,俄语和德语分别为 6% 和 5.7%。该公司还预测俄语将继续保持第二位。2011 年的统计数据显示,俄语网站只占全球网站的 4.1%,德语为 7.7%。俄语网站点击率排名世界第六,排名前五的依次是英语、汉语、法语、德语和日语。俄语在原苏联一些国家的网站占据主导地位,也使其排名靠前。

5.3.4 谷歌翻译助生婴儿[①]

语言技术又一次在关键时刻发挥了重要作用。爱尔兰科克郡妇产医院的医生借助谷歌即时翻译指导一位语言不通的母亲成功产下女婴。产妇是刚果人,母语是斯瓦希里语,英语沟通技能有限。在将产妇送往医院待产途中,恰遇产妇临近分娩,情况十分危急,医护人员不得不将救护车停在乡间的半路上,实施紧急接生。然而这位母亲是初产妇,也无法理解医护人员用英语发出的医学指令。救治医生情急之下,打开其安卓智能手机,调出谷歌实时在线翻译服务功能。尽管机器翻译的质量不尽如人意,但已足够让产妇理解翻译成斯瓦希里语的医生指令,并配合医嘱,最终顺利产下健康女婴。

5.3.5 为什么易贝能更好地实现机器翻译[②]

号称覆盖世界的互联网,并没有跨越国界,这应归咎于语言问题。很多国外网站没有使用其他国家用户能懂的语言。作为一家电子商务公司,如果在线商家产品买得越多,易贝(ebay)相应也能获取更多佣金。易贝消费者来自世界各地,用顾客母语推销商品,有助于促成交易。易贝使用机器翻译技术,以顾客当地语言呈现商品信息。阅读这些简介,用户可对这些翻译内容打分,以帮助改进翻译系统。此外,系统还能根据用户是否购买了国外商品,判断这些介绍的翻译文本是否合适。由于网络交易中商家和客户的交谈内容多与产品相关,并且大多是讨价还价之类的行为,语言相对简单,较容易实现翻译的自动化。

5.3.6 计算机设计语言确实与外语很像[③]

德国帕绍大学牵头的一个国际团队使用功能性核磁共振成像技术扫描程序员的大脑,发现编程语言和外语之间可能存在着深层联系。通过分析大脑不同位置在不同认知任务中的激活情况,科学家进行比较,发现程序员在理解计算机程序代码时激活的正是大脑中的语言处理区,而几乎很少激活用于数学思考的

---

① 摘自爱尔兰《每日新闻》2014 年 2 月 13 日报道。
② 摘自美国《连线》2014 年 4 月 29 日报道。
③ 摘自美国《赫芬顿邮报》网站 2014 年 2 月 21 日报道。

区域。美国肯塔基州教育委员会此前曾通过一项法案,允许高中学生以计算机程序设计语言代替一门外语。很多人误以为编程语言更接近于数学,而不是语言。此次德国科学家的实验证明计算机程序设计语言,即使是用于机器的人工语言,也与外语具有很高的相似性。

5.3.7 丹麦科学家准备未来语言处理技术[①]

人类的语言交际并不太容易,与像手机和电脑这样的机器打交道就更难。因为自然语言充满歧义,机器理解起来就更费力。丹麦一个名为"跨领域语义处理"的新技术项目有望解决这一问题。配备这项技术,手机和电脑就能破译人们说话的确切含义,使机器变得更智能。哥本哈根大学的语言工程专家们表示,现有语音识别技术能够捕获并识别出语音输入信号,但真正理解这些语音信号在上下文中的特定意义,需要用到更深层的语义剖析技术。尽管目前世上已研制出一些自然语言处理技术和系统,并有成功应用,但多集中在英语世界。丹麦科学家计划开发文本数据集,以支持基于文本统计的丹麦语信息处理系统。

5.3.8 互联网是如何谋杀语言的[②]

匈牙利语言学家认为,世界上至少有7776种语言,但只有不到5%的语言联网,这意味着95%的其他语言有可能被互联网送入坟墓。通过设计电脑爬虫程序,抓取互联网上顶级域名下的网站,对网站使用的每种语言进行编目索引,同时还对维基百科的多语言版本等进行语言分析,匈牙利人得到上述结论。语言学家描述语言消亡的过程是:人们不在商业等实际领域使用,年轻一代也无意学习该语言,直至所有人都忘记这门语言。例如尽管挪威政府同时支持书面挪威语和新挪威语两种语言,但网络上书面挪威语盛行,网上语言的强势可能使得新挪威语因丧失群众基础而濒临灭亡,尽管有官方语言政策的扶持。

[①] 摘自丹麦"北欧科学"网站2014年3月28日报道。
[②] 摘自美国《华盛顿邮报》2014年3月27日报道。

第六章 语言教育

6.1 亚洲

6.1.1 日本高校增加英语课程数量[①]

为了加快其国际化进程,日本一些高校,像京都大学、九州大学等,正计划扩大用英语授课的课程数和外籍教师数。京都大学计划聘用 100 名外籍教师,文科课程一半以上用英语讲授。如今该校 1100 门文科课程,只有约 5% 用英语授课。九州大学也有 5% 的英语授课课程,今后几年希望有 25% 的课程用英语授课。这两所国立大学已经申请到了教育部的 5 年资助。日本近年推出"全球化 30"计划,希望推动日本 13 所高校教育全球化,计划到 2020 年吸引全球 30 万国际学生赴日留学,一些日本高校谋求教育环境的国际化,这两所大学便是例证。

6.1.2 日本政府拟将英语列为小学正式科目[②]

日本政府教育再生执行会议 5 月 28 日向日本首相安倍晋三提交了有关国际化人才培养的建议草案。核心内容包括将英语列入小学正式科目。据称,除将英语列入小学正式科目外,会议还建议增加教学时间并向小学一至四年级学生也开设英语课。目前日本小学只有五六年级才开设每周一节的"外语活动"课程,并且该课程不属于正式科目。中央教育审议会拟对教学要领的修改方案展开讨论。有反对意见认为"如果列为正式考核科目,可能招致学生对英语的反感",此外还存在师资力量不足的问题。会议还建议对数理化科目用英语授课,开设采用全球化通识教育的高中,以丰富英语教育。关于其他国际化推进措施,会议建议通过设立企业赞助的奖学金等增加留学项目,并开设海外办事处,简化入学和奖学金申请手续,以吸引更多外国留学生。

---

① 摘自日本《日本时报》2013 年 3 月 27 日报道。
② 摘自日本共同社 2013 年 5 月 28 日报道。

6.1.3 日本增加高校英语授课①

京都大学计划到 2017 年增加 100 名外教,以便该校能使用英语教授文科选修课程。京都大学和日本许多高校一样,都在试图提供越来越多的英语授课课程。其理念是"用英语学",而不是"学英语",以此回应当地劳动力市场对精通英语人才的需求。根据日本教育部门的统计,2011 学年,在全国 222 所高等教育机构中有 30% 的学校采用英语进行教学。在 16 所著名高校的 26 个院系中,学生可以通过只修英语授课的课程,拿到足够毕业的学分。安倍晋三政府从 2014 年起开始支持一项新的计划。该计划的目标是将 30 所知名高校打造成"全球顶级学府",其中一项重要的衡量标准就包括该校是否具有英语授课能力。

6.1.4 东盟将迎来 3000 名日语教师②

根据一项日本与东盟组织之间的协议,从现在开始到 2020 年,将有 3000 名日语教师派往东盟的 10 个国家。日本国际文化交流基金会 3 月 20 日在河内表示,他们将设立一个新的亚洲中心,负责监管旨在推进日本和东盟十国关系的项目。基金会理事长安藤裕康在东京媒介会上说,尽管海外日语学习者人数持续增长,教师尤其是本族语教师缺口依然严重。申请派驻海外的日语教师志愿者,从大学生到老年人,各个年龄段都有。经过选拔后的教师将服务于东盟国家的高中。首批教师将于今年 9 月前往印尼、泰国和菲律宾。日本将为旨在提高海外日语教育质量的东盟教师项目投资 300 亿日元。

6.1.5 韩国降低高考英语题难度③

韩国教育部 2 月 13 日向总统朴槿惠提交《2014 年工作计划》。在该计划书中,韩国 2015 年高考可能全面降低英语题目难度。韩国教育部于今年年初制定《促进公共教育正常化特别法案》,规定入学考试或学校期中、期末等学期考试的考题不能脱离学校的授课范畴。此外,教育部还主张彻底限制和取缔各类课外辅导班的广告,禁止在幼儿园和私立小学开展英语浸入式教学活动,高考英语题难度从今年开始降低。针对英语课外辅导费劳民伤财、在课外辅导费用中占 1/3 一事,朴槿惠总统表示必须大幅削减此项开支,有必要针对学生进行过度英语教育的教育现实制定根本性的改善方案。

---

① 摘自日本《朝日新闻》2014 年 9 月 19 日报道。
② 摘自马新社 2014 年 3 月 21 日报道。
③ 摘自韩国《朝鲜日报》2014 年 2 月 14 日报道。

6.1.6 韩国小学生热衷补习英语①

韩国一家英语教育服务企业10月7日发布一项问卷调查结果。他们对534名小学生家长调查,发现小学生平均每月用于英语补习的费用为15.4万韩元(约合人民币890元),这一金额约是补习韩语费用(6.6万韩元)的2.3倍。韩国小学生补习英语的比率高达79.8%,远高于补习韩语的比率(40.4%)。认识到英语在社会上的重要性是家长钟情英语补习的主要原因。家长在英语方面的局限性和孩子在学校学习英语的有限性等方面也是韩国小学生英语补习成灾的原因之一。在韩国课外辅导的市场中,英语教育比韩语教育更具竞争力。有感于学生学业负担的加重,韩国教育部在今年4月颁布《学前教育禁止法》禁止校外补课。

6.1.7 朝鲜明年高考增加外语和听力②

朝鲜拟在明年高考外语科目测试中增加听力和会话考试,以培养实践性人才。据朝鲜《教育新闻》报道,朝鲜内阁教育委员会决定,高考和高等院校保送生考试的外语科目将增加听力和会话考试,不过尚未具体介绍外语考试语种和新增考试的实施办法。目前,朝鲜高考外语科目以笔试为主。朝鲜计划明年2月至3月先针对报考金日成综合大学等4所院校的学生开设外语科目听力和会话考试试点。朝鲜认为加强外语教育在发展科学、掌握先进科学技术以及加强国际交流方面具有重要意义,尤其在培养实践性人才方面,外语教育使命重大、任务艰巨。

6.1.8 越南英语教师水平堪忧③

越南岘港大学近日公布其在2011年至2012年进行的一项调查。越南大专院校97%—98%的英语教师达不到英语能力标准。在越南中部和中南部一些大学任教的1996名英语教师中,达到欧洲现代语言教学大纲(CEFR)标准C1(熟练应用级)水平的讲师仅有22人,达到B2(独立运用的中高级)水平的也只有322人。而东北部各大学根本没有达到C1水平的教师。这些教师不仅英语水平低下,授课能力也饱受诟病。为了提高英语教师授课能力,有关部门曾考虑开设相关课程,但因成本和师资问题而难以实现。现在,教育主管部门正在考虑建设网络在线学习平台,为英语教师自学提供帮助,从而提高其授课能力。

---

① 摘自韩国《亚洲经济》2014年10月8日报道。
② 摘自韩联社2014年11月9日报道。
③ 摘自越南《越南新闻》2013年1月14日报道。

6.1.9 越南外语教育计划因师资质量难以完成[①]

越南教育部准备修订投资约 4.4 亿美元的语言教育实施计划。该项目 2008 年推出,通过国家和地方资金予以支持,要求各地区自主起草和部署外语项目。然而上周只有 16% 的学生参加英语测试,创史上第二低。教育部门负责人表示原定 2020 年完成的外语项目可能难以完成。在探讨失败原因时,主管部门将其归咎为合格师资的严重短缺。项目启动之初,北部的北干省没有一名当地教师符合欧洲语言共同参考框架的质量要求。其他地区的师资力量也是如此。很多学校在项目开展过程中,花费大量经费用于购买设备,而对教师培训重视不够。

6.1.10 缅甸教师希望教授克伦语能得到官方的认可[②]

缅甸政府禁止在学校教授包括克伦语在内的所有少数民族语言。宪法也不支持公民学习少数民族语言。缅甸许多克伦人表示,由于政府措施不当,他们当中的很多同龄人不会书写或阅读克伦语。克伦语老师称这将会使克伦族人丧失其历史归属感、文化传统和语言。为了保护他们的语言,克伦语社区尝试通过宗教活动来教授语言。在主要说克伦语的乡村地区,这些语言是被作为官方课程偷偷教授的。由于缺少上课时间的保障和官方的认可,克伦语教师表示语言教学是个很大的挑战。去年 1 月份,克伦族的民族联盟与缅甸政府达成协议,允许克伦人在政府控制区内实施克伦语师资培训。该地区 80 多名老师参加了培训。内容包括语言和语言教学模块。

6.1.11 缅甸教育部培训少数民族语言教师[③]

缅甸教育部表示将培训少数民族语言教师,以使其能够在课余时间为学生提供少数民族语课程。教育部曾经倡导一个志愿者计划,即志愿者教师在公办学校放学后为学生提供少数民族语言课。这些少数民族语言课程已由教育部组织语言专家开发完成。4 种少数民族语言的教学大纲已经制定,其余语言大纲仍在筹划中。这些语言课程目前仅限在小学开放,最早将于今年实施,一些地区已经开始授课。当地舆论认为,仅在课外设置少数民族语言课程是不够的,在少数民族聚集区,主要教学语言应是当地的少数民族语言,以使儿童更好地接受教育。

---

① 摘自越南《青年报》2014 年 7 月 12 日报道。
② 摘自缅甸克伦新闻社 2013 年 4 月 19 日报道。
③ 摘自缅甸《缅甸时报》2013 年 8 月 25 日报道。

6.1.12 泰国英语交流技能差[①]

一项英语能力调查显示,泰国成年人英语能力表现不佳。在调查的60个英语非母语的国家中,泰国排名55,位列"极低水平组"。2015年东盟经济共同体即将成立,与周边国家相比,泰国的英语水平被远远地甩在了后面。泰国外语教育体制难辞其咎,它偏重考试而不是提高交流技能。学生时代死记硬背留下的痛苦回忆,使泰国人在成年后对提高英语水平依然望而生畏。有人为泰国人学不好英语找的开脱理由是,与英语水平较好的马来西亚和印度相比,泰国从来没有被英国殖民化过。但在全球经济一体化的今天,作为地球村的村民,谁也离不开英语。学英语不仅能提升个人的技能,也是提高国家整体竞争力的措施。

6.1.13 泰国为东盟共同体到来设立语言中心[②]

为了迎接即将到来的东盟经济共同体,泰国基础教育委员会已开办114个语言中心,并为其提供约957万泰铢的财政预算。基础教育委员会委员长莫尔·罗德凯莱2月22日表示,这些语言中心将教多门第二语言,包括汉语、韩语、德语、法语和西班牙语,以及4种东盟语言,包括缅甸语、越南语、柬埔寨语和马来语。这些语种的开设将有望为泰国人提高国际竞争力提供更广阔的机会。财政预算分配方案为:汉语教育中心341万泰铢、日语中心250万泰铢、法语中心175万泰铢、德语中心42万泰铢、西班牙语中心80万泰铢、韩语中心54万泰铢。每个东盟语言培训中心将获得88万泰铢的财政支持。

6.1.14 马来西亚两万名英语教师接受再培训[③]

1月20日,马来西亚教育部宣布今年将有两万名英语教师接受再培训,以提高他们的英语和教学水平。从2月起9000名教师接受首批培训。在媒体通气会上,教育部官员表示,今年马来西亚还将从美国知名高校引入100名富布赖特英语教学助理,以提升该国的英语培训教育质量。马来西亚最近制定了"2013—2025年教育蓝图",希望增进英语在马来西亚教育中的使用。去年接受该计划培训的教师只有5000名,预计今明年还另将有两万名老师接受培训。由富布赖特项目引进的美国教师将主要在全国6个州的中小学服务10个月。除在课堂上帮助英语教师进行教学,他们还将协办英语夏令营的课外语言活动。

---

① 摘自印度尼西亚《雅加达邮报》2013年11月21日报道。
② 摘自泰国"国家网"2014年2月23日报道。
③ 摘自马新社2014年1月20日报道。

6.1.15 大学生抗议印地语课程设置[①]

印度东北部的学生近日集会,抗议德里大学提出的将印地语或一门现代印度语言,比如阿萨姆语、波多语,作为高校必修语言课程的计划。约有 2000 名学生参加了此次抗议活动。德里大学此前建议开设为时一学年的基础印地语或其他现代印度语言的课程。在本次集会上,学校相关负责人出面解释,印地语或者现代印度语言不作为必修课强制开设。这次集会涉及很多学生组织,可以看出多数学生抗拒学习印地语或其他现代印度语言。专家认为如果强行推行新课程设置计划,也将遭遇巨大困难。该政策其实等同于变相地把非印地语使用者驱逐出德里地区,这显然对来自其他地区说其他语言的学生不公平。不使用印地语,能选择的高校所剩无几。选择专业还不如说是选交流语言。

6.1.16 印度尼西亚缺少有经验的巽他语老师[②]

尽管巽他语是西爪哇茂物地区的本土语言,但当地很多语文老师却不知道怎么读和写巽他字母,因为他们没有经过巽他语言文化的专业训练。在最近召开的巽他语研讨会上,巽他语中学教师协会负责人表示应采取包括短期课程和培训项目在内的措施,为下一代保护好巽他文字,在这方面应向日本学习。日本是个发达国家,但仍然保持其固有的文化和日本汉字。巽他文字最早在西爪哇的石刻碑文上被发现,如今这种文字几乎出现在当地所有招牌上,这是试图强化人们对本地语言文化认知的努力。但许多巽他语教师和学生仍无法完全读懂这些文字。尽管政府出台了巽他语教学大纲和课本,但如何激发学生兴趣,提高学习积极性仍需要巽他语教师的不懈努力。

6.1.17 印度不得在私立学校强制推行母语教育[③]

基于宪法第十九条第一款有关"言论自由"的规定,印度最高法院 5 月 6 日做出一项决议:印度任何一邦都不得强制要求所在邦的小学使用母语(该邦官方语言)作为教学媒介语,父母有权自主为其子女选择教学媒介语。该决议也有妥协,即在由政府斥资办起的小学以及接受政府资助的私立小学中,各邦政府可以要求使用母语作为媒介语的教学,但那些没有接受政府资助的私立小学以及少数民族教育机构,不在政府推行母语教学媒介语的范围之内。尽管出台了这一重要决议并得到高等法院法官的承认,但教育专家认为,在从小学一年级至五年

[①] 摘自印度《每日电讯报》2013 年 4 月 10 日报道。
[②] 摘自印度尼西亚《雅加达邮报》2014 年 11 月 24 日报道。
[③] 摘自印度《印度时报》2014 年 5 月 7 日报道。

级的阶段,母语作为教学语言更有利于儿童学习。

6.1.18 斯里兰卡英语教育面临巨变①

根据马欣达·拉贾帕克萨总统建设"三语社会"的意见,斯里兰卡的英语教育将经历快速而彻底的转变。总统授权的英语和信息技术改革协调员做上述表示。12名教育专家将造访印度中央语言研究院,借鉴印度经验以勾画斯里兰卡的英语教育改革路线图。按照斯里兰卡国家十年规划,英语是国民生活技能以及三语社会的基本成分之一。僧伽罗族和泰米尔族可以用自己的民族语言交流;英语用于就业和从外界获取知识。斯里兰卡目前9500所学校中有23 500名英语教师,英语学习持续10年,每周5课时。尽管如此,斯里兰卡学生的英语水平依然不够高,这是斯里兰卡政府致力英语教育重大改革的原因。

6.1.19 沙特阿拉伯:首次发行沙特阿拉伯手语字典②

在纪念手语翻译和培训中心置设一周年之际,沙特阿拉伯听力障碍协会首次发行了沙特阿拉伯手语字典。设置该中心是根据国王阿卜杜拉的指令,并且得到了社会事务部、卫生部、高等教育部、教育部和财政部的大力支持。该协会的董事会主席表示他们已经在一年内完成了国王的任务。该字典含有超过2700个符号单词和原始短语的字母数字混合编制参考,目前是阿拉伯史上最大的手语字典之一。它还包括一部字典手册,含有通常所用的字母表、数字、超过750个手语单词和词组。另外,它也包括一部儿童字典,里面含有约400个符号字母和词组。这些字典将会以纸质和数码形式发行。该协会与当地的一个教育和培训中心合作,旨在听力受损领域开展实地调查、研究和咨询,并且为听力受损的个人提供康复的舒适环境。此外,该协会还与"所有人的阿拉伯语项目"组织合作,旨在将该语言教授给母语非阿拉伯语的人群。

6.1.20 叙利亚库尔德人地区的库尔德语教学正在深化③

叙利亚北部库尔德人自治区的库尔德语教育目前正在走向深化。2012年库尔德语学院只有100名学生。经过两年的发展,库尔德语已经在阿夫林省的7个学区和365个村庄的课堂使用。从小学到高中,每个学生都接受每周3个小时的库尔德语课程。根据该省教育部长的介绍,未来一年,有望在小学一到六年级完全使用库尔德语教学。在解释为什么到现在还没有全面在学校使用母语教

---

① 摘自斯里兰卡《每日新闻》2014年3月14日报道。
② 摘自沙特阿拉伯"阿拉伯新闻网"2014年1月12日报道。
③ 摘自奥地利"每日在线新闻"2014年4月28日报道。

育时,库尔德语学院负责人指出主要原因是缺乏教材和师资。当务之急是进行师资培训。教育部表示这一工作已从城镇开始,然后向乡村推进,最终应保证每个村落都应有自己的语言教师。语言教学评估与测试也取得一定进展。

6.1.21　以色列研究发现英语教师语言能力差[①]

10月15日以色列公布的一项民调显示:只有不到二成的以色列英语教师其英语语言能力能够达到母语水平。该调查还发现以色列英语教师中只有一半拥有英语语言学位,多数英语教师认为该国的英语教学水平"马马虎虎",有些教师的评价甚至更低。以色列非政府组织"青年复兴基金"主持完成了该项调查。英语授课是以色列中小学校的核心要求,很多高校的入学选拔考试有较高的语言能力要求。学生通常在三年级开始英语的读写训练。主导调查的负责人表示良好的英语知识能够保证社会的正常流动,此次调查给以色列敲响了警钟。她呼吁政府对英语授课和学生的语言能力给予更多的关注。

6.1.22　阿曼语言培训学校突破语言障碍[②]

学新语言在阿曼已经蔚然成风。首都马斯喀特的语言培训中心不断增加,他们能够提供包括欧洲、亚洲在内的多种语言培训。英语和阿拉伯语是当地使用最广泛的语言。阿曼私立语言培训机构负责人表示"英语作为有用的工具,能够带来就业优势"。一名护士就表示英语是其工作医院的通用语,学好英语还能帮助他更适应用英语授课的硕士课程。同时对很多人来说,旅行是学英语的另一大动力。学好英语到阿拉伯以外的世界去旅行将变得更轻松。英语教师针对成人学员没有太多额外时间学英语的现状,建议多阅读简单的英语故事,观看英语电影来满足更多的语言输入要求。

6.2　美　洲

6.2.1　美国公民自由联盟因英语教育问题起诉州政府[③]

4月24日,美国公民自由联盟起诉加州教育部门,诉称其未能履行职责,没有要求所辖学区向2万多名英语非本族语的学生提供英语语言教育的法定服务。加州620万名学生中约有140万需要学英语。据该州251个学区的资料显

[①] 摘自以色列《以色列时报》2013年10月15日报道。
[②] 摘自阿曼《阿曼时报》2014年6月24日报道。
[③] 摘自美国非营利组织EdSource 2013年4月24日报道。

示,当地每 50 个学生至少有一个学生没有接受英语教育。州政府明知存在这一问题,却没有采取积极措施解决。鉴于此,美国公民自由联盟指控州教育部门违反加利福尼亚第 300 号教育法规。该法规定:"按照宪法,州政府和公立学校有义不容辞的责任向加州儿童,不分种族,提供使其成为社会有用之才的必要技能教育。英语读写能力是最重要的技能之一。"一位高中生抱怨他一点也不理解课堂教授内容,只能下课后凭借回忆使用手机翻译软件复习。

6.2.2 美国新法案支持语言教学[1]

美国参议员弗兰克·劳滕伯格和众议员拉什·霍尔特分别向参议院和众议院提交了一份"外语教育合作项目法案"。该法案试图促使教育部重新开展一个革命性的教学项目:为美国从幼儿园至中学提供详细的外语课程。根据教育部的调查,美国全国仅有 30% 的高中生上外语课,仅有 25% 的小学提供外语课程。为了解决该问题,新法案将创建一个新的 K-12(从幼儿园到十二年级)/高等教育外语教育合作项目。该项目每年为 K-12 的外语教育提供 5000 万美元资金,力争让高中生在毕业时具有良好的外语水平。外语种类不限,但教育部可能会列出国家需要的重点语言。政府计划大力宣传成功的外语教学项目和实践经验,以鼓励全国学校效仿。霍尔特提出的法案将呈交给众议院儿童早期、小学和中学教育小型委员会。他本人也是该会成员。

6.2.3 美国开设越南语双语沉浸式课程[2]

俄勒冈州波特兰市公立学校目前致力开设英语与越南语双语沉浸课程,这使其成为能给美国为数不多的越南人提供双语沉浸课程的学校。沉浸项目通常采用英语和另一种语言讲授核心课程,在美国这种教育方式越来越普及。波特兰公立学校在双语沉浸教育方面一直是公立学校的楷模,当地已推出教授汉语普通话、西班牙语、日语和俄语的语言沉浸课程。该地越南裔民众认为该项目有助于将其传统文化传授给年轻一代。2010 年俄勒冈州越南裔美国人约有 26 000 名。

6.2.4 美国国务院为英语教育者提供大量的网络课程[3]

美国国务院宣布发行一个为把英语作为外语的教育者提供的大量公开网络课程,名为"塑造我们教英语的方式"。俄勒冈大学开发了这个为期 10 周的具有

---

[1] 摘自美国"语言杂志"网站 2013 年 5 月 24 日报道。
[2] 摘自美国"俄勒冈生活"网站 2013 年 7 月 19 日报道。
[3] 摘自 www.state.gov 网站 2014 年 3 月 27 日报道。

大学水平的课程,目前"课程时代"平台上有提供。通过加强全球英语教学的质量,国务院希望能够获得更多在科学、生意、技术和高等教育上与全球伙伴合作的机会,并且为更好的未来提供技能。这份课程是为英语教学专家以及那些想将英语教学当作职业追求的人所设计的,旨在帮助全球英语教育者提高他们的教学方法。当教学者应用了从该课程所学到的教学方法和技术,他们将提高学生学习英语的兴趣,并且在同龄人中建立领导能力。该课程将在全球免费提供,分为两个为期5周的部分,第一部分从今年4月7号开始,第二部分从今年5月12号开始。参与者必须懂电脑,并且能够在没有帮助的情况下跟得上英语的宣讲和阅读。多媒体学习环境给学习者提供了与全球其他学习者交流的独特机会。完成课程后,学习者将在选择合适教材、制定课程计划和评估英语教学实践等方面有所提高。

6.2.5 美国里奥格兰德大学开设威尔士语课程①

据美国人口普查数据,近两百万美国人称自己是威尔士人后裔,使用威尔士姓的人则更多。从今年秋季起,里奥格兰德大学将通过其玛多哥威尔士研究中心(Madog Center for Welsh Studies)开设3个学分的威尔士语学历课程,非学历学生也可选修该威尔士语课程。威尔士丰富的文化和历史主要反映在俄亥俄州南部,在美国只有少数几个机构提供面向学历的威尔士语课程。玛多哥威尔士语研究中心成立于1996年,一直作为威尔斯文化的捍卫者,在教授威尔士语方面工作出色。

6.2.6 加拿大正在举行因纽特语庆祝活动②

加拿大东部的努勒维特地区正在举行因纽特语的庆祝活动。该活动每年举办一次,旨在该地区推广并鼓励使用因纽特语。该语言理事会长表示,他们的语言反映了他们自身的本质,通过庆祝活动可以让他们继续学习和使用这门语言。尽管因纽特语和其他加拿大土著语言一样遭受威胁,但是该语言的生命力依然旺盛。根据该国2011年的人口普查数据,在前三大土著语族中,因纽特方言位列第二。在加拿大,35 500人说因纽特语,该语言同时也是其中34 110人的母语。这些人主要住在该国东部的努勒维特地区以及魁北克省。排在2011年普查数据首位的是阿尔冈琴语系,说该语言的有144 015人;第三位则是阿萨巴斯

---

① 摘自美国《华盛顿新闻报》2014年8月17报道。
② 摘自 www.alaskadispatch.com 网站 2014 年 2 月 25 日报道。

卡语系,说该语言的有 20 700 人。

6.2.7 海地:推动克里奥尔语的教学①

海地学校的教学语言是法语,但只有不到 10% 的学生掌握法语。个别私立学校开始将教学语言改为海地本土的克里奥尔语。克里奥尔语于 1961 年成为海地官方语言之一,地位逊于法语。尽管海地提供全民免费的基础教育,但仍有 30% 的青年是文盲。由于贫困,只有一半家庭有能力供子女上小学。教育家认为使用母语即克里奥尔语授课效果会更好。语言障碍使得海地的基础教育质量大打折扣。多数学生法语能力有限,用法语学习其他课程更是费力。海地正在培育教师用克里奥尔语教学的能力,全球范围已出现多种克里奥尔语的课本和阅读材料。

6.3 欧洲

6.3.1 英国学校的外语学习喜忧参半②

英国学生开始越来越多地学习外语课程。如今在半数以上的国立中学,至少有一半的学生参加获得英国普通中等教育证书(GCSE)要求的外语课程学习,在 2010 年只有 38% 的学校超过半数的学生学外语。但只有少数学生有意继续外语的深造,如有 1/3 的学生愿意选修 GCSE 生物学课程,而学外语的只有 1/10。以前英国学生在 16 岁之前被强制学习外语,但工党政府在 2004 年将外语列为 14 岁以后的选修课程,而非必修课程,致使英国学生的外语能力相比欧洲国家明显偏弱,引发教育界不满。英国教育部称,外语仍然是 11—14 岁学生的必修课之一,明年开始,英国小学也必须提供外语课,从法语、德语、意大利语、汉语、西班牙语、古希腊语和拉丁语等 7 种外语中选择一种。

6.3.2 曼岛语动画片有利于促进本地语言学习③

英国广播公司系列动画片《朋友与英雄》自 2007 年开播已译成 11 种语言,最新完成的是曼岛语版本。马恩岛上的曼岛语语言官员表示在曼岛语遗产基金会的支持下,该项目持续数年,如今将成为绝佳的曼岛语教学资源。该片将分发至马恩岛上的每个学校。通过动画片学习语言,有利于吸引儿童的兴趣。马恩

---

① 摘自美联社 2013 年 2 月 6 日报道。
② 摘自英国《苏格兰人报》2013 年 3 月 21 日报道。
③ 摘自英国广播公司 2013 年 4 月 19 日报道。

岛上唯一的曼岛语学校的老师称,这些材料让学生真切感受到曼岛语是很鲜活的语言,并不只属于历史。这种高质量的教学资源将有利于振兴曼岛语。2009年,联合国教科文组织就已认定曼岛语是一种濒危语言,但人们一直努力试图复兴该语言。

6.3.3 英国外语教学缺乏衔接性[①]

为解决学外语学生人数不断减少的情况,英国政府前段时间颁布了一项要求所有7—11岁学生学习一门外语的政策,但是目前这项政策受到了一些老师的批评。最新的数据表明,几乎1/4的英国小学里没有招聘语言水平比英国普通中等教育证书要高的老师。9月份该政策将正式实施,各学校正在为此准备之际,英国文化委员会进行了一项调查。根据该政策,所有7—11岁的学生都必须学外语。但是,在调查的600所学校中,只有31%的学校拥有一位外语水平为A的老师。此外,只有30%的学校招聘了一位具有语言学位的老师,而去年该比例还在40%。因此,学校和教育权威人士质疑此次改革的有效性。绝大多数小学表示他们欢迎此次的政策,但是老师们认为自己不能胜任,而且他们也没有得到政府的支持。并且,小学和中学的外语学习缺乏衔接性。几乎一半的小学表示他们与当地中学的语言专家没有接触,这意味着学生只能在小学学习一门语言,而上了中学后他们就只能将其放弃。但是,乐观一点来讲,并不是所有英国儿童都只说一门语言。过去10年间英国的移民人数不断增加,因此全国15%的学生在家说另一门语言,而在伦敦该比例达到了50%以上。虽然学习波兰语、葡萄牙语和阿拉伯语的人数无法弥补学习法语和德语下降的人数,但是这3门语言比以往任何时候都要流行。

6.3.4 英国"语言链接,全球思维"项目提升中小学生语言学习意识[②]

由英国文化委员会、斯特拉斯克莱德大学的苏格兰国家语言中心等联合发起的"语言链接,全球思维"项目将大学生志愿者与苏格兰中小学校"结对子",以提升中小学语言学习意识、文化意识和全球意识。同时该项目还利用在海外实习或工作的大学生志愿者作为英国文化委员会的助教,助力国内中小学语言学习。目前该项目在斯特灵市和福尔柯克市已有15个试点学校,明年将扩大到苏格兰各地。早在2011年,苏格兰政府宣布2+1方案,计划所有小学生学习至少

---

① 摘自voiceofrussia.com网站2014年3月26日报道。
② 摘自苏格兰《苏格兰前锋报》2014年7月3日报道。

两门现代语言。此方案源于许多学校不再把语言作为必修科目,参加法语、德语和意大利语高级考试的学生人数减少。

6.3.5 英国新版《牛津英语词典》或面临停印①

《牛津英语词典》目前被认为是最全面和最权威的英语词典,在英语世界影响深远。词典第三版或因体积太大而停印。新版词典据称多达 40 卷,是第二版的两倍。由于网络高速发展,新的网络用语不断涌现,词典编纂人员很难跟上网络用语发展的步伐。据估算新版词典完工需等到 2034 年。1994 年起,由 70 多位专家组成的词典编写队伍即已开始新版词典的编纂工作。项目组保持每月编纂 50—60 个词条的进度,目前收录 80 万个单词。牛津大学出版社称,由于新版词典体积太大,将其制成电子版比纸版印刷要好得多。只有在新版词典编纂工作完成之后,并有一定的市场需求,出版社才考虑发行出版纸质版。

6.3.6 苏格兰小学的语言教育基金不足②

苏格兰政府希望当地小学生除了英语之外,再学两门语言,政府为此已拨款 400 万英镑;老师们却说这个数目为"杯水车薪"。每年由于缺少语言技能而使苏格兰的经济损失超过 5 亿英镑,因此政府希望小学生从一年级开始学习第二门语言,在五年级之前再学习第三门语言,即所谓的"1+2"计划。而目前绝大部分苏格兰学生一直到小学六年级之后才学习一门外语。苏格兰欧洲和对外关系委员会耗时 6 个月调查政府的此次拨款落实情况。调查组成员深入学校,观摩语言教学活动,与家长、老师和学生见面。民意反映 400 万英镑远远不能满足需要,政府组织的语言工作小组预估项目金额需要增加两到三倍。

6.3.7 保护苏格兰大学的语言教学③

今后苏格兰的任何学校若要减少教学语言的数量,就必须先向为其提供公共资金扶持的苏格兰基金委员会通报。该委员会将权衡被裁减语言的重要性及对苏格兰语言教学影响的整体情况。如果认为某语言不应裁减,该委员会将与相关大学寻求一个妥善的解决方案。苏格兰基金委员会发言人声称,此举表明苏格兰政府致力从小学到大学推广语言学习的决心。近年来包括格拉斯哥和斯特拉斯克莱德等在内的苏格兰高校,因削减语言老师人数和相应投入的做法受到广泛批评。英国著名剧作家汤姆·斯托帕德曾向苏格兰议会呈递一份署有

---

① 摘自英国《每日邮报》2014 年 4 月 21 日报道。
② 摘自英国广播公司 2013 年 6 月 20 日报道。
③ 摘自苏格兰《苏格兰先驱报》2013 年 9 月 20 日报道。

3000 名民众签名的请愿书,要求政府划拨专门资金保护脆弱的少数民族语言。

6.3.8 苏格兰外语学习计划或因师资缺乏而搁浅[①]

由于缺少合格师资,苏格兰学校推广外语学习的计划可能要失败。苏格兰各大学的外语学习面临困境。苏格兰政府曾希望在小学推行 1+2 模式,即除了英语之外,小学生再学两门外语。但当他们把这个方案提交给议会时,苏格兰教育董事会(ADES)表示该方案出发点固然很好,但由于师资紧张,恐怕难以实行。他们悲观地认为,苏格兰各大学的外语教学尚且困难重重,想要在中小学推广外语学习无疑更不现实。苏格兰地区的家长组织也对相关资源的严重不足表示担心。但是苏格兰政府教育部门发言人声称,他们对苏格兰的未来充满期待,正积极准备在苏格兰地区推广外语学习,并且承诺 2014 年将斥资 400 万英镑来支持当地的外语教学。

6.3.9 过去 7 年中威尔士的外语学习者减少了一半[②]

根据威尔士保守党最近公布的一份调查数据,过去 7 年中,威尔士初等教育和高等教育系统学习外语的人数减少了约一半。许多学生对学习欧洲语言感到厌恶。一些大学根本就不提供欧洲以外的语言课程,像普遍流行的阿拉伯语、日语和汉语。自 2005 年开始,报名参加英国普通中等教育证书考试以及高级考试中欧洲语言测试的考生一直在减少。威尔士保守党认为这是威尔士不能在全球竞争中发挥出色的原因,威尔士教育协会认为这种趋势"令人不安"。威尔士保守党此前曾呼吁当地学生应与其他欧洲同龄人同步学外语——大约从 7 岁开始。目前威尔士学生从 11 岁开始学习外语,并且可以在 14 岁时停止。

6.3.10 威尔士的小学应该提供外语课程[③]

威尔士政府最近的一份数据显示,参加英国普通中等教育证书考试和中学高级水平(A-level)考试的考生中选择语言考试的人数在下降。2005 年,12 826 名学生在 GCSE 中学习一门语言,但是 2014 年该数字下降到了 8601;在 A-level 中学习语言的人数则从 1467 下降到了 668。一位官方发言人表示政府鼓励小学提供语言课程,并且正在寻找让中学开始提供语言教学的方法。威尔士保守党说这些数字很令人失望,因为如今经济增长很依赖国际交流。而国家语言中心也称英格兰和苏格兰的小学生的确在学习一门外语。威尔士政府表示他们已经

[①] 摘自英国《苏格兰人报》2013 年 2 月 21 日报道。
[②] 摘自英国"威尔士在线"网站 2013 年 12 月 23 日报道。
[③] 摘自英国广播公司 2014 年 1 月 23 日报道。

认识到了学习语言的重要性,一位发言人说虽然在威尔士小学中学习一门外语并不是强制性的,但是应该注意的是威尔士所有小学生都在学习威尔士语。

6.3.11 爱尔兰又一所英语学校面临关门①

都柏林又一所英语学校面临关门,因"财政状况不佳",该校未来两周将不再开放。这家名为伦斯特学院的机构主要招收外国学生,提供工商管理、英语以及旅游观光课程。该校已敦促爱尔兰总工会紧急召集语言类学校员工开展会议,以解决这一问题。爱尔兰总工会教育部门负责人表示,已注意到一些语言学校在关张时,出现拖欠教师工资和学生经济受损的情况。爱尔兰议会负责国际学生事务的项目官员表示伦斯特学院过去一直"积极招收"国际学生,但其教职员工数量却明显不足。本年度,都柏林很多国际学校纷纷倒闭。9月,爱尔兰政府宣布明年将对国际招生进行重大改革,对入境国际留学生进行更严苛的审核。

6.3.12 法国说唱方法教英语受欢迎②

为让学生学好英语,法国教师使出奇招,采取说唱教学方法吸引年轻学生的兴趣。法国一家主要培养青少年学习美式橄榄球的俱乐部为其学员补习英语。授课老师首先播放英语说唱歌曲的视频节目,让学生跟随字幕哼唱。结合旋律的记忆,在熟知歌词之后,老师解释歌词中的一部分语法、词汇及结构等英文专业知识。此举广受年轻学员们的欢迎。以饶舌歌曲为代表的美国文化在法国青少年中具有很大市场。传统英语授课方式已经激发不起学生的兴趣,这种结合音乐旋律和时尚生活方式的新颖教学方法,使以前昏昏欲睡的课堂气氛变得活跃。一些很少开口的学生开始伴随音乐节奏手舞足蹈,英语成绩也开始提升。

6.3.13 比利时高校教师英语水平欠佳③

比利时媒体披露,该国大学教授有 10%—20% 未能通过英语测试。在过去几个月里,比利时弗莱芒区政府对使用英语授课的大学教授进行英语测试,检验其英语水平。结果令人大跌眼镜。3000 多名教授中有 300 名未能及格。这些不合格的教授大多都有多年的海外教学经验,从来没有收到过对他们英语水平欠佳的投诉。很多教授对考试结果表示不满,认为此次英语测试过于笼统,对其专业领域的语言触及不多。大学发言人对所谓教授的懒惰表示不满。根据惯例,英语水平不达标的教授将被停职。当前各大高校试图网开一面,为这批教授安

---

① 摘自爱尔兰《观察者报》2014 年 10 月 29 日报道。
② 摘自法国《费加罗报》2013 年 12 月 17 日报道。
③ 摘自比利时 expatica 网站 2013 年 9 月 23 日报道。

排一段过渡期,以提高自身的英语水平。

6.3.14 西班牙发行儿童中文学习软件①

西班牙猕猴门(Monkimun)游戏工作室发行了一款适合 8 岁以上孩子的免费语言教育应用软件——"猕猴中文课堂"(Monki),通过寓教于乐的方式传授儿童中文书写基础能力。这家工作室宣称"猕猴中文课堂"是他们新的"猕猴课堂"系列产品中的第一个免费应用软件。软件中的每个汉字都配有插图和动画,并且有互动功能,能够帮助孩子更好地理解汉字书写规则,并保持学习的积极性。猕猴门的创始人表示:在未来的全球化时代,学习第二语言对于增进交流、促进理解和尊重文化差异至关重要,希望类似"猕猴中文课堂"的高科技软件,能够帮助孩子在轻松的学习环境中潜移默化地掌握汉字书写。

6.3.15 西班牙民族语言复兴引发西班牙语教育的忧虑②

过去 30 年,西班牙加泰罗尼亚地区的公立学校大部分科目的教学,都使用加泰罗尼亚语而非西班牙语。当地许多学校每周只开设 3 个小时的西班牙语课程。加泰罗尼亚语已成为该地地方政府的工作语言和商业语言。当地政府大力推动在商品标识和商店标牌中使用加泰罗尼亚语,许多政府机构、社会组织及公司企业的工作岗位也都要求精通加泰罗尼亚语。面对加泰罗尼亚语的复兴,一些家长开始担心子女的西班牙语水平不足。马德里中央政府 2013 年出台新教育法,强制要求加泰罗尼亚地区的学校在家长有诉求的情况下,必须提供更长时间的西班牙语教育;如果校方不能满足家长要求提供更多西班牙语课程,地方政府必须为学生就读提供更多西班牙语教育的私立学校买单。

6.3.16 德国希腊语教育问题严重③

旅德的希腊家长和监护人协会近日在致德国教育部的一封公开信中,表达对政府在希腊语教育处理问题上的失望和不满。他们指出,师资配置进展缓慢,教师调配需经教育部签字,致使这一过程延迟数月。教育部还无视家长协会等的要求,没有引入希腊外籍教师充实课堂,提升德国的希腊语教学质量。公开信还抱怨教育部明知过去两年不少德国高中接收了很多希腊移民学生,却还迟迟没有对其采取相应的教学补救措施,导致如今很多希腊裔学生不得不额外支付补习费用以便能跟上学业。值得注意的是,去年旅德希腊裔团体就已警告政府

---

① 摘自美国《华盛顿新闻报》2014 年 6 月 20 日报道。
② 摘自美国雅虎新闻网 2014 年 7 月 10 日报道。
③ 摘自美国"希腊报道者"网站 2014 年 2 月 24 日报道。

希腊语教育体制的缺失,但显然没有得到政府的重视。

6.3.17 匈牙利语言教育新法案引双语学校不满[①]

10月底,匈牙利人力资源部发布一项新法令。该法令一是防止辍学学生人数的增长,二是规范公立学校学生的语言考试。有评论认为这项改革对双语学校来说适得其反。新法规规定,每所学校至少应有80%的生源保持稳定。90%的学生应该在学期考试中语言水平达到中等以上。一些双语学校的负责人表示该规定是由典型的行政意志决定的,并没有征询教育专家的意见。他们认为在双语学校,学生流动是一种很普遍的现象,一是由于家庭变故,如随父母迁徙;二是因为学业发展,在双语学校打好语言基础后,他们自然会选择适合他们今后职业发展的学校。此外,语言能力的评判标准也有很多值得商榷之处。

6.3.18 英语在芬兰作为外语的地位得到提升[②]

英语成为芬兰学生主要选择的外语,超过90%的学生将英语选为其第一外语。该国教育委员会一位官员表示,在芬兰语学校只有3%—4%的学生没有将英语选为第一外语。家长态度也影响了孩子的选择;人们认为精通英语是一种良好的职场技能。英语流行对其他外语(如德语和法语)的教学产生了负面影响,教育专家对此表示担忧。尽管德语流行程度逐渐减弱,但仍然是第二受欢迎的外语。西班牙语地位得到提升。越来越多的学生开始学习更有异域特色的语言,如汉语和日语。芬兰学生在小学三年级开始学习第一门必修外语,在四年级和五年级自愿选择另外一门外语。

6.4 非洲

6.4.1 南非小学生必须学习非洲语言[③]

为"推广多语制"和加强"社会凝聚力",从明年开始,南非所有小学生必须学习一门非洲语言。尽管当地教育专家赞成这一做法,但是基于现有课程规划和师资缺乏状况,他们担心实际操作过程将遇到许多困难。教育部表示,今年他们将在每个省选择一些学校,为计划的全面实施做好准备。那些已经学了一门非洲语言以及英语或南非荷兰语的小学生还将学习另一门非洲语言。南非基础教

[①] 摘自匈牙利《布达佩斯时报》2014年11月28日报道。
[②] 摘自芬兰《赫尔辛基时报》2014年5月8日报道。
[③] 摘自南非"独立在线"网站2013年5月21日报道。

育部部长已经在多个场合阐述该政策,包括本月初她在国民议会上发表的预算投票演讲。各地学校主管部门认为许多细节还需要调整。本月初全国教育评估开发单位也表示,虽然此举是为了国家建设着想,但现在极缺语言老师。

6.4.2　南非语言教育政策遭投诉①

最近,阿平顿市教育部门的课程专家普鲁森特向南非人权委员会投诉,声称去年当地修改的语言教育政策有违人权法。他指责当地校长和学校管理部门,不顾法律的规定和学生家长的意见,擅自出台了把英语作为第一媒介教学语的语言政策,而其他南非官方语言,如南非荷兰语、柯萨语和茨瓦纳语,只能作为语言选修课程。此前的语言教育政策是使用学生的母语作为教学媒介语,这种改变明显侵犯了宪法赋予学生以母语受教育的权利。这种语言教育政策的改变将对学生的知识发展造成很大危害。在回复质疑时,一所学校的校方声称此项政策的出台是由学生家长投票决定的,该校三位老师表示他们并没有看到召开家长会或举行投票活动。由于多数老师同意改变语言教育政策,而这三位老师并不赞成,校方给他们发出了"警告信"。

6.4.3　南非高校保护非洲语言②

德班语必须作为大学正式课程,以提升非洲语言的地位,并强化其使用。南非高等教育部日前做出如上表述。一些非洲语言学者对此表示支持,并将矛头直指南非白人不努力学习原住民语言。南非高等教育部长布莱德·恩齐曼德上周发布《学校后教育与培训白皮书》,表示南非高校应与南非初等教育部的语言教育政策保持一致。根据这一政策,南非儿童有权使用自己的母语接受教育。非洲语言在学术圈的消亡对语言多样性构成重大威胁,目前南非高校很多非洲语言系科由于资源匮乏和学生人数的下降而被迫关闭。1997年南非高等教育部提出应在大学促进非洲语言的教育与传播,遗憾的是南非语言形势反而恶化了。

6.4.4　尼日利亚校长鼓励学生打好英语语法基础③

拉各斯一所学校校长呼吁学生应坚持英语规范的用法。8月7日在该校第十届毕业生的离校典礼上,他做上述表示。尽管尼日利亚的很多小学生都能说流利的英语,但该国老师们对大部分学生未能准确使用书面英语进行写作表示

---

① 摘自美国"泛非在线"网站 2013 年 7 月 26 日报道。
② 摘自南非独立在线新闻网站 2014 年 1 月 20 日报道。
③ 摘自尼日利亚《笨拙报》2014 年 8 月 8 日报道。

失望。该校校长为此推荐《大学英语》，希望能为寻求提高英语水平的学生提供帮助。由于缺乏扎实的语法基础，很多学生的英语学得并不好。其中部分原因可以归咎为尼日利亚的教师花费过多的时间和精力，来教授阅读理解和写作等技能，而忽视了对基础的语法结构的教学。尽管书名叫《大学英语》，但该书却适用于任何想要提高英语水平的人。在尼日利亚，英语是主要的商务交际语言，因此要想有较好的发展前景，每个学生都必须有良好的英语水平。

6.4.5 加纳学生写作考试使用社交网络语言[①]

西非考试委员会公共事务部主任艾格尼丝·泰耶·库迪乔表示，社交媒体上常用的一些用语正渗透到加纳的正式教育系统。8月20日，库迪乔称，一些高三学生在参加5月到6月的西非高中证书考试时，在他们的作文中使用了大量奇特的网络苟简用词，比如要表达"之前"义，学生写成网络缩略语"B4"，来代替发音相似的标准英语中的"before"。正是这种社交媒体语言的滥用，使得部分考生在作文环节失分不少，进而可能导致不能升学。今年有809所学校的24万考生参加证书考试。考试科目至少有6门，包括英语和数学。

6.4.6 安哥拉的葡萄牙语能力欠缺束缚教育发展[②]

近日第三届国际葡萄牙语大会在罗安达召开。教育部长潘达·西芒指出，安哥拉的学生，甚至是一些教师，未能较好掌握葡萄牙语（该国官方语言）。这是制约安哥拉教育发展的主要因素之一。作为课堂教学用语，葡萄牙语是学生获取知识的重要基础。而缺乏良好的葡萄牙语能力，严重影响了学生的学业发展。在教育部官员看来，葡萄牙语和数学两门课目对安哥拉教育的成败至关重要。同时葡萄牙语是安哥拉各民族之间交流沟通的工具，是实现国家统一的语言。安哥拉让·皮亚杰大学筹办了此届主题为"多样性中的团结"的国际交流活动。葡语国家联合体的成员国都参与了此次盛会。

6.4.7 坦桑尼亚选择何种语言作为教学语言有争议[③]

坦桑尼亚国内就是否将国语斯瓦西里语和英语用作各教育层次的教学用语展开激烈争议。教育和职业培训部副部长在回答国会议员质询时表示，政府已经为私立小学使用英语教学开了绿灯。现阶段有必要在全国各级教育中巩固斯瓦西里语的使用，同时扩大英语教学。教育部表示，斯瓦西里语和英语这两种语

---

① 摘自加纳"加纳网"2014年8月21日报道。
② 摘自美国"泛非在线"网站2014年9月19日报道。
③ 摘自坦桑尼亚《卫报》2014年11月30日报道。

言都应用作教学语言。英语在私立学校可以作为教学媒介语使用,而在公立小学则应当成一门课程学习。事实上,在坦桑尼亚独立后不久,政府就决定在小学阶段将斯瓦西里语作为教学媒介语言,把英语作为学习的课程之一;在中学和大学阶段,英语可以用作一种教学语言。一些斯瓦西里语的支持者认为以英语作为教学媒介语将以损害斯瓦西里语为代价。持这一观点的人要求在中小学甚至更高层次的教学机构统一使用斯瓦西里语。

6.4.8 坦桑尼亚学校教育使用斯瓦希里语[①]

2月13日,基奎特总统提出"国家2025年远景规划"。根据这一计划,坦桑尼亚教育制度将做出历史性的改变,斯瓦希里语取代英语作为全国学校的教学语言。这是非洲首次在学校教育各阶段使用非洲语言,而不再用外语进行授课。教育部官员解释说英语课程仍将开设,只不过不再把它作为课堂媒介语言。此举在社交媒体上引发激烈讨论。有人欢迎这一新政,表示并非每个人都要上大学。在基础教育阶段每个人都应享有使用母语接受的良好教育。另有部分人表示这将加剧社会的两极分化。富裕阶层能把子女送到国外接受教育,与国际接轨,而贫困家庭的孩子则剥夺了英语教育的权利,对其今后的职业发展不利。

6.5 大洋洲

6.5.1 澳大利亚投资鼓励学习亚洲语言[②]

澳大利亚教育部长加雷特宣布,政府将为7个新教学项目投资1520万澳元,以鼓励学习亚洲语言。加雷特表示,澳大利亚想要在亚洲保持其竞争力,年轻一代必须掌握亚洲语言技能,以便和亚洲构建牢固的关系。学习另一门语言还能帮助学生了解不同国家的文化背景,这将有助于保持澳洲社会的包容性。他表示需要探索一些新的想法和教学方法,以提高澳大利亚学校亚洲语言教学水平。他希望到2025年,每个小学生入学就能在课堂上接触到亚洲语言。该计划还包括对亚洲语言授课教师的培训,提高其语言水平和教学方法。政府还鼓励并支持学校、企业与社区的创新合作模式,以刺激学习亚洲语言的需求。

[①] 摘自荷兰"全球之声"网站2014年2月24日报道。
[②] 摘自新加坡《联合早报》2013年6月9日报道。

6.5.2　澳大利亚缺乏亚洲语言师资[①]

澳大利亚新南威尔士州幼儿园至十二年级的亚洲语言教师缺口超过 2500 人。前总理吉拉德曾提出到 2025 年,澳大利亚学校将为本土所有学生提供学习一门亚洲语言的机会,汉语普通话、印地语、印尼语、日语和韩语是优先目标。11 月 13 日新南威尔士州政府发布的公告显示,没有足够的合格教师来执行这项政策。若按照每 250 名幼儿园至十二年级学生每周接受一名老师的两小时授课,则全州应配备 3000 名全职教师。然而该州目前只有 479 名认证合格的亚洲语言老师。2011 年,全州 72 万适龄学生中仅有一成能够有幸学习到一门亚洲语言。澳大利亚联邦教育部去年声称全国仅有 3000 名能够教授亚洲语言的老师。

6.5.3　澳式英语难掌握[②]

澳大利亚学者近日发现,在澳大利亚出生的婴儿理解本土口音时偶有困难,然而对加拿大口音却更容易接受。语言学界通常认为,母语对于婴儿理解、接受和分辨新单词相对更容易、更自然。然而研究发现,对于某些元音,澳大利亚婴儿却无法以澳式英语的形式很好地理解。以前语言学家对母语存在一定的偏见,孩子好像更喜欢母语,因此澳大利亚婴儿学习澳式英语理所当然,也得心应手。对 15 个月大的澳大利亚婴儿进行新单词测试时发现,当听到澳大利亚口音时,他们不太容易发现元音变化,但这种情况在加拿大口音中则没有出现。这项研究能够解释为何母语非英语的移民来澳后很难听懂或掌握澳式英语。

6.5.4　新西兰推动语言多样性[③]

新西兰小学应该在向学生介绍各种语言方面起到更积极的作用。在探索外语教师和学校外语教育地位关系时,外语专家表示目前新西兰的外语教师很少选择在小学教授外语,这将使孩子们错过了解一个国家节日和食物等文化传统的好机会。在小学阶段传授外语,有利于启发孩子们的心智,以不同思维方式考虑问题,培养文字游戏兴趣,这将使他们在后续求学阶段能够更开放。学习外语能够养成跨文化交际能力,更好地与不同种族文化群体沟通。新西兰政府 8 月拨款 1000 万元,推动亚洲语言学习计划。专家们希望此举能够重振新西兰人对亚洲语言和文化的兴趣。学习一门语言意味着接受一种新文化和新的世界观。

[①]　摘自澳大利亚《悉尼晨锋报》2013 年 11 月 15 日报道。
[②]　摘自澳大利亚网 2014 年 12 月 15 日报道。
[③]　摘自新西兰 Stuff 网站 2014 年 12 月 9 日报道。

第七章 语言与社会

7.1 亚 洲

7.1.1 日本越来越多的父母让婴幼儿更早学习英语[①]

为了使自己的孩子在未来职场有更大优势,越来越多的日本父母希望子女从婴幼儿时期就开始学习英语。有的父母甚至在孩子一岁之前就让他们学习英语。看到父母渴望婴幼儿更早学习英语的需求,很多早教机构应运而生。为了增强婴幼儿的英语生词的识读能力,培养其使用英语思考的能力,这些辅导机构提供的课程涵盖的门类较广,难度颇大,譬如包括达尔文进化论、埃及文明史、分数以及DNA。一位课程辅导机构的负责人表示,精通英语的目的是掌握获得知识的途径。这些课程也许对幼儿来说很难,但使用英语帮助他们理解这些话题很有益处;因为即便孩子们只能理解其中一部分,也可激发他们未来学习的兴趣。这些课程受到了学童父母的青睐,他们认为这将为孩子今后精通英语打下基础。精通英语可以提高他们未来就业升迁的竞争力。

7.1.2 日本广播协会因过多使用英语单词被指控[②]

日本一位名叫高桥的男子以感情受到伤害为由,起诉日本广播协会(NHK),诉称该机构过多使用英语单词,使得它播出的一些节目难以理解。这位七旬男子,近日向日本广播协会索赔141万日元。高桥声称,日本广播协会的新闻和娱乐节目中英语单词泛滥,严重依赖从英语借来的外来词汇,而非传统的日语词语,对他的感情构成了伤害。一些老人观看节目时经常遇到语言障碍,他们还担心日本社会过度美国化,甚至感觉到日本正在变成美国的一个州。日语向来有使用片假名音译外来词的传统。第二次世界大战后的国际影响和对美国

[①] 摘自日本《日本时报》2013年7月10日报道。
[②] 摘自保加利亚"今日头条新闻"网站2013年6月27日报道。

文化的迷恋,使越来越多的英语单词为日本人所用。

7.1.3 日本医院为迎接外国观赛游客增设外语服务[①]

日本健康、劳动和福利省决定提高全国医院的外语水平,旨在为 2020 年东京奥运会和残奥会做准备。为了让前来观看比赛的外国游客享受舒适的医疗服务,他们计划 2014 年财政年度,向医院派遣医学知识丰富的口译人员。此外该部门还准备通过与临时派遣机构合作,向外国游客常去的医院输送口译人员,并统一调配同一地区医院的共用口译人员。去年该部要求经过认证的医院提供院内设施的外语地图及素食餐点,方便外国病人选择就医。目前每年有超过 800 万的外国游客来日本观光旅行或从事商贸活动,预计到 2020 年,这个数字很可能会大幅增加。以前就曾经出现过因为语言障碍,日本医生很难准确判断外国病人的病情,因而耽误治疗的案例。

7.1.4 日本前首相索契冬奥会发言惹不快[②]

2 月 9 日,2020 年东京奥组委假座俄罗斯索契新闻中心举行记者招待会。在有众多国际媒体在场的通气会上,76 岁的森喜朗介绍东京奥运最新筹备进展时,选用日语而非英语发言。有记者就此提出疑问,质疑森喜朗的英语交流能力。森喜朗回应称,在日本他这一代人只有很少一部分人懂外语。"二战结束时,我刚上二年级,英语被视作敌国语言。如果我用英语发言出了错,那将引来更大麻烦。另外如果你到日本,你能说日语吗?"此番表态引来英美记者不快。尽管可能是玩笑,但记者们对这位资深政治家吐出"敌国语言"这一说法难以理解,尤其说英语的美国一直以来都被视为日本的盟友。

7.1.5 东京奥运设"英语救急队"[③]

考虑到 2020 年东京举办奥运会,外国游客可能剧增,东京消防厅将组建"英语救急队",以应对突发情况下可能发生的与外国游客的英语交流。预计到 2015 年 4 月份"英语救急队"将比现在增加 3 倍,达到 36 个。"英语救急队"的任务是,在接到外国游客受伤的求助时,队员能够直接使用英语与游客沟通,以及时了解其受伤状况;此前多是通过写有英语的"交流板"来沟通。从 2014 年开始,东京消防厅在国外和国内进修急救和语言技能的分别有 6 人和 40 人。他们计划从今年始每年增加 46 名队员,以应对更多国际游客的需求。此外他们还正

---

① 摘自新加坡亚洲网 2013 年 11 月 24 日报道。
② 摘自福克斯新闻网 2014 年 2 月 9 日报道。
③ 摘自日本 NHK 电视台 2014 年 1 月 6 日报道。

改善紧急救援体制,试图创建让外国游客舒适的旅游环境。

7.1.6 日本2020年前在电视节目中设置外语字幕①

很多到日本旅游的外国人不会日语,无法看懂日语的电视节目。为解决这一问题,完善奥运建设的人文环境,使访日的外国人过得更加舒适,日本总务省近日决定在2020年东京奥运会举办之前,为电视节目配上中文和英文等外语字幕。其原理是,只要一个电视节目接入互联网络,就可以自动搜索并获取与当前节目相关的多语言字幕。支撑这一服务的后台技术是,日本电视台配备一套强大的语言处理和翻译系统,自动识别用户当前收看节目的日文字幕,实时将日文译成其他国家的语言文字。这使听不懂日语的国外观众可以选择用自己的母语观看节目。总务省在2014年底将成立由日本放送协会、信息技术企业、家电厂商以及研究机构等组成的推进组织,2015年开始进行实证试验。

7.1.7 东京拟为奥运会设置更多语言的指示牌②

为迎接2020年东京奥运会,推动在公共交通、道路和餐馆等处使用多语种标识的协调会3月19日首次召开。会议决定标识以日语、英语和象形图为主,并视需要使用汉语、韩语及其他语言。协调会由日本政府、东京都政府及行业组织等组成。东京都知事舛添要一表示"必须排除语言障碍,为2020年奥运会喜迎外国游客做准备"。协调会下设交通、道路、观光与服务3个小组,今后将在分组会议上详细调查标识现状等,并在10—12月前后召开第二次会议。2015年度以后工作将全面铺开。会上确认多语种标识的实施除东京以外,周边各县也将积极推进。神奈川县的镰仓等旅游景点及国际机场将强化该项工作。

7.1.8 日本打造具备多种外语能力的医疗机构③

日本厚生劳动省计划遴选30家医院,将其打造成具有多种外语服务能力的医疗机构,以备2020年东京夏季奥运会之需。根据日本国际观光振兴机构的数据,日本外籍人士不断增加。2013年底日本外籍人士首次突破1000万。由于担心不能与日本医护人员进行顺畅的交流,许多外籍人士不得不辗转新加坡以及其他具有较好口译服务的邻国医院就医。日本医院坦陈,由于语言障碍,他们不能和外籍人士进行良好的沟通。新打造的医疗机构将配备英语、汉语和西班牙语医学口译人员和服务协调员。日本政府将对指定的医疗机构给予部分财政补

---

① 摘自日本《读卖新闻》2014年7月22日报道。
② 摘自日本共同社2014年3月19日报道。
③ 摘自日本"日经网"2014年6月21日报道。

贴,以支付口译人员和协调人员的费用,并提供译员培训课程。

7.1.9　首尔修订错误的外文标识①

外籍人士如果在首尔街头看到令人不解的外文标识,可以立刻报告市政府,政府将即刻采取纠正措施。首尔市政府12月11日宣布启动一个长达50天的有奖外语纠错活动。外国人登录政府对外旅游宣传网站,检验其英语、汉语或日语版本的语言使用情况。韩国国民也可以透过其他网站,报告标识语使用不当的情况。市政府已设立专门的顾问委员会对提交的外语使用错误及整改措施进行审议。活动参与者可借助8月发布的标识语词典检查当前的标识语是否可懂。首尔市2月到5月曾接获500份外语使用错误的报告,目前已着手修订这些错误。

7.1.10　韩国菜谱外译规范化②

针对韩国料理在中、英、日三国语言中出现的翻译错误,韩国国立国语研究院5月14日发布了200多种主要韩国饮食的三种语言的标准译名。韩国国立国语研究院从2013年起,联手文化体育观光部和农林畜产食品部,以翻译专家的意见为基础,广泛收集市民意见后,制定了这份标准译名。翻译标准中罗列了包括饭、粥、汤,以及蒸、炒、煎、炸等做法的20类食物,均是外国人日常生活中经常接触到的韩国料理。为使译名达到最大程度的准确,韩国料理在各国的翻译也遵循了不同规则,比如"비빔밥"(拌饭),英语采用音译"Bibimbap",对日语使用罗马音标注,为"ビビンバ",汉语则使用表意的"拌饭"等。

7.1.11　缅甸50年来首次发行孟语报纸③

《比伦时报》是一家主要报道缅甸南部地区新闻的媒体,自2月12日起该报将增加用当地主要民族语言——孟语采写的新闻。3版的孟语内容包括2版新闻和1版专题报道。该报表示,在2月26日孟语日来临之前还将发行一份双语月刊。自缅甸军政府1962年执政以来,所有少数民族语出版物都被禁止发行。这是缅甸首次发行孟语新闻。去年12月28日,缅甸政府宣布从2013年4月开始将允许发行用少数民族语言出版的报纸。少数民族聚集区和首都仰光也将发行少数民族语书刊。这些出版物的发行将促进缅甸国内各民族的和解和交流。

---

①　摘自韩国《韩国先驱报》2013年12月11日报道。
②　摘自韩联社2014年5月14日报道。
③　摘自印度密希玛新闻社2013年2月13日报道。

7.1.12 缅甸年轻人热衷学外语[①]

学外语在缅甸掀起热潮。英语依旧是这个前英属殖民地最受青睐的语种。但事实证明,汉语、日语和韩语也很受欢迎,因为学生们希望能在跨国公司找到工作。缅甸有着千年的移民史,但在军政权统治及外部制裁的影响下,该国几乎与世隔绝。据总部设在新加坡的教育培训机构 RVi 集团负责人介绍,缅甸改革开放 3 年来,英语、汉语和韩语学习人数的"大幅提升"。据该机构今年调查显示,仰光目前至少有 225 家语言培训中心,其中 180 家提供日语培训,174 家提供汉语培训,92 家提供韩语培训,50 家提供英语培训,40 家教授泰语。国际社会认为缅甸比泰国更有竞争优势,因为它更能适应外部世界,学好外语。

7.1.13 英语合同被印度尼西亚法庭视为无效[②]

有专家警告在印尼的外国公司与当地企业签署合同时,请考虑使用印尼语。11 月 19 日雅加达一家地方法院裁定一份用英语签署的合同文本无效。印尼一家企业与美国投资公司的贷款协议,由于未能遵守印尼组织机构签署协议必须使用国语印度尼西亚语的规定,而宣判不具有法律效力。印尼政府此前曾表示,尽管颁布当地语言法,但这不会影响使用英语或英语与印尼语双语签署的合同文本的合法性及执行力。此次印尼法院推翻政府对当地语言法的妥协调和做法,判决合同无效,美国债权人不能据此要求印尼企业偿还贷款。美方企业已就此问题上诉高等法院。当地律师表示该裁决反映了印尼法院无意支持英语合同的立场,尽管这还只是个个案,外国投资者应注意规避合同的语言风险。

7.1.14 印度尼西亚要求中爪哇省居民每周说一天爪哇语[③]

中爪哇省政府当局强制要求当地居民每周在正式场合以及非正式场合说一天爪哇语。该法规是中爪哇省省长在修订关于爪哇语言、文学和文字的 2013 年第 57 号令的基础上,于 8 月 22 日颁布的 2014 年第 55 号令。旧法规规定爪哇语只用于布道及社区集会等非正式场合。新法规规定在包括 35 个市县政府在内的地方行政管理机构中必须使用爪哇语。尽管省政府还没有决定法案哪天生效,但一些市县已经开始执行类似的政策。新法规强调在各级教育中保护爪哇语言、文学和文字的重要性,爪哇语必须作为单独的学业课程,每个年级每周上课时间不得少于 2 个学时。政府行政办公区域以及街道路牌等一律使用爪

[①] 摘自英国《金融时报》网站 2014 年 4 月 13 日报道。
[②] 摘自英国品诚梅森 out-law 网站 2013 年 11 月 19 日报道。
[③] 摘自印度尼西亚《雅加达邮报》2014 年 9 月 16 日报道。

哇语。

7.1.15 东帝汶语言政策要求文化民主[①]

东帝汶的语言格局非常复杂，2010年的人口普查显示该国共有32种语言，6种濒临灭绝。德顿语和葡萄牙语是其官方语言，英语和印度尼西亚语被很多人当作工作语言。制定语言政策时，当地学者们要求文化民主和使用母语接受基础教育的权利。该国对学生是否应该接受用官方语言德顿语授课的小学教育，一直没有统一意见。许多东帝汶人同时说两种或以上的语言。尽管目前东帝汶规定正式课堂教学语言是德顿语，该国正试图实施教育语言改革，主张启蒙教育主要使用母语。由于实施文化民主政策，家长和学生有选择使用何种语言接受教育的自由。出于社会认同和就业考虑，更多人倾向选择葡萄牙语、英语以及印度尼西亚语等有影响力的语言，而抵制母语教学。

7.1.16 泰国学好阿拉伯语有商机[②]

凭借先进的仪器设备和高端的医疗服务，泰国医院近年成功吸引了大批富有的阿拉伯人前来就医。泰国顶级医院提供的国际医疗服务通常使用英语，但阿拉伯病人的英语水平却不足以用于交流。阿拉伯语在泰国从来就不是一种热门语言，这使泰国人可能错失增加收入的良机。目前在泰国只有伊斯兰学校才会给穆斯林信众教授阿拉伯语，其他人很少有机会接触阿拉伯语。能说阿拉伯语的泰国穆斯林就有幸为这些前来就医的中东富翁提供翻译服务。医院为泰国翻译提供长达一年的医学术语培训，包括症状及诊治描述等，试图更好地克服医患交流障碍。目前前往泰国的中东游客，60%是就医，其余才是商务和旅游。

7.1.17 新加坡研究母语博客洞察社会心理[③]

新加坡政策研究所对当地三大母语博客展开4个月研究后发现：华文博客作者大多以分享个人经验、谈论华文与华族文化课题为主，政治讨论相对较少，关于时政的讨论多数比较温和持平；马来文博客社群同样着重分享个人经历与兴趣，尤其对婚姻和烹饪课题展现浓厚兴趣，而有关政治的内容已逐渐从博客转移到脸谱上；泰米尔文博客则呈现一幅截然不同的景象，作者多为旅居当地的印度人，偏重谈论艺术与文化，纵使有不少政治讨论，关注的往往是印度政治。这是当地第一次对主流英文博客以外的母语博客进行研究。这项研究对象包括

[①] 摘自泰国"国家网"2013年10月21日报道。
[②] 摘自泰国《曼谷邮报》2014年1月21日报道。
[③] 摘自新加坡《联合早报》2014年4月3日报道。

201个华文博客、30个马来文博客与20个泰米尔文博客。

7.1.18 印度少数族裔获取法律帮助需要翻译[①]

一个来自恰尔肯德邦某个部族、在德里某家庭做帮佣的13岁女孩,打着手势向前来救助的警察和社会福利工作者诉说雇主的施虐行为。她既不会讲英语也不会讲印地语。这种情形在印度并不罕见。由于语言障碍、缺少必需的口笔译人员,印度法院一些儿童受性侵或虐待的案卷堆积如山,迟迟得不到解决。仅在新德里,去年就有1100名从恰尔肯德邦、恰蒂斯加尔邦、西孟加拉邦及东北农村来的儿童得到救援,但后续的法律服务却很难继续。法官称很难找到合适的法庭翻译,因为法庭支付给翻译的工资有限,并且还要求每次庭审和听证都须到场。为了解决这一问题,新德里政府已致函各州属地代表寻求帮助,来自受害儿童家乡的同乡不仅能提供语言翻译,还能提供心理安慰。

7.1.19 印度与缅甸军方联合实施语言培训[②]

为了进一步增强两国军事和安全关系,印度决定与缅甸打破双方的语言障碍。印度军方如今正为缅甸的军事人员进行英语培训,同时还将选择一部分印度军官学习缅甸语。印度军方表示,两国在军事安全方面需要加强合作,而语言不同困扰着双方的互动交流,有必要打破这种语言障碍。此次语言培训目的即在于此。目前约有70名缅甸军官正在接受印方教官的英语培训,缅方以后还将逐渐增加受训学员的数量。尽管缅甸已启动民主化进程,但军方对该国政体和议会的影响仍然举足轻重。缅甸军方目前在议会占有25%的席位。印度国防部长安东尼及军方高层领导不久前都曾造访缅甸。缅甸在印度"向东看"政策中扮演着重要角色,它是东盟唯一与印度接壤的国家。

7.1.20 印度会英语的人收入更高[③]

印度的最近一次调查显示:英语教育水平与就业存在密切联系。接受过英语教育的人更容易找到工作,薪水也更高。能讲流利英语和会一点英语的员工,工资收入分别比完全不会英语的员工要多34%和13%。但考虑学习成本和语言环境等因素的影响,印度中北部地区像比哈尔邦和北方邦只有不足1/4的学生学习英语;印度南部约3/4的学生都学英语。在印度高校使用印度当地语言学习的成本是一年1200—3000卢比,使用英语学习的费用则高达每年8000—

[①] 摘自印度《印度时报》2013年3月18日报道。
[②] 摘自印度《印度斯坦时报》2013年8月24日报道。
[③] 摘自印度《印度时报》2014年1月5日报道。

15 000卢比。然而这种投入是值得的,因为掌握英语的人今后更有可能找到报酬丰厚的工作。专家更表示全民掌握英语将使印度能够进军世界劳动力市场,更好参与全球竞争;如果英语不好,则会丧失更多就业机会。

7.1.21　印度律师代理案件希望使用泰米尔语①

在马德拉斯高等法院执业的一批律师决定2月20日举行为期一天的绝食活动,力主泰米尔语成为该高等法院的官方语言。活动组织者之一辛格表示,在过去20多年里,律师们一直在向法院决策者提请这一呼吁,但迟迟未能得到满意答复。如今除了绝食,他们别无良策。法院和律师之间的矛盾于2010年达到高潮。当时曾有6位律师在高等法院的大楼前举行无限期绝食,结果在进行到第10天时他们遭到了逮捕。自此以后,律师每隔一段时间就会举行各式各样的请愿活动,向前首席大法官艾格巴尔提请在代理诉讼案件时获准使用泰米尔语的主张,但一直没有得到法院方面的同意。

7.1.22　英语在印度易引发矛盾②

英语究竟是不是一门外语,这个问题长期以来一直困扰印度社会,如今还成为一场示威活动的中心议题。示威活动发起者是参加公务员考试的数百名印度青年,他们就英语对印度公务员考试的"入侵"以及其他一些事项提出抗议。据悉,考生可以选择以英语或者印度语参加初试,但为考察他们对英语的理解力,即使印度语版本的试卷也有英语短文。数百名未能通过初试或有意参加初试的考生已走上街头,抗议试卷里包含英语短文。他们说这些短文使不精通英语的人处于劣势。10月27日,印度政府试图通过将英文短文从试卷中删除以安抚民心。但示威者还有其他诉求,骚动并未得到平息。

7.1.23　斯里兰卡政府为官方翻译的错误道歉③

斯里兰卡政府为官方文件译成泰米尔语时出现的错误道歉。很多错误被当地媒体曝光,譬如英语和僧伽罗语中的"孕妇专用",在泰米尔语中,"孕妇"被译成"怀孕的狗"。道歉声明表示出现这类错误实属不应该,但绝非有冒犯和侮辱泰米尔人的意图。斯里兰卡国家语言和社会融合部部长澄清说,是翻译人员对泰米尔语的不熟练导致了这些错误。在泰米尔聚集区的僧伽罗语翻译也时常出现错误。斯里兰卡的民族政策和民族语言问题非常敏感。1956年独立之初,立

---

① 摘自印度《印度教徒报》2014年2月13日报道。
② 摘自美国《纽约时报》2014年10月30日报道。
③ 摘自英国广播公司2014年2月14日报道。

法将僧伽罗语作为该国官方语言,导致说泰米尔语的族群萌生对立不满情绪,1983年最终导致全面内战。2009年斯里兰卡民族和解后,斯政府于两年前制定了一个实施僧、泰、英三语政策,试图化解语言矛盾。

7.1.24 斯里兰卡1122名警察完成泰米尔语培训①

12名军官和1110名士兵日前完成了军方提供的泰米尔语培训课程。斯里兰卡安全部队方面表示,僧伽罗人学泰米尔语,泰米尔人学僧伽罗语,对国家和解至关重要,因为语言是沟通跨种族理解的桥梁。斯军方1995年以来已提供1000多次语言课程,5万多官兵由此获得了相关语言的工作知识。斯警方除了在泰米尔语区招募会说泰米尔语的警员,还为其干警提供泰米尔语培训。截至去年底,已有2326名说泰米尔语的警察服役。根据构建三语社会的规划,斯政府官员应有双民族语言能力。国家语言和社会整合部据此计划为公职人员开展语言培训,争取近期每个政府机构都至少有3—5名官员能提供双语服务。

7.1.25 孟加拉国禁播印地语版动漫节目②

孟加拉语本地媒体近日发表观点,声称鉴于该国众多动漫迷的印地语水平远远高于孟加拉语的水平,希望政府能对印地语节目的播放加以限制。孟加拉国的年轻人在流行文化等方面深受邻国印度的影响,这引起了政府的警觉。孟加拉国内就有数以百万计的家庭喜欢收看用印地语播出的卫星电视节目。最近孟加拉国下令禁止播放当前流行的印地语版日本动漫节目,以防止儿童由于痴迷动漫节目,更热切地学印地语而荒废了其母语孟加拉语的学习。该国信息管理部门就曾表示印地语版的日本动画片"哆啦A梦",有碍儿童学习孟加拉语的进程,并强调政府对动漫节目影响儿童的学习环境一事绝不能坐视不管。于是一纸命令,孟加拉所有网站立即停播该系列动漫节目。

7.1.26 阿塞拜疆移民或需参加语言能力考试③

在阿塞拜疆工作生活的移民可能要参加统一的阿塞拜疆语言考试。阿塞拜疆议会表示今年将讨论该议题,同时根据该议题还将修订劳动移民法。该议题的主要内容将包括,所有在阿塞拜疆从事通信服务、零售行业、饮食行业的外来移民必须参加阿塞拜疆语考试,通过考试的人员将获得国家统一颁发的证书。然而目前有一些立法部门的官员和议员表示,虽然目前阿塞拜疆的外来移民很

---

① 摘自斯里兰卡"科伦坡黄页"2014年6月24日报道。
② 摘自澳洲新闻广播公司2013年2月16日报道。
③ 摘自阿塞拜疆通讯社2013年1月16日报道。

多,但是人才流失的数量也不少。国家还没有进入很高的发展阶段,此时盲目仿效俄罗斯开设移民语言考试的做法并不妥当,现在就设立语言考试时机尚不成熟。新移民对经济的促进作用应该得到更多重视,而语言考试有可能增加入境移民对语言的顾虑和担忧,这会对外来移民心理造成影响。

7.1.27　美督促阿富汗空军提高英语水平[①]

美国空军督促阿富汗空军提高英语水平,其原因有二:一是有利于美国空军及其盟军在军事演习中与阿空军的合作;二是国际民用航空组织(ICAO)的官方语言也是英语。美国空军的一位机械维修顾问表示,阿富汗空军现在的大问题是英语不熟练。阿富汗空军将士主要讲达里语和普什图语。在苏联入侵阿富汗时,一些官兵逐渐学会了俄语。美国空军及其盟军都已经习惯把英语作为一种最基本的航空用语言。国际民用航空组织要求在国际航线飞行的飞行员、与外国人接触的空中交通管制员必须具有娴熟的英语能力。

7.1.28　维和部队在黎巴嫩教意大利语[②]

联合国驻黎巴嫩临时部队一支意大利分队正给黎巴嫩南部地区的士兵开设意大利语课程。根据联合国安理会 1701 号决议,联合国应维持其在黎南部的武装力量,帮助保护黎巴嫩主权不受侵害。临时部队声称该教学项目是意大利维和力量支持黎巴嫩军队的方式之一,同时该语言教学项目还能帮助联合国驻黎巴嫩临时部队与黎巴嫩军队更好地交流和合作,最终可以携手共同保护该地区的安全与稳定。参加意大利语培训课程的所有黎巴嫩军人分成两个班级,每周接受语言专家为时 4 个课时的辅导。该语言培训课程将于 5 月结束。授课地点就设在意大利维和中心的总部大楼里,意大利军官亲自实施监督。

7.1.29　容忍外国人蹩脚阿拉伯语的害处[③]

阿联酋到处都能看到外国人,操着蹩脚的阿拉伯语与人交谈。这些外籍人士的阿拉伯语都带着他们的口音。他们学了一些阿拉伯语词,就随意把它们组合起来,形成一种听起来像是阿拉伯语的新语言。造成这种现象的原因应归咎于阿拉伯人自己。在瑞士,当地人对外籍人士说的瑞士德语并不降低要求,这样迫使在瑞士工作生活的外国人说的当地语言非常标准。而反观在阿联酋工作的外籍人士没有多少人能够用纯正的阿拉伯语交际。本地人在与外籍人士交谈

[①] 摘自英国《简氏防务周刊》2013 年 5 月 10 日报道。
[②] 摘自马来西亚《每日星报》2013 年 1 月 22 日报道。
[③] 摘自阿联酋《国家报》2013 年 9 月 24 日报道。

时,为照顾对方,说的也是一种不规范的阿拉伯语。这对阿拉伯语和想努力掌握阿拉伯语的人都不公平。很多服务人员是外籍劳工,降低语言要求影响很坏,会使阿拉伯儿童从小就接触到一些不纯正的阿拉伯语,进而影响他们的阿拉伯语能力。因此,对带有外国口音的阿拉伯语应零容忍。

7.1.30　吉尔吉斯斯坦与北约联合举办高级军官语言培训[①]

北约中亚联络员率领的代表团 2 月 9 日至 12 日访问吉尔吉斯斯坦,启动为吉方高级军官培训英语的项目。访问期间,代表团还参加了北约为吉方军职人员退役安置和军事技能再培训的毕业典礼。应吉方要求,北约将负责 15 名高级军官的英语培训计划,具体培训工作由位于比什凯克的美国中亚大学负责。该计划旨在提高吉方国防部有效参与北约联合军事行动的能力。自 2009 年以来,北约为吉方军方复员安置和再培训工作提供了智力支持。有 600 多名退役官兵通过北约提供的英语、信息技术和经济学课程培训,就业率达到 65%—70%。

7.1.31　塔吉克斯坦的乌兹别克语教育衰退[②]

居住在塔吉克斯坦西部的乌兹别克族使用本族语言接受教育的机会越来越少了。乌兹别克族是塔吉克斯坦最大的少数民族,约占全国人口的 1/5。5 年前,西部重镇图尔孙扎德的学校 80% 的课程使用乌兹别克语,20% 使用塔吉克语,现在却颠倒了过来。即便使用乌兹别克语作为教学语言,学生们也不得不自行购买相关书籍。在苏联时期,他们的乌兹别克语教材可以由乌兹别克斯坦输送,但如今塔吉克斯坦不希望引进体现邻国意志的乌兹别克语教材。由于塔吉克斯坦缺乏良好的乌兹别克语师资,在某些情况下,乌兹别克族家长更愿意把孩子送到使用塔吉克语或俄语作为教学语言的学校。

7.1.32　以色列出现新的阿拉伯-希伯来语[③]

以色列境内语言丰富多彩,在长期接触过程中逐渐形成了一种新语言。阿拉伯-希伯来语在占以色列总人口 20% 的阿拉伯以色列人中越来越流行。以色列两位语言学家就这种语言出版了新专著。由于生活在以希伯来语为主的社会,阿拉伯人把一些常用的希伯来语词汇融入阿语中。这些词汇主要用于超市购物、医院就医以及搭乘公交等生活场合,如今也出现在网络、电影和电视节目等。如今的阿拉伯人与他人交流,经常穿插使用希伯来语表述,甚至还使用以色

[①] 摘自北大西洋公约组织网站 2014 年 2 月 12 日报道。
[②] 摘自中亚电台 2014 年 6 月 9 日报道。
[③] 摘自意大利安莎通讯社 2013 年 11 月 15 日报道。

列军队的惯用表达。对这种语言融合或杂糅现象,一些阿拉伯以色列人表示不满。

7.1.33 以色列总理和罗马教皇争论耶稣的母语①

罗马教皇弗朗西斯和以色列总理内塔尼亚胡5月26日在耶路撒冷争论2000多年前耶稣所说的语言。在一次教皇访问的公众集会上,为了强调犹太教和基督教的密切联系,内塔尼亚胡称"耶稣就在这块土地上,他说希伯来语"。教皇插话道"是阿拉姆语"。内塔尼亚胡则辩称"他说阿拉姆语,但他懂希伯来语"。中东有关耶稣的语言问题总是很复杂并充满政治意味。耶稣生于现以色列控制的约旦河西岸伯利恒,逝于耶路撒冷。耶路撒冷被犹太教徒、基督徒和穆斯林尊为圣城,以色列人和巴勒斯坦人都宣称对该地拥有主权,并且争论不休。以色列人认为,尽管耶稣说的是阿拉姆语,但现存很多以希伯来语传承的宗教典籍,并且耶稣在以色列地区传教,因此他也应懂希伯来语。

7.1.34 伊朗波斯语组织反对教授少数民族语言②

伊朗波斯语言和文学院的大多数成员日前反对伊朗总统哈桑·鲁哈尼提出在民族学校教授各民族母语的方案。该学院由伊朗政府主管,负责伊朗和其他说波斯语国家波斯语的使用规范。其主要活动是创建并批准外来普通词语及专业术语的波斯语译词,规范波斯语正字法。伊朗法律规定伊朗政府和国有企业的官方交流、私营企业的产品名称等,必须遵循该机构的决议。在近来与伊朗教育部长的会晤时,该组织成员就政府允许教授区域语言一事表达了他们的忧虑,认为这将对波斯语构成严重威胁。他们诉称,北部邻国对伊朗施压,要求使用区域语言教学,是别有用心。2013年6月鲁哈尼总统曾表示他打算遵循伊朗宪法15条,即少数民族有权教授自己的语言。

7.1.35 土耳其人热衷学习阿拉伯语③

土耳其学者10月21表示,目前在土耳其,人们热衷学习阿拉伯语,因为这能让他们更好地理解《古兰经》和伊斯兰价值观。安卡拉加齐大学阿拉伯语系负责人穆萨·耶尔德兹教授在接受科威特新闻社采访时称,土耳其人从伊斯兰征战时就开始与阿拉伯穆斯林接触。土耳其人与阿拉伯人共享相同的社会价值观和道德观,土耳其已融入伊斯兰世界,并成为穆斯林国家的先锋。伊斯兰教在

---

① 摘自英国路透社2014年5月27日报道。
② 摘自阿塞拜疆趋势新闻社2014年1月28日报道。
③ 摘自科威特新闻社2014年10月21日报道。

土耳其的社会转型中发挥了不可替代的作用。在 1928 年转向拉丁字母的书写体系之前,土耳其有很长一段时间采用阿拉伯字母作为记录文字,阿拉伯语对土耳其的语言有着重要影响。目前在土耳其中小学各层次都已将阿拉伯语作为一门选修课程,对于那些希望成为阿訇或进入 1001 所宗教学校学习的学生,阿拉伯语是其必修课程。在高等教育层面,有 2500 名大学生学习阿拉伯语,另有 52 000 名学生在宗教学院学习阿拉伯语。

7.2 美洲

7.2.1 热线电话增加亚洲语言服务受老人欢迎[①]

2004 年,美国全国亚太老龄化研究中心(NAPCA)开设多语服务热线。该热线的工作语言除了英语,还有汉语普通话及广东话、韩(朝)语和越南语。对那些英语能力有限或不会说英语的亚太裔老人而言,他们在获取医疗保健保险、社会福利服务等方面遭遇语言困难。为更好地服务这部分弱势群体,该中心开通了美国唯一一个提供亚洲语言服务的全国免费电话。迄今该热线已接到来自美国各州 10 万个电话,并广受欢迎。据统计,该中心的热线服务人员已经帮助 7000 余名老人重新评估修正其医疗保险及处方药计划,还帮助 1500 名老人申请到低收入群体医疗保险补贴,帮助其减免医疗费用。如今对其他亚洲语言的需求也与日俱增,但该中心声称资金问题是他们提供更多服务的最大障碍。

7.2.2 佐治亚州法语驾照受罚引骚动[②]

最近一封邮件在魁北克到处流传,美国佐治亚州要求行驶在该州路段的司机必须携带英语驾照,否则会被罚款 500 美元。这对那些经常去佛罗里达州过冬的魁北克人来说,无疑是个不利信息。加拿大车辆管理局(CAA)最近收到很多办理国际驾照的申请。该机构工作人员说,邮件内容很可能不是真的。然而佐治亚州要求驾照必须是英语的规定确实存在。2009 年开始,佐治亚州要求所有非英语驾照必须要换成国际驾照。这是美国对驾照有此要求的唯一一个州。美国汽车管理协会(AAA)表示他们正在联系佐治亚州,豁免对魁北克人使用国际驾照的要求。佐治亚州车辆管理部门发言人称目前还没有收到抱怨和投诉,

---

① 摘自美国《新美国媒体》2013 年 4 月 6 日报道。
② 摘自美国哥伦比亚广播公司 2013 年 11 月 16 日报道。

并表示魁北克驾照上的所有信息他都能看懂,所以不成问题。

7.2.3 阿拉斯加同意将原住民语言列为官方语言①

阿拉斯加公布"216法案",将20门原住民语言列为官方语言。支持者声称这项具有很大象征性的法案诠释了平等的含义。该法案也澄清"州政府和市政府在发布公文和档案、举行会议和集会以及其他政务活动中,不强制要求使用除英语外的原住民官方语言中的任何一种"。在1998年的投票选举中,英语被列为该州官方语言。上周州众议院以38∶0的高票通过该法案。支持者从上周日中午开始在美国国会大厦组织15个小时的静坐活动。4月21日,州参议院以18∶2通过该法案。此后法案将移交阿拉斯加州州长签署。若法案得以颁布,阿拉斯加将成为继夏威夷之后,美国历史上把原住民语言列为官方语言的第二州。

7.2.4 美国三个州考虑将英语作为官方语言②

宾夕法尼亚州、纽约州和新泽西州正在考虑今年将英语作为其官方语言。宾夕法尼亚州10月初将举行"HB2132法案"听证会,该法案今年3月提出。如果该法案通过,英语将成为该州官方语言。该州政府所有官方活动文件,包括税收记录、遗嘱、法院文案及执照等都将使用英语。纽约州的"纽约州英语许可法案"也已提交调查委员会和政府运作委员会。去年该法案也曾提交给了相同部门,但没能通过。新泽西州的法案今年1月份再次提交给了参议院和州政府等。2012—2013年一个类似的法案曾经夭折。就美国整个国家而言,有一项最新民意测验显示,83%的美国人支持把英语作为美国国语。

7.2.5 近一成美国学生英语不过关③

身为本土居民的美国学生,居然有9.1%英语不过关。专家认为造成这一现象的根本原因在于学生的家庭语言环境。仅在加州,约有35万美国本土初高中学生在经过7年以上的英语学习后,仍无法流利使用英语;9万名学生连续两年在美国国家英语水平测试中不过关,被认定为"长期英语学习者"。美国教育部统计中心最近公布的数据显示,美国境内长期英语学习者的人数逐年递增。2012年全美超过438万名学生的英语不过关,美国移民研究所2012的数据显示,其中只有4.7%的学生出生在美国境外。之所以还会出现英语仍需努力的美

---

① 摘自美国国家公共电台2014年4月21日报道。
② 摘自美国"华盛顿自由灯塔网"2014年9月16日报道。
③ 综合美国《大西洋月刊》2014年12月24日、《洛杉矶时报》2014年12月17日报道。

国本土居民,是因为一些地区移民人口持续增长,而当地教师并不具有理解移民家庭语言文化的能力,未能做好跨语言的引导措施。

7.2.6 语言障碍危害亚裔美籍人的医疗保险[①]

美国奥巴马政府推行的医疗改革,亟需得到民众的支持,尤其是英语不是母语的外来移民。由于新发布的医疗保险条款使用的语言主要是英语和西班牙语,一些说其他语言的移民在网上注册登记时会遇到语言障碍。左翼智库"美国进步中心"(the Center for American Progress)9月发布的报告显示,35%的亚裔美籍人的英语能力有限,他们难以有效参与社会活动。这一语言问题自去年就引起奥巴马政府的关注。数以千万计的亚裔美籍人由于医保原始申请资料得不到确认,必须更新公民身份证明,否则可能危及医保补贴的发放。许多移民因不能很好用英语表达,也看不懂政府寄发的文件,致使其医疗保险面临威胁。

7.2.7 西班牙语奥巴马医改市场障碍重重[②]

奥巴马政府目前正在吸引拉丁美洲裔美国人参加医疗保障法案(ACA)市场,举办宣传活动,并发行西班牙语版本的广告。所有这些都是为了保障本国没有医疗保险的最大群体的利益。但是,登记过程中困难重重,尤其是针对那些根本不会说英语的个人。医疗补助计划网络在提供很多潜在客户信息的母语版本时,继续遭遇失败。导航器不仅需要为非个人门户网站提供客户私人信息,而且要提交通常令人困惑的外语版本私人信息。西班牙语版本的网站总是出小故障,并且充满翻译和语法错误。但是,联邦政府少数民族健康办公室的负责人表示这个网站已经运作,人们也正在使用中。在美国超过一千万的拉美裔是合法公民,而且有医保的资格,但是他们中很多人却不愿意签署奥巴马医改计划。其中原因与语言障碍关系不大。该负责人表明很多人不愿意签是因为他们有非法入境的亲戚,他们害怕会暴露家庭成员的身份。

7.2.8 魁北克一家连锁店因餐具语言标识而被警告[③]

加拿大魁北克的语言警察发表声明,声称他们没有禁止当地一家冷饮连锁店使用塑料汤匙,只是根据市民举报,对该商家的某类产品依法实施调查。总部位于美国加州的冰激凌连锁经销商 Menchie 的蒙特利尔加盟店近日受到魁北克法语办公室的调查,据称一些法语极端分子发现店内的汤匙上印有英语标识,并

---

① 摘自美国《华盛顿邮报》2014年10月16日报道。
② 摘自 www.latinpost.com 网站 2014年1月24日报道。
③ 摘自加拿大"加拿大电视台"2013年6月21日报道。

向该组织机构投诉。据说当地法语管理机构的监察人员来到店中,勒令店员清除印有英语标识的汤匙。店长甚至不得不让店员到附近的沃尔玛超市购买新的汤匙,以执行语言警察的指令。这个语言监察管理机构,由于强力执行该省的语言法案而备受争议。该机构表示他们将采用更为柔和的处理方式。

7.2.9 语言障碍可能危害新移民学生的性健康[①]

加拿大不列颠哥伦比亚大学护理学院最近的一项研究发现,语言障碍可能威胁加拿大青少年移民的性健康。该调查的研究对象为七年级到十二年级的4500名东亚学生。研究结果表明,约有一半来自中国、韩国和日本的青少年刚到加拿大时,他们在家说的是其母语,英语使用较少导致英语语言能力较差,在学校上性健康课时,由于语言障碍常常错失很多重要信息。东亚国家的民族文化特质等,使得来自这些国家的移民对性话题避而不谈。这些家长自身在母国大多也缺乏正规的性健康教育。性学专家建议青少年诊所以及社区组织有必要为这部分群体补习性教育,防止高风险的性行为发生。

7.2.10 巴西24小时免费电话翻译服务助力世界杯[②]

世界杯期间,只说葡萄牙语而很少有人懂得其他语言的巴西将迎来60万外籍人士。韩国公益组织BBB(Before、Babel、Brigade)发起的"里约朋友"(Rio Amigo)翻译服务项目将于6月10日至7月25日,通过电话为需要语言帮助的外籍人士提供英语、西班牙语、法语、德语、意大利语、俄语和韩语等的免费翻译服务。该机构首创于2002年韩日合办世界杯期间。设置之初是试图为身处日本、韩国和巴西等外语人才紧缺国家中的外籍人士提供语言帮助。截至目前,该机构已由12年前2000名志愿者发展到4500名,由当时的7种语言翻译服务拓展到19种语言的翻译服务,每天处理约700个求助电话。

7.3 欧洲

7.3.1 欧盟医生面临英语测试[③]

在英国工作的一些来自欧盟成员国的医生,由于英语水平有限,使很多病人接受的医疗服务质量大打折扣。一桩典型的医疗事故是,在2008年,一位德国

---

① 摘自加拿大广播公司2013年7月17日报道。
② 摘自美联社2014年6月11日报道。
③ 摘自英国《每日邮报》2013年9月7日报道。

医生因弄混两种不同的药品,致使一名英国病人丧命。病患家属对英语有问题的外国医生进行投诉。在接到投诉后,英国卫生委员会立即展开调查。在调查确认后,英国政府出台提案立法。根据新通过的立法,英国卫生委员会有权对来自欧盟成员国的医生的英语水平进行测试,以确保病患安全。1983年以来,根据欧盟法律,欧盟成员国执业医生到英国工作无须任何测试,包括语言能力。目前约有 25 000 名欧盟成员国医生在英工作,但从来没有进行过英语测试。

7.3.2 学英语,减少翻译费用[①]

英国正在着手解决移民不能说流利英语的问题。英国国家统计局最近的统计数据表明,现在英格兰和威尔士常住居民中有 500 万人,他们的主要语言不是英语。将近13.8万名新移民根本就不会说英语。英国副首相尼克·克莱格 3 月 22 日声称,英国政府当前为这一群体支出了数千万英镑,以提供必要的翻译支持服务和翻译材料,例如为不懂英语的患者提供就医翻译服务,帮助新移民子女入学接受教育。克莱格同时表示,移民必须努力学好英语。这样,从长远来看,他们就不需要接受翻译服务,从而能够节省纳税人的花费。

7.3.3 英国取消外语驾照考试[②]

英国将于 2 月禁止移民用印地语、古吉拉特语、旁遮普语、孟加拉语、克什米尔语、乌尔都语和其他 12 种语言进行驾照考试。政府官员发现,口译人员会把驾驶理论和实际操作的答案透露给不会说英语的考生。自 2009 年以来,交通部已经撤消了 850 多个驾照,取消了 9 名口译人员的工作资格。英国的驾照考试相对宽松。考生可以申请用 19 种外语进行交规笔试,在路考的实践操作过程中考生还能得到口译人员的帮助。有政府官员认为,如果驾驶员不懂英语,不知道道路标志和规则,就将存在安全隐患。目前每周有 675 名考生在路考时需要借助口译人员的帮助,有 2100 名考生依靠口译人员完成交规考试。

7.3.4 英国地区手语方言正在衰退[③]

一些地区英语方言的衰退已经被人们哀悼了好些年,然而如今手语也在遭受同样的经历。一些耳聋患者承认手语方言能够帮助他们了解别人想要传达的意思,研究者们也发现通过不同的手语方言可以判断出使用者来自国内的哪些地区。但是英国伦敦大学的耳聋认知和语言研究中心的研究者们却表示手语方

---

① 摘自印度《印度时报》2013 年 3 月 23 日报道。
② 摘自印度新德里电视台 2013 年 1 月 20 日报道。
③ 摘自英国广播公司 2014 年 4 月 23 日报道。

言依然存在，但是使用的情况已经大不如从前。原因有很多，其中包括更加规范的手语教学，一些聋哑学校的关闭、电视和网络的影响以及一些人群移民国外等。研究者们拍摄了近250名来自英国8个城市的聋哑人使用手语的场景。他们用手语表达了不同的含义，如颜色、国家、英国地名以及1—20的数词。研究发现不同年龄层人群使用手语的情况正在发生剧变，而年轻人放弃了年长者依然在使用的传统地区手语。尽管地区手语方言正在衰退，但是专家表示并没有一种手语方言占据主导地位。

7.3.5　英国结束免费的移民翻译服务[①]

英国副首相尼克·克莱格通知护照办公室和交通管理局停止提供翻译服务，英国纳税人将不再为不谙英语的移民申请驾照和护照时买单。克莱格认为英语是英国社会的黏合剂，有利于社区及族群的融合，以及个人表达自己的观点，英国政府为此将削减用于提供翻译服务的补贴。护照和驾照申请者必须能够说英语，每一个想在英国定居的外来者都应该会说英语。有关签证申请的语言测试也已经开始加强。克莱格昨天用此番说辞来强调"没有漏洞的合理控制"以及"边境检查"是英国移民体系的重点。他认为政府不应为移民数量困扰。英国托利派指责克莱格的措施会减少前往英国的移民人数。

7.3.6　不会说英语的医护人员被要求学习英语课程[②]

英格兰近1/3的医院开始送其外国员工进修英语课程。有些医院的一次性支出甚至达到约两千英镑。据今年早期的报道，11%的英国国家医疗服务系统（NHS）的员工不是英国人，他们来自两百多个国家和地区。今年夏天，英国首先将对来自欧洲的医生进行语言审查。如果怀疑这些医生缺乏与病人交流的能力，英国医学总会（GMC）可要求对其实施英语测试。目前GMC只被授权测试欧盟以外医生的语言水平，1983年后，对欧盟医生的语言水平测试已被禁止。据今年晚些时候将要公布的新条例，如果一位医生缺乏英语交流能力将被视为"不合格"。如果某位医生因交流不畅被投诉，将会被强制进行英语能力测试。如果认定医生不具备安全行医的英语能力，GMC可让医生无限期停职。

7.3.7　英国难民语言检测系统遭最高法院谴责[③]

两名自称来自索马里向苏格兰申请避难的难民，被瑞典Sprakab公司的语

[①] 摘自英国《每日邮报》2014年8月6日报道。
[②] 摘自英国《每日邮报》2014年3月27日报道。
[③] 摘自英国《格拉斯哥先驱报》2014年5月22日报道。

言分析报告认定他们来自肯尼亚。这两名申请者由此惹上了麻烦,他们上诉至最高法院。最高法院最近裁决,将其中一份申请发回重新审核,另一位申请人获准避难。最高法院对颇具争议的难民语言检测系统提出批评。很多民众担心被怀疑为难民而被错误驱逐。由英国最资深的法官组成的5人陪审团发现,内政部在使用这种难民语言分析报告时,犯下了严重错误。此举可能导致数以百计的案件需重审。目前 Sprakab 公司尚无回应。内政部认为语言分析是辨别避难者身份的重要工具,最高法院的裁决令人失望。内政部还表示这不会影响对其他案件的处理,他们继续信任 Sprakab 公司。

7.3.8 威尔士语规范出炉[①]

威尔士政府出版了一些公共机构必须遵从的威尔士语规范。这些规范预计将于今年秋天开始实施,但是语言运动家称这些规范还需要完善。这些规范将适用于威尔士政府、委员会和国家公园,并且威尔士语在双语标识中享有优先权。威尔士语理事将评估公共机构如何实施这些语言规范,她去年就起草了最初的规范,但是遭到了威尔士政府的反对,如今后者发布了自己的语言规范。本周一,首席大臣卡文·琼斯表示,出版这些规范是为市民提高语言服务的一个重要步骤。在一段时间的咨询之后,这些规范将于今年11月变成法律条文。但是,威尔士语运动组织呼吁政府加强并改善这些规范。

7.3.9 威尔士语积极分子封锁了政府大楼[②]

昨天威尔士语积极分子在威尔士政府举行了静坐抗议活动。威尔士社团的6名成员象征性地封锁了政府大楼的主要入口近3个小时。他们在早上8点左右突然到来,并在正午之前自动离开。根据去年的人口普查结果,威尔士语在其中心地带正在衰退,因此他们举行运动以此号召政府立即采取行动,而此次只是他们进一步的行动。本周四,该社团的领导人被逮捕,罪名是在政府办公室喷漆涂写威尔士语。对此,社团的发言人表示,他们已经受够了等待政府对于去年人口普查的回应,正是政府的不作为导致了此次政治危机。他们希望政府采取6点救援计划,其中包括对所有学生进行威尔士语教育,增加对威尔士语方案和保护该语言社区规划系统的资助。

---

① 摘自英国广播公司2014年1月6日报道。
② 摘自英国"晨星在线"2014年4月26日报道。

7.3.10 爱尔兰母语学习或因移动应用程序而成功[①]

历届爱尔兰政府都鼓励更多的人说爱尔兰语,但多以失败告终,借助科技手段或许能将这一切改善。苹果软件市场 2013 年推出的一款应用程序"多灵格",最近启动了一个免费爱尔兰语学习课程。据称目前已有 14.3 万人下载并使用了该程序。2011 年人口普查发现,尽管该国约有 177 万人说爱尔兰语,只有 1.8%的人会在日常生活中说这种语言。据应用程序提供商介绍,该免费课程的用户约 64%在美国,爱尔兰和英国用户各占 9%,其余分布在加拿大和澳大利亚等地。34 学时的"多灵格"课程相当于大学一个学期的量。该公司称并不期望爱尔兰语课程的引入能为其经济收益带来多大帮助。

7.3.11 因爱尔兰语问题游行示威[②]

2 月 15 日,成千上万爱尔兰人聚集在都柏林帕内尔广场,并向爱尔兰下议院行军。游行途中,他们高呼"没有语言的国家是个没有灵魂的国家"。此次活动是盖尔语联盟组织的。事件起因是政府未能提升爱尔兰语的服务,语言专员萨恩·奥居利安提出辞职。盖尔语联盟秘书长朱里安·德·斯佩恩表示:"此次游行是向政府表明,说爱尔兰语的社团受够了'二等公民'的待遇。政府提供的服务应该像目前使用英语的人一样,也以爱尔兰语方式实现。"一位爱尔兰国立大学的学生也表示她之所以出现在游行现场,是因为她不满意政府保护爱尔兰语方面的工作及成效。另一位来自梅奥郡的妇女抱怨说,当她用爱尔兰语向当地医疗服务机构写信求助时,得到的总是英语回复。

7.3.12 爱尔兰语街道标识调查受质疑[③]

因为街道标识的语言问题,贝尔法斯特市议会可能惹上高等法院的麻烦。针对该市西区道路标牌是否需要使用双语,市议会进行了一项抽样调查,如果 2/3 的民众同意某种方案,则以此作为决策依据。据调查,92 个受访者中有 52 人希望标牌中有爱尔兰语,1 人反对,另有 39 人对此没有回应。在官方进行统计时,这 39 人被计入反对双语标牌者之列,从而使希望出现爱尔兰语标牌的人不到法定人数,致使爱尔兰语可能无缘出现在标牌上。一些市民对官方的这一统计算法表示不满,并指出贝尔法斯特市议会没有遵循《欧洲区域或少数民族语言宪章》。3 月 31 日,高等法院接受民众诉求并举办了法庭的初步听证会。

---

① 摘自爱尔兰《爱尔兰时报》2014 年 11 月 27 日报道。
② 摘自爱尔兰《独立报》2014 年 2 月 16 日报道。
③ 摘自英国《每日电讯报》2014 年 3 月 31 日报道。

7.3.13　法国抵制在广播电视上过度使用英语[①]

为了抵制英语的入侵,保卫法语,法国广播电视监管机构近日召开会议,商讨如何在法国的广播电视上遏制出现日益增多的英语词汇。这是法国有史以来第一次召开类似会议。与会代表包括语言学家及广播电视传媒机构的负责人。随着电视的问世和普及,越来越多的美国电视剧、娱乐节目和电影传遍全世界,受到众多时尚青年的追捧。法国在引进英美节目时,几乎从不把英语名称译成法语,这严重影响了法语的纯洁性,引起了社会各界的忧虑。法国广播电视监管机构负责人表示,此次会议除了对破坏法语纯洁性的法国广电机构实施惩罚措施;更重要的是,在保卫及推广法语方面,增强其自觉性,让各大媒体机构明确牢记自己应承担的社会责任。

7.3.14　法国抗议关闭巴斯克语学校[②]

法国南部与西班牙接壤的巴斯克地区西布勒镇约5000人举行游行示威,抗议关闭一所为当地儿童学习巴斯克语而开设的学校。尽管一些地方政府容忍少数族裔在小学阶段使用母语教育,但在法国政府层面这是严令禁止的。一些示威者甚至是自西班牙跨境而来。由于房屋租赁到期,一所巴斯克语学校不得不暂借地方议会的房子,最近镇长要求学校搬迁,并断水断电。由于国家不支持少数民族语言教学,私立学校得不到国家财政资助。尽管如此,法国还是有31所私立巴斯克语学校。2011年的调查发现,法国巴斯克地区16岁以上能说当地语言的人数从1996年的27%下降到22%。而西班牙巴斯克地区,在弗朗哥政权倒台之后,巴斯克语成为当地官方语言之一,使用人数也有增长。

7.3.15　西班牙英语水平堪忧[③]

本周对于西班牙9岁儿童来说是开学的日子。他们将要学习一门新的语言——英语。西班牙人在外语学习上的表现在欧洲一直处于"后进"行列。10年前,西班牙开始推行高强度的英语学习,并开设双语学校。经过10年发展和一次严重的经济危机,越来越多的西班牙父母意识到孩子的英语水平与其今后的前程密切相关。专家却表示,对一些家庭来说,教授英语坏处多于好处。高强度的英语浸入式教育致使学生的综合成绩下降。双语体系规定学生每星期上课必须使用11个小时英语。然而欧盟委员会最近的调查显示,截至2006年,56%

[①] 摘自英国《电讯报》2013年12月9日报道。
[②] 摘自法国国际广播电台2014年11月9日报道。
[③] 摘自法新社2014年9月10日报道。

的西班牙人不会说外语。虽然2004年以来西班牙英语教师的能力大大提升,但在流利程度和词汇量的掌握上仍有欠缺,影响了教学质量。父母没有接受过高等教育的学生,其英语的学习效果则更差。

7.3.16 西裔犹太人可获双重公民身份[1]

西班牙内阁6月6日批准一项议案,那些在几个世纪之前被驱逐的犹太人后裔有望重获西班牙公民身份。有意申请西班牙公民者需出具其与西班牙具有渊源关系的证明,并参加西班牙语的语言文化测试。测试题由塞万提斯学院负责研制,该学院肩负西班牙语的海外推广工作。1492年西班牙曾经实施宗教清洗运动,强迫犹太教徒改信天主教,将大量不改变信仰的犹太人驱逐出境。西班牙现政府已经承认这一事件是个历史错误,并试图推出新法予以弥补。新法案允许新移民保留原所居国的公民身份,但目前仅针对拉丁美洲移民。据估计,当前原居西班牙的犹太人后裔约占全球1300万犹太人的1/5—1/3,其中约有几十万人居住在法国,大多已经取得欧盟护照。最大的西班牙裔犹太人社区在以色列,几乎占当地600万犹太人的一半。

7.3.17 德国外国医生有语言障碍[2]

随着大批本地医生的退休,德国越来越依靠外国医生填补医疗系统的人事缺口。但这同时也带来语言障碍问题,不仅使医患关系变得紧张复杂,更可能带来严重医疗事故。德国政府和行业组织正在推动对外来医生适用的德语测试,不但确保他们专业技术水平高超,还要求他们能用德语与病人交谈。德国曾通过简化移民认证程序,吸引更多的外国医生。但批评者称德国绝大多数州的语言要求不足以保证外国医生与病人的交流顺畅。据德国医师协会统计,2007年外国医生只有5%,2012年已增至15%。希腊、罗马尼亚和波兰的一些医生正在德国乡镇工作。最近德国国内已出现了病人因为语言障碍控告医生的案例。

7.3.18 德国移民在家须说德语引不满[3]

德国基督教社会联盟党(以下简称基社盟)拟联合政府出台新政策,要求在德国生活的移民在家讲德语。此消息一出立即引发争议。近年来,德国的移民人数日益上升,波兰、罗马尼亚和保加利亚等东欧国家大量移民涌入德国,而德国还有一批叙利亚难民。基社盟是德国总理默克尔所在保守党的一大盟友。近

---

[1] 摘自美联社2014年6月6日报道。
[2] 摘自德国《医学快讯》2014年1月24日报道。
[3] 摘自英国路透社2014年12月7日报道。

日,有消息曝出基社盟正联合政府起草新移民政策,内容为"如果外来移民想要以常住居民身份留居德国,就有义务在公共场合和家中说德语"。预计该政策或将于12月8日通过。这一政策引起许多人的不满,就连基社盟内部人士也颇有微词。面临人口老龄化和出生率低的问题,德国需要更多移民来缓解人口压力,但移民问题将冲击原有福利体系,德国人对此喜忧参半。

7.3.19 德国考虑是否继续将德语作为移民配偶入境签证条件[①]

德国不久前拒签一名试图赴德与其配偶团聚的土耳其妇女的入境申请,因为她不会说德语。该女子的丈夫是名商人,1998年以来就一直在德国。7月10日,欧盟法院裁决:德国不得把土耳其移民配偶是否掌握基础德语作为颁发签证的先决条件。2007年以来,德国政府要求非欧盟国家的长期移民,其配偶申请到德国团聚时,必须通过德语测试才允许入境。柏林称此举能够杜绝买卖婚姻,帮助移民尽快融入德国社会。欧盟法院的判决是依据20世纪70年代签署的欧盟-土耳其协定。德国内政部表示将慎重考虑欧洲法院的裁决,但强调这只作为个案,来自其他国家的移民配偶仍需要证明其德语水平。

7.3.20 瑞士的外国人需要语言护照[②]

如果瑞士议会通过一项新的整合法令,那些寻求在瑞士长期居留的外国人可能需要获得所谓的"语言护照"。这份护照将标识持有者的语言技能。只有那些语言交流能力达到C证水平的申请者,才有可能获准在瑞士无限期居留。瑞士移民局外籍人士归化管理处负责人证实,该语言护照最早将在2015年推出。目前尚不清楚申请者需要具有哪些语言技能才能获得C证,当前这种证书只颁给在瑞士居留时间超过5年的外籍人士。具备瑞士国语知识已经成为外籍人士入籍的必备条件。移民管理部门希望引入欧洲语言共同参考框架作为语言能力测试依据,并称所提语言要求主要是希望外来者能尽快融入当地人的生活。残疾人和文盲将获得豁免。

7.3.21 瑞士征集新国歌[③]

瑞士现在的国歌经常受到批评,有的吐槽它太过庄重,有的抱怨歌词难记。瑞士公益协会近日组织选拔新国歌的比赛。新国歌的歌词必须体现瑞士宪法"民主、多元、自由、和平和团结"的精神,歌词可使用4种官方语言中的任一种,

---

[①] 摘自美联社2014年7月10日报道。
[②] 摘自瑞士"瑞士新闻网"2013年12月15日报道。
[③] 摘自英国路透社2014年7月8日报道。

旋律可与现行国歌相似。在已提交的208首参赛国歌中,有129首歌词为德语,60首为法语,7首为意大利语,还有10首是以瑞士东南部的少数族群语言罗曼什语写成。新国歌的遴选程序极其严格。评审委员会由社会各界知名人士组成,负责初步筛出10首最佳歌曲,明年发布到互联网上,公众再投票选出前3名。胜出的3首歌在明年9月的音乐节上演唱,再由现场观众和电视观众票选出冠军。瑞士更改国歌并非第一次,当前国歌是1981年确定的。

7.3.22 土耳其家庭不学德语可能就少补贴[①]

一个居住在德国的土耳其女子,K女士,因为她的丈夫拒绝让她接受德语课程,原本她该有的社会福利被削减了。法庭目前必须决定是否可以强迫移民学习德语并接受西方的习俗。K女士20多年前跟随丈夫来到德国寻求政治避难。作为一家之长,K女士的丈夫曾经营一家餐馆。在餐馆生意失败之后,由于缺乏德语技能,他始终未能如愿找到工作;加上疾病缠身,他最终拒绝工作并举家依靠社会福利度日。德国政府部门为其妻K女士介绍工作,但要求她接受德语培训,以适应新工作。K先生以她需要照顾家庭没有时间为由拒绝妻子参加德语课程。地方政府削减了K女士的社会福利。他向地方法院要求补齐扣发的社会福利。土耳其移民不愿学习德语融入社会的问题一直是个热点话题。

7.3.23 缺少荷兰语知识可能会丧失社会救济金[②]

根据荷兰最近颁布的一项法令,公民接受社会救济金一年后,如果不会说基本的荷兰语,而且拒绝学习荷兰语,那么他们就有丧失救济金的风险。早前荷兰政府曾表示如果那些不符合领失业津贴或无能力津贴的人群想要领取救济金,那么他们就应该会说基本的荷兰语。目前该国有数百人连一个荷兰语单词都不会说,而且他们索要救济金,政府想要改变这种状况。这项新的法令建议将那些荷兰语水平差和此前没有学习荷兰语的人群的救济金减少1/5。如果半年后他们仍然没有开始学习荷兰语,那么他们的救济金就会被缩减至40%;如果一年后还是不会说荷兰语,那么这些人将失去所有救济金。官方认为符合领取救济金的荷兰语水平为能够就日常事务进行简单对话。人们在申请救济金时不需要参加语言测试,他们必须与当地市政局进行收纳面谈。如果面谈官员对申请人的语言水平和学习意愿存在疑义,那么他们可以考虑减少其救济金的1/5。这项

---

① 摘自德国《镜报》2013年9月24日报道。
② 摘自www.iamexpat.nl网站2014年4月22报道。

法令将不仅适用于来自欧盟或其他国家的移民,理论上也将适用于那些只说一门荷兰语方言的人群。如果该国国会同意,那么这项法令将在明年开始生效。

7.3.24 瑞典拒绝谷歌干涉词典用法[①]

承担"改善瑞典语言"重任的瑞典语言委员会最近作出决定,将 ogooglebar(英译为 ungoogleable,意为"搜索不到的")一词从新版瑞典语词典删除。瑞典语言委员会负责跟踪观察瑞典语口语和书面语的发展变化。去年,该委员会曾将 ogooglebar 一词收录新词表,并将其定义为"无法通过搜索引擎在网络上搜索到的内容"。但该词条遭到谷歌公司的抗议,谷歌要求委员会将该词定义修改为"无法通过谷歌搜索引擎搜索到的内容"。瑞典语言委员会拒绝该要求,并将该词从新词表中删除。瑞典语言委员会声称此举表明他们不会屈服于外界压力,并对谷歌干涉瑞典语言的使用表示不满。"是民众的使用赋予词语的意义,而不是某个公司。语言必须自由。"他们这样表示。

7.3.25 挪威公民归化测试的语言受批评[②]

挪威政府要求所有移民必须证明已拥有基本的挪威语技能证书,并通过公民考试,方能成为挪威公民。这一公民法修正条例已发出征询意见稿。然而这一提议曾受到挪威反对党和一些组织机构的批评。近日这一批评由于语言学家的加入更受关注。挪威语言学家近日在接受国家广播公司 NRK 采访时,表示这一社会化考试名声不佳。语言学教授芬恩-埃里克·温耶在审核考试内容时,令人吃惊地发现其中有语法错误和一些不合适的语言表述。有鉴于此,专家表示在这样一种严肃的公民归化考试中,对于那些想要了解挪威社会的外来者,语言的典范性应是基本要求,而试卷本身出现语言问题,实在是一种讽刺。

7.3.26 芬兰90%的增长人口说外语[③]

根据芬兰政府公布的最新数据,2013 年底,芬兰全国总人口为 5 451 270,比 2012 年增加 24 596,其中 2514 人的母语是芬兰语。母语为芬兰语、瑞典语或萨米语之外的人数增加 22 119,占人口增长总数的 90%。各大城市中赫尔辛基市人口增长最多(8696),紧随其后的是埃斯波市(3929)和坦佩雷市(3025)。沙罗市人口增长最少(380)。卡里约基和基维耶尔维等地人口减少最多,都超过 3.4%。2014 年 3 月底,芬兰说外语的人数预计将超过说瑞典语的人数。截至

---

① 摘自英国《独立报》2013 年 3 月 26 日报道。
② 摘自挪威 Nordic Page 网站 2014 年 2 月 25 日报道。
③ 摘自芬兰"芬兰时事新闻网"2014 年 3 月 24 日报道。

2013年底,母语是瑞典语的芬兰人口为290 910,说外语的人数已达到289 068。在说外语的人口中,说俄语者最多(66 379),随后是爱沙尼亚语(42 936)、索马里语(15 789)、英语(15 570)和阿拉伯语(13 170)。

7.3.27 俄罗斯社交网络和论坛禁止脏话[①]

针对2012年的《保护儿童免受不良信息危害法》,俄罗斯国家杜马副主席兼任俄罗斯家庭、妇女和儿童委员会女主席叶莲娜·米祖丽娜提出一项法案修正案,禁止在社交网络和各种论坛上使用脏话并严惩违反者。她提议如果某一网页包含脏话并在24小时之内没有删除,该网页将被屏蔽。此项法律要求书籍、音乐会和电视节目及网站,都应标识受众的年龄限制。法律界人士对国家杜马的新议案做出了积极回应。他们认为在社交网络和论坛上禁止脏话不仅必要而且及时。禁止脏话不仅没有侵犯人权,还有利于健康文明生活方式的养成。

7.3.28 保护俄语的法案充斥语言错误[②]

近日,两个俄国国会议员在其提交的有关保护俄语的法案中充斥着语言错误,一时成为笑柄,进而引发其政党领袖对议员的批评。该法案由自由民主党的两位议员撰写,试图建议禁止国内工作场合使用除俄语或官方认定的少数民族语言之外的其他语言。该法案虽然只有7页,但是语法错误却超过12个。错误类型包括词性不一致、动词词形变化错误、语法形式变形错误及标点误用等。这些都是俄语老师在学校里告诫学生不要犯的错误。具有讽刺意味的是,该法案主题居然是保护俄语的使用。目前这一事件已成笑谈。反对者认为法案提出者放大了最近移民工人不识俄语造成困扰的热点事件,具有民粹主义倾向,歧视移民工人。自由民主党负责人则忙着撇清与这份法案的关系。

7.3.29 俄罗斯公民资格语言测试将包括"口译隐含意思"[③]

根据俄罗斯一家新闻社的报道,面向外国人的俄罗斯公民资格语言测试将包括"口译隐含意思""抽象哲学"和"艺术文本"。如果考试失败,考生将得等一年才能重考。早前普京总统曾签署一项法律,简化了苏联成员国公民申请俄罗斯公民资格的程序,但是他们必须得说一口流利的俄语。那些亲戚居住在或曾经居住在苏联领土或俄罗斯帝国的考生不需要参加该测试。一个专门委员会将会决定考生是否能用俄语口译不同的主题,其中包括"侧重于职业方面"的主题。

[①] 摘自俄罗斯《真理报》2013年7月26日报道。
[②] 摘自印度"俄印报道"2013年12月18日报道。
[③] 摘自俄罗斯《莫斯科时报》2014年4月23报道。

考生还必须理解"收音机和电视广播以及电影""一位说话者的社会,文化和情感特点"以及"口译流行表达和隐含意思"。

7.3.30　俄罗斯向文艺作品中的粗俗语言宣战[①]

俄罗斯发布有关禁止在电影、戏剧及出版物等传媒物上出现脏话的禁令,有批评者指称这是对言论自由的干涉。今年5月,俄罗斯已通过立法,禁止带有不雅语言的电影上市流通;而类似的书刊将采用特殊的密封包装并张贴警示标识;带脏话的剧作不得公演,否则将科以5万卢布的罚款。据《消息报》透露,俄罗斯已斥资2500万卢布,开发出一种能够侦测有害语言使用的计算机程序,用来帮助警方在互联网上监控网络社交媒体上的粗俗语言。克里姆林宫官方网站宣布此举是为了保护俄罗斯语言文化的正确发展,但批评家表示这让人不禁联想到苏联时期的文字审查,将对言论自由形成巨大威胁。

7.3.31　俄罗斯保护乌克兰讲俄语居民的权利[②]

俄罗斯总统普京表示将切实保护乌克兰境内讲俄语居民的权利。在与奥地利总统会谈后召开的新闻发布会上,普京声称"俄罗斯将保护乌克兰的俄罗斯族,以及对俄罗斯语言文化有深厚感情的乌克兰人",并表示对目前乌克兰局势"不仅会密切关注,还将做出相应的反应,但希望不必为此动用武装力量"。他特别呼吁乌克兰在和平进程中能够更多顾及该国东部俄语区居民的权利。3月以来,乌克兰东部地区经常举行抗议活动。活动参与者不承认乌克兰新政府的合法性,并要求实施国家联邦化。乌克兰政府自4月中旬起开始在乌克兰东部发起特别军事行动。莫斯科要求乌克兰立即停止对东部俄语区的讨伐行动。

7.3.32　拉脱维亚考虑建立俄语电视台[③]

俄罗斯国家电视台3月在报道乌克兰局势时传达了一个观点,即俄总统普京"有权对乌克兰动用武力以保护俄语民众"。这类报道被波罗的海国家认为是在"为侵略一个主权国家辩护"。拉脱维亚和立陶宛已经暂停对俄罗斯国家电视台的信号转播,但拉脱维亚正在考虑建立一个覆盖波罗的海国家的俄语新频道。文化部长乌尔维对此表示支持。她指出封杀一家电台不会起多大作用,相反,为人民提供真实可靠的全面信息更重要,这是她考虑新设立俄语频道的初衷,同时她也认为建立新频道需要调用更多资源。拉脱维亚电视台督导伊瓦斯表示他们

[①] 摘自英国路透社2014年7月2日报道。
[②] 摘自俄新网2014年6月25日报道。
[③] 摘自爱沙尼亚公共广播2014年4月8日报道。

有意设立新的俄语频道,但必须经过部长级会议讨论通过。乌尔维称尚未收到相关提案,她将在未来几天决定是否就此事联系拉脱维亚电视台。

7.3.33　拉脱维亚政府聘用语言督导[①]

拉脱维亚司法部计划聘请一批公共服务志愿者来帮助那些不会说拉脱维亚语的民众。这些志愿者被称为"语言督导"。督导人员的遴选将通过严格的拉脱维亚语技能和行政执法能力测试程序。拉脱维亚司法部长拉斯纳恰斯称"我们正在谈论的是国语保护问题。这是一个国家的象征,在这点上没有商榷的余地"。他同时表示这批志愿者与苏联的"志愿者督察"没有相似之处。拉脱维亚语是该国唯一国语,俄语人口约占全国人口40%,但被当作是一门外语。此前拉脱维亚国家语言中心曾建议,在职场及公共场合只使用拉脱维亚语。俄罗斯外交部对此反应强烈,称尽管这只是一个建议,尚不具有强制力,但已反映出拉脱维亚政府对尚未赋予公民权的国民的一种歧视。

7.3.34　亚美尼亚的俄语学校引关注[②]

9月,亚美尼亚总统萨尔基相宣布该国加入关税联盟,这引发亚美尼亚人猜测莫斯科将在该国大力传播俄语。很多人认为俄语复兴将对亚美尼亚语造成威胁,进而影响该国民众对国家身份的认同。俄语是关税联盟的官方语言,俄罗斯领导人也多次表达想在亚美尼亚境内推广俄语的意图。俄罗斯总统普京就提议在亚美尼亚开办俄语学会,设立莫斯科大学分部。9月上旬,亚美尼亚首都埃里温曾召开"俄语作为创造和推动欧亚联盟文明发展的基础"圆桌会议,各方代表表示俄语是有关经济和安全的语言,有必要在亚美尼亚加强俄语地位。

7.3.35　爱沙尼亚俄语老师官方语言不流利受罚[③]

爱沙尼亚官方语言是爱沙尼亚语。近日该国官方语言监察机构对77名本国俄语老师做出罚款决定,因为这些老师官方语言不流利。该机构去年曾称在全国俄语学校和幼儿园的1500名俄语老师中只有230人熟练掌握爱沙尼亚语。该机构还公布了74名官方语言不熟练的俄语老师姓名,其中48人被罚3600欧元,其他26人暂缓处罚,将视其官方语言的改善情况再做决定。针对以前被抽检的老师,该机构又对其语言的改善情况再次做出检查,发现有681名老师未能达到整改令的要求,其中29名老师再次被罚2400欧元。

[①] 摘自俄罗斯卫星网2014年2月13日报道。
[②] 摘自亚美尼亚"今日亚美尼亚网"2013年10月18日报道。
[③] 摘自俄罗斯法律与司法新闻通讯社(RAPSI)2013年4月15日报道。

7.3.36 摩尔多瓦只用罗马尼亚语训练警犬[①]

摩尔多瓦共和国政府要求该国警方只使用罗马尼亚语向警犬发布指令。这一决定是根据摩尔多瓦和罗马尼亚两国内务部合作协议做出的。当前,摩尔多瓦共和国训练警犬所用的语言有罗马尼亚语、俄语和法语。有关专家对统一训练语言的决定表示赞赏,同时指出这种训练方式仅适用于新一代警犬,因为犬类的神经系统在一周岁之前就已得到强化。一旦用一种语言接受训练,就不再接受用其他语言发出的指令。专家同时还指出,目前最大的问题是没有专门用于警犬训练的罗马尼亚语大纲,而依靠自己的力量来编写大纲尚有很大难度。

7.3.37 语言偏好不能强加于人[②]

白俄罗斯语的推广使用应该基于实际需要,对语言的偏好不能强加于人。1月29日,白俄罗斯众议院一位议员表示,在与年轻人谈及保护国语问题时,一些热血青年总是群情激昂,要求把现有所有内容都翻译成白俄罗斯语,他曾反问他们是否已经能够很好使用白俄罗斯语。白俄罗斯语是国家的象征、历史文化遗产,作为白俄罗斯人自然应该热爱她,但作为在俄语环境下成长起来的一代,不可能立刻就能灵活使用白俄罗斯语,况且政府也不限制民众学习白俄罗斯语。有关语言选择不应向民众施压。白俄罗斯各民族都有使用自己母语交际的权利。白俄罗斯目前有两种官方语言,不能人为支持一种语言,限制打压其他语言;因为那样容易激发社会矛盾冲突。语言选择应以民众需求为导向。

7.3.38 黑山塞族人声称受到语言歧视[③]

黑山塞尔维亚组织10月18日发布一项联合声明,敦促黑山、塞尔维亚和波黑塞族领导的实体"波黑塞族共和国"共同采取行动,保护塞尔维亚语和西里尔字母。黑山自塞尔维亚脱离以后,2007年颁布的宪法规定黑山语是国家的唯一官方语言。2010年政府再次规定学校教育必须使用黑山语。根据政府和亲塞尔维亚的反对党2011年达成的协议,政府将修改教育法。黑山学校将提供黑山塞语、波斯尼亚语和克罗地亚语的学习。2011年人口普查显示,黑山塞族人口不到30%,但40%的居民都会说塞语。塞族人希望能在学校使用自己的民族语言接受教育。

[①] 摘自罗马尼亚"热点新闻网"2013年8月17日报道。
[②] 摘自白俄罗斯国家通讯社2014年1月30日报道。
[③] 摘自"巴尔干观察"网站2014年10月20日报道。

7.3.39 塞尔维亚北部省反对党要求"语言巡察"[1]

塞尔维亚北部地区的伏伊伏丁省检察官海因里希5月14日对设立所谓"语言巡察"的方案表示关注。该方案是由伏伊伏丁省主要反对党负责人5月13日提出的,主要内容是要求确定当地匈牙利少数民族有多少人不说塞尔维亚语,以防止母语为塞尔维亚语的人进入匈族聚集区,在语言问题上惹麻烦。在该省北部地区有很多匈族人,但他们不讲塞尔维亚语。省检察官认为这不是匈族人的错误,而是政府的错。检察官表示多年前就已经提请政府注意塞尔维亚语的教育质量问题,并提出在匈族聚集区引入更好的双语教育方案。执政党对反对党的这项提案表示谴责,称其为沙文主义和民族主义思想的体现。

7.3.40 马其顿总统称俄语与古马其顿语同源[2]

"俄国人与古马其顿人有相同的语言。"马其顿总统格奥尔基·伊万诺夫接受莫斯科罗蒙诺索夫大学授予的名誉教授头衔时,在该校的一场演讲中作上述表示。他强调斯拉夫民族之间加强联系的重要性,并认为马其顿人民当前正蒙受不公正的待遇,马其顿语的独立性问题也受到怀疑。总统特别指出马其顿语是斯拉夫语的一支,说马其顿语的人是这个语言社团的一分子。伊万诺夫总统对前来听讲的俄罗斯大学师生表示,现代马其顿语已经被几乎所有国家都承认为一种正式语言,除了它两个邻国例外。这其中,保加利亚将其视为保加利亚语的一种方言。而希腊则根本不承认存在马其顿语。

7.3.41 马耳他为难民提供英语培训[3]

最近,马耳他社会团结部和教育部,以及英语语言学校签署了一项协议,居留在马耳他的难民将有望免费学习英语。社会团结部部长迈克尔·法鲁贾宣布10月起将启动这一为期4周的英语培训课程。"难民将不仅能够学习一门新的语言,同时也能更好地帮助他们融入马耳他主流社会。"在启动仪式上,政府方面表示这是实现国家一体化政治的有效形式,也能够提高难民的生活质量。社会团结部官员声称他们将定期考核受训者的学业进展,并征询受训者对培训活动的反馈。教育部长伊伐瑞斯特·巴特洛称这一项目是"企业和社会责任的典范"。两位部长都希望随着时间的推移,受训人群面能进一步扩大。

---

[1] 摘自德国"巴尔干调查报道网络"2014年5月14日报道。
[2] 摘自保加利亚焦点新闻社2014年2月10日报道。
[3] 摘自马耳他《今日马耳他》网站2014年8月29日报道。

7.3.42　马耳他一半中学毕业生没有外语资格证书[①]

在名为"语言是乐趣"的活动中,马耳他教育部长称为了保证国民有更多语言学习的机会,该国 9 月将推广课目语言流利评估项目(SPA)。项目语言目前是意大利语,未来将涉及其他语言。目前当地中学毕业生的语言水平"不像人们期待得那么乐观",越来越多学生的英语、马耳他语和其他语言水平不佳。在今年 3 月的考试中,38.5%的学生没有参加任何外语考试,19%的学生没有参加英语考试,23.7%的学生没有参加马耳他语考试。约 12%至 15%的学生或者报名但最后没有参加考试,或者成绩不合格。这意味着 16 岁以下的学生中约一半以上没有取得任何外语资格证书,约 30%未能取得英语或马耳他语证书。

7.3.43　巴尔干有共同语[②]

位于索菲亚的保加利亚语言研究所在欧盟项目资助下,为当地绘制了方言地图,并声称在巴尔干半岛存在一门共同语言。该研究得出结论:保加利亚语方言并不限于保加利亚全境。根据地图数据,很多巴尔干国家都在不同程度上说某种保加利亚语方言。研究表明不存在所谓的马其顿语,马其顿是希腊的一部分。在土耳其、保加利亚、阿尔巴尼亚和塞尔维亚,当地人都在说保加利亚语的变体。地图显示,即使在距离贝尔格莱德仅 170 公里的地方,当地人也说保加利亚语。欧盟关注区域和少数民族事务的官员针对该研究表态说,这幅地图将直接或间接地引发民族主义情绪,激发不同族群民众之间的矛盾冲突。

7.3.44　米兰帮助移民学习意大利语[③]

通过开发名为"整合接入"的互联网开放平台项目,意大利米兰市议会试图帮助外来劳工更好地融入意大利社会。这一项目由负责移民和社会整合事务的劳动和社会政策部资助。意大利最近推出的社会整合政策加大了对外来人员的意大利语水平要求,把它和对外籍人士的工作与居留签证的颁发和更新挂钩。新网站将提供一个在线交互平台,使包括外来务工人员在内的外国居民,能够自主选择参与和他们水平相适应的意大利语课程,从而使他们能在米兰顺利安置下来。菲律宾驻米兰总领事馆也计划为菲籍社区和米兰市政府安排一个交流论坛,帮助菲籍人士参与米兰当地的社会活动,并提升他们的生活质量。

---

① 摘自马耳他《今日马耳他》网站 2014 年 9 月 26 日报道。
② 摘自焦点新闻社 2014 年 12 月 15 日报道。
③ 摘自菲律宾"每日问询者报"网站 2014 年 11 月 8 日报道。

7.4 非 洲

7.4.1 南非手语获准为第一语言[①]

南非基础教育部部长安吉·默齐加(Angie Motshekga)于本月批准听力有障碍的学生可以选择手语作为其第一语言,该决定受到全南非语言委员会的拥护。全南非语言委员会指出:手语和其他官方语言一样是基本人权,应被公平对待。这一批准是对听力有障碍的学生以及整个国家,尤其是希望学习手语的人的一种积极的回应,这有助于南非保护其语言多样性这一独特遗产,还有利于监管该语言今后的发展进程。该机构期待与基础教育部合作以确保关于南非手语的规定成功落实,促进聋人社区与其他社会成员平等。

7.4.2 南非语言平等不现实[②]

尽管南非宪法确保所有原住民语言的平等,但在法庭诉讼环节使用英语和南非荷兰语以外的语言可能还只是一个梦想。南非彼得马里茨堡高等法院法官审理地方法院提交的祖鲁语案卷,耗时3个月才完成文档转写工作。初等法院辩称涉事双方都是操祖鲁语者,庭审环节全程使用祖鲁语,并且宪法保证11种官方语言的公平使用。法律也规定法官聆讯时可选用任何一种官方语言。为保证被告公平权益,庭审应以被告能懂的语言进行,必要时还须配备翻译。高等法院主张使用英语或南非荷兰语以避免案件复审的延误。南非语言保护组织认为法庭应保证所有官方语言的使用,尤其在偏远地区人们都说同一原住民语言。

7.4.3 肯尼亚电视台需提供手语服务[③]

肯尼亚最高法院近日要求国家电视台(NTV)未来90天,在所有涉及国家重要事件的新闻现场播报和电视节目中插入现场手语翻译。根据肯尼亚2010年出台的残疾人法案的第39条规定,残疾人享有通过公共通讯服务知悉信息的权利,因此国家法院要求国家电视台播出的所有教育节目、国家级新闻都应当通过小标题或者插入小图像的方式提供手语服务。法院认为肯尼亚通讯委员会应当保证所有电视台都遵循该法案的规定。虽然国家电视台并非肯尼亚官方电视台,但依法为国内残疾人,尤其是聋哑人提供资讯服务是其应尽的义务。法官同

---

① 摘自美国"泛非在线"网站2014年8月20日报道。
② 摘自《商业日报》2014年12月11日报道。
③ 摘自肯尼亚"非洲全景"网站2013年1月4日报道。

时表示将对其他电视台提出同样要求,即要求肯尼亚境内各家电视台都必须满足法律要求,为残疾人提供必要的服务。

7.4.4　马达加斯加的法语水平下降令学术界担忧[1]

马达加斯加是法国前殖民地,直到现在法语在该国教育中仍然发挥重要作用。但街头巷尾和家庭中更多使用马达加斯加语。学者们担心,国民法语水平下滑将导致学术水平的下降。该国在20世纪70年代末到80年代中期推行"马达加斯加语化"政策,规定马达加斯加语为学校教学语言,法语作为外语。该政策使得一代人没有学会流利的法语。后果是接受高等教育的学生难以跟上用法语授课的科目;毕业生找工作到处碰壁,因为很多职位对法语有要求。尽管法语目前仍然是马达加斯加使用最广泛的外语,但英语的异军突起可能改变这一格局。

7.4.5　利比里亚大学考生全军覆没皆因英语差[2]

最近利比里亚大学招生入学考试大爆冷门,全国25 000名考生无一人达到录取分数线,打破了莘莘学子的深造梦。该国教育部长安特蒙尼亚·大卫-塔普(Etmonia David-Tarpeh)表示她将与利比里亚大学校方商讨这一结果。校方则表示不会做出让步,声称如今的学生学习没有热情,英语基础也很差,不足以应对学业。具有讽刺意味的是英语是该国的官方语言。利比里亚总理最近承认该国的教育系统"混乱且糟糕",急需采取措施改进。利比里亚在1989年和2003年之间爆发两次内战,在此期间教育体制遭受重创。2010年全国识字率仅有60%。尽管拥有16年义务教育,但执法不严和农村地区学生辍学严重,使得该国教育问题丛生,此次高考将这一问题暴露无遗。

7.4.6　埃及文盲影响社会发展[3]

埃及的文盲问题引发了一连串社会问题,比如产能和生产效率的低下。埃及扫盲和成人教育总局前负责人拉法特·拉德万表示"文盲抑制了埃及社会的发展"。人类性格发展源于童年。父母的生活和处事方式对子女的影响潜移默化,文盲父母的孩子比识字父母的孩子在长大后更容易成为文盲。文盲容易轻信传言,无法开发批判性思维能力,在社会生活等各方面都处于弱势地位。埃及目前处于生育高峰期,过去两年出生500万新生儿。文盲率的增长使埃及在全

---

[1] 摘自美国"泛非在线"网站2013年8月20日报道。
[2] 摘自英国《赫芬顿邮报》2013年8月27日报道。
[3] 摘自美国"海湾新闻"2013年9月15日报道。

球经济发展中滞后,并且难以推动积极的社会变革、个人成长及语言文化发展。

7.4.7 赞比亚面临语言挑战[①]

赞比亚脱离英国统治宣布独立已近 50 年,但英语却一直是其主要官方语言。现在到了政府要承诺重视本地语的时候了。当地有一句谚语"世界是英国的",家长们觉得孩子们学英语越早越好。事实上该国有 70 多种本土语言,其中 7 种(娘加语、洛兹语、奔巴语、通加语、伦达语、卢威乐语和考恩德语)已被列为官方语言。可现在年轻人连一门语言都不能很好掌握。他们既不会说母语,说的英语也错误百出。赞比亚执政党爱国阵线秘书长表示,本国教育体系依然停留在殖民主义时期,没有达到发展中国家标准,政府试图打破这种局面。2月14日,当地媒体报道,赞比亚政府将修改教学语言,课堂上将可以使用 7 种官方语言中的任意一种,英语则作为小学五年级以上学生的教学语言。

7.4.8 摩洛哥复杂的语言冲突[②]

摩洛哥的标准阿拉伯语(Fusha)和摩洛哥阿拉伯语方言(darija)之间的矛盾由来已久。2012 年摩洛哥一家教育基金会要求在早期儿童教育期间引入摩洛哥阿拉伯语方言,此举再次引发社会的激烈争议。反对者认为使用方言将动摇国家根基,是对伊斯兰的背叛。摩洛哥首相也持反对态度,因此这一方案尚未提交到议会就已夭折。世界银行一份研究报告表明,在教育领域,摩洛哥位居阿拉伯世界 14 个国家的第 11 位。一些教育界人士认为将母语——摩洛哥方言融入儿童早期教育有助于解决教育危机。方言具有广泛的群众基础,人们日常生活使用它,但在政务、学术等领域标准阿拉伯语占据主导地位。两种语言之争更多被看做政治问题。使用标准阿拉伯语被认为是向伊斯兰传统致敬。

7.4.9 坦桑尼亚消除跨境商人的语言障碍[③]

尽管周边国家对坦桑尼亚的食品货物需求量很大,但语言障碍是跨境贸易商所面临的一个重大挑战。位于坦桑尼亚首都达累斯萨拉姆的坦桑尼亚妇女商会主要由跨境贸易商组成。8月22日,在一场提升女企业家竞争力和地区及国际贸易机会的研讨会上,商会首席执行官苏珊娜·姆缇女士,提及她们正计划启动一项包括英语和葡萄牙语在内的外语学习项目,以应对商会成员跨境贸易所面临的语言问题。她还号召商会成员在与客户洽谈时应自信,并以此作为打破

---

① 摘自荷兰哈伯勒新闻社 2013 年 2 月 14 日报道。
② 摘自卡塔尔半岛电视台 2014 年 4 月 27 日报道。
③ 摘自美国"泛非在线"网站 2014 年 8 月 26 日报道。

语言障碍的一种方式。坦桑尼亚妇女商会的职能是为成员企业提供市场信息及为中小企业家提供培训服务。目前该商会已建立9个地区平台,以应对跨境贸易可能会遇到的困境和挑战。坦桑尼亚的主要贸易邻国包括赞比亚、肯尼亚、莫桑比克、布隆迪、卢旺达等,主要涉及英语和葡萄牙语。

7.4.10 卢旺达法语或可卷土重来[①]

卢旺达政府6年前一纸命令将法语课程全部替换为英语,致使法语在很多家庭和办公场所失去了使用机会,然而莫里哀的语言至今仍在这个东非国家占据一定地位。今年11月29日到30日,在塞内加尔举办了本年度的法语国家首脑会议,卢旺达又一次缺席。这再次彰显了基加利当局仍在不断努力,致力脱法入英,把英语作为该国的重要语言。卢旺达人目前普遍接受的观念是,掌握英语而不是法语将使他们在地区和国际事务中赢得更多优势。尽管如此,法语或许还有卷土重来的机会。事实上,很多卢旺达人依然对他们早已经习惯的通用语法语抱有深厚的感情,基加利政府不得不表示将于2016年在卢旺达的基础教育阶段再次引入法语课程。

7.5 大洋洲

7.5.1 法律语言对澳大利亚原住民社团来说太难[②]

对法律的误解是澳大利亚原住民社区追求社会正义的主要障碍。查尔斯·达尔文大学一项名为"语言与法"的项目,试图弥补澳大利亚原住民和刑事司法系统之间的鸿沟。研究人员调查了澳大利亚中部3个原住民部落了解法律用语及其含义的情况;结果发现,即便是对词语的一些细小误解,也可能导致严重后果。例如在原住民英语中,"有罪"(guilty)既可以是法律英语定义的罪行,也可以是原住民表达的懊悔之意。而"杀"(kill)既可以是暴力行为导致死亡,也可以是"打"或"打败"的同义语。语言学家希望法律专业人士和司法系统能够正视交际问题,减少北领地地区"高得惊人"的犯罪率。

7.5.2 澳大利亚"残疾护理"宣传引发争议[③]

澳大利亚计划未来两年斥资2200万澳元,作为全国残疾保险计划的宣传推

---

① 摘自法国24电视台2014年11月27日报道。
② 摘自澳大利亚《律师周刊》2014年2月18日报道。
③ 摘自澳大利亚《时代报》2013年6月3日报道。

广费用。该方案被称为"残疾护理"(Disability Care)。这一名称在澳大利亚社会引发争议。反对者,尤其是残障群体认为该称谓违反了残疾人一直追求的人权核心宗旨,因为残疾护理一词容易让人误认为:残疾人需要社会的特殊保护,具有依赖性;这与残障人士追求的自立、负责任的形象相左。但政府方面表示,这一命名是根据各方(包括残疾人及其家人,以及照看护理人员)共同商讨遴选出来的。也有民众呼吁,不应花大量时间纠结于名称的选择,而更应关注这一机构所做的实事以及广告起到的宣传效果。

7.5.3 澳大利亚移民家庭为学英语撇母语[①]

澳大利亚许多移民家庭存在这样一种情况:父母一辈为了让自己的孩子能更好地在澳大利亚立足,不得不放弃自己的母语,希望子女能更好地学习英语以便融入主流社会。墨尔本大学语言学教授约翰·海耶克近日发表题为"在多语种环境下成功培养孩子"的讲话。他指出多数移民家长被误导,错误地低估了自己的母语,殊不知自己民族历史是使其孩子成功学会英语的唯一途径。"学习母语和英语两者之间并非不可兼得,若是掌握了正确的方法,两种语言都能够学得很成功。"事实上,说多种语言能够带来很多好处,对于个人的智力发育、改善社会和文化理解意识、未来就业途径以及文化和家庭维系都十分有益,因此专家呼吁移民家庭应让儿童在双语或多语环境中成长。

[①] 摘自澳大利亚《先驱太阳报》7月24日报道。

第八章 语言传播

8.1 亚 洲

8.1.1 学习韩语的人越来越多①

韩语能力考试(TOPIK)是韩国政府针对母语非韩语但希望到韩国深造或工作或者在海外韩企工作的外国人进行的语言考试。据负责该考试的世界韩语认证考试委员会官员声称,自从设立该考试以来,全球范围申请参与该考试的总人数已经超过 100 万。最近的第 29 期考试报名人数已将近两万,这充分说明"韩流"在国际上的影响越来越大。韩语能力考试 1997 年创办,每年举办 4 次,主要测试韩语语法以及听说读写能力等。根据数据统计,参加第 29 期考试的人员中,有 44.9% 的人希望到韩国学习深造,25% 的人希望提高韩语水平,还有 13.5% 的人希望在韩企工作。

8.1.2 韩剧掀起国外学韩语热②

韩国教育部称,由于韩剧和韩国音乐在亚洲大受欢迎,世界上掀起了学习韩语的热潮。具体表现是更多外国人参加海外韩语教育机构的培训以及韩语能力测试。世宗韩语学院 2007 年仅在 3 个国家开设 13 家分部,如今增至 44 个国家 90 家分部。在该学院学习的外国人数稳步增加,从 2007 年的 740 名学生,增至去年的 16 590 名。教育部希望世宗学院分部在 2017 年能增至 200 家。根据官方数据,申请参加韩语水平测试的人数从 2007 年的 82 881 增至 2012 年的 151 166。此外,全球有约 840 所大学提供韩语课程。

8.1.3 韩语能力考试人数创新高③

以母语非韩语的外国人及海外侨胞为对象所设立的韩语能力考试,今年应

---

① 摘自韩联社 2013 年 1 月 20 日报道。
② 摘自韩联社 2013 年 4 月 29 日报道。
③ 摘自韩国"亚洲经济"2014 年 4 月 21 日报道。

考人数创下新高。主办方统计,第 34 届韩语能力考试在韩国国内迎来 26 092 名考生,海外考生达到 45 987 人,共计为 72 079 人,应考规模为历届之最。其中,中国籍考生最多,达到 25 142 人。其次为日本(8002 人)、美国(2371 人)、越南(2293 人)等。与韩国无外交关系的古巴也有 83 人参与考试。韩语能力考试自 1997 年正式实施以来,截至目前,累计应考人数达到 125.9 万人。7 月 20 日起,第 35 届韩语能力考试的内容和形式全面整改,有效期仍为两年。第 35 届考试仅限韩国国内考生参加。

8.1.4 日语教育促进与东盟国家的关系[①]

为加强与东盟国家的关系,一个日本专家小组建议向该地区输出更多日语师资。当前东盟成员国的一些学生掀起了学日语的高潮。日本国际交流中心调查发现,2012 年东南亚地区学日语的人数显著增加。发展与东盟国家的关系对日本来说非常重要,因此有必要加强双方在政治、经济和文化领域的互动交流,作为交流基础的语言培训需求尤为迫切。与东南亚国家日语学习热潮相呼应,日本相关人士认为应鼓励更多日本学生学这些国家的语言。为了顺应海外越来越盛行的日语热,日本应培养更多日语师资,寻找更好的语言教学方式,并且洞悉日本与目标国家的文化差异,为发展更好的双边关系培养通晓日语的人才。

8.1.5 努力推动更多外国人学日语[②]

近日日本一份报告指出,日本政府需要促进日语在其他国家的传播,以提高日本在全球的地位。措施包括政府筹划一笔预算资金促成日语的传播;为国外日语初学者开设网上课程等;扩大派遣日语专家长期到海外执教的项目。这些政策可望为海外扩张的日本企业带来会说日语的当地员工。尽管目前全球学日语的外籍人总数(398 万)是三十多年前的 30 倍,但学日语者的数量最近增幅放缓。虽然在印度尼西亚和其他东南亚国家学日语的人数持续增加,但在如韩国、英国和加拿大这些国家学习者人数在减少,其中一个原因是他们改学汉语了。

8.1.6 印度尼西亚学日语人数全球第二[③]

根据日本国际交流基金会最近执行的全球"海外日语教育"调查,由于日本流行文化、日本料理的普及,超过 80 万印尼人学习日语。该调查每 3 年实施一次,结果显示日本境外学习日语的人数从 2009 年的 365 万增至 2012 年的 398

---

① 摘自日本《日本时报》2013 年 10 月 5 日报道。
② 摘自日本"日本新闻网"2013 年 8 月 21 日报道。
③ 摘自印度尼西亚《雅加达时报》2013 年 7 月 15 日报道。

万。按国家统计,中国的日语学习者人数高居榜首;印尼位列第二;韩国则从第二滑至第三。日本国际交流基金会在上周的新闻发布会上表示,印尼学习日语的人数继续保持上升的态势,特别是高中生。与其他东南亚国家,如泰国、菲律宾和马来西亚一样,印尼已经把日语作为中等教育的外语选修课程。印尼教育和文化部长表示该国目前有800万高中生。这意味着超过10%的印尼高中生在校学习日语。近年来印尼人学日语热情高涨,人数增幅很大。

8.1.7 越南语域名注册超100万[①]

8月25日,第100万例越南语注册域名诞生。这一数字表明越南成为除英语世界外使用本国语言注册域名最多的国家。越南信息通信部副部长黎南胜表示,在过去17年间,使用越南语注册的域名翻了两番。越南互联网信息中心自2001年开始着手越南语域名注册的准备工作,到2011年4月下旬开放越南语的域名注册。当前在主流的火狐、谷歌和苹果浏览器上都能解析越南语域名。越南语域名属于国际域名编码体系。该体系适用于非英语国家,能够帮助这些国家的网民使用自己的语言登录访问互联网。非英语域名有利于保护互联网环境下非英语国家企业包括商标在内的知识产权、产品服务等无形资产。

8.1.8 马来语的国际化需要邻国的参与[②]

马来语(Bahasa Melayu)的国际化不能只靠马来西亚单方面的努力,还需要印度尼西亚、新加坡、文莱和泰国等其他邻国的共同参与。要提高马来语在东南亚地区和东盟国家的地位,一个关键的因素是调动各国的积极性。10月14日,在第六届马来语国际委员会和马来语国际会议上,马来西亚社会与文化顾问丹斯里赖斯·亚蒂姆认为,为了确保马来语不失去自己的身份地位,必须防止英语或其他任何语言将其边缘化。在马来语国际委员会等组织的推动下,马来语的国际化是能够实现的,并且容易被各方所采纳。然而他同时也指出,要使马来语成为通用语,每一个政要人物无论是在地方层面还是国际层面都应该讲马来语,否则,马来语的影响力就会随着时间的流逝而被削弱。

8.1.9 阿塞拜疆的俄语[③]

后苏联时代俄语在原各加盟共和国的地位差别很大。乌克兰、白俄罗斯和哈萨克斯坦等国拥有大量的俄语人口,俄语地位依然很高,但南高加索地区的俄

---

① 摘自马新社2014年8月26日报道。
② 摘自马新社2014年10月16日报道。
③ 摘自阿塞拜疆《高加索公报》2014年7月7日报道。

语地位却有所不同,亚美尼亚和格鲁吉亚的俄语地位堪忧。俄语在阿塞拜疆得到了最好的庇护。莫斯科国立大学2008年即在该国开设第一所分校。阿塞拜疆历来比较包容外来文化,该国还另有12万人的俄语族群。政府对俄语教育也非常重视。阿塞拜疆境内有327所公立学校使用俄语和阿塞拜疆语双语教学,16所学校专用俄语。2014年全国有9.1万人采用俄语受教育。教育部、俄罗斯使馆及俄联邦文化传播机构等为全国50所学校提供定制的俄语教育课程。

8.1.10 印地语成为联合国官方语言需要巨额花费[①]

印度还没有提议将印地语作为联合国的官方语言之一。据保守估计,如果这样做,将给政府带来每年超过8.2亿卢比的开支。该信息是外部事务部在回答群众提问时透漏的。相关工作人员表示将印地语作为联合国官方语言将带来金融和程序上的开支,在向联合国正式提议之前必须解决这些开支。如果印地语被列为联合国官方语言,印度将需要向联合国提供财务资源,以此来支付文件的口译、笔译、打印和复制等支出。保守估计这些每年将需要1400万美元。由于新增一门官方语言将增加联合国的预算(人事、设备和其他经常性开支),因此成员国往往不会乐于支持这种增加财政负担的提议。

8.1.11 美国有线电视新闻网推出印尼语地方频道[②]

2月28日,美国有线电视新闻网(CNN)宣布,近期将与印度尼西亚最大媒体公司在雅加达共推一档用当地语言24小时播出的新闻频道。尽管具体日期尚未公布,但美国有线电视新闻网表示,与当地最强媒体的合作,新节目将很快抢得领跑先机,直接与数百万印尼受众进行面对面交流。新成立的"频道"(印尼),是"频道"在东南亚建立的首个当地语言频道。"频道"国际也拥有不同地区版本,如在智利、日本、印度等国有本地频道。除国际投资外,"频道"还有很多改革计划。"频道"最近业绩表现不佳,2月,收视排行落后福克斯新闻和微软全国有线广播新闻。

8.1.12 《古兰经》译成斯瓦西里语[③]

沙特阿拉伯法赫德国王《古兰经》印刷局日前完成《古兰经》的斯瓦希里语翻译工作。斯瓦西里语是东非肯尼亚和坦桑尼亚两国的官方语言,在乌干达、刚果以及其他非洲国家广泛使用。印刷局秘书长表示,斯瓦西里语是500万人的母

---

① 摘自印度Zee新闻网2014年5月29日报道。
② 摘自美国《赫芬顿邮报》2014年3月1日报道。
③ 摘自沙特阿拉伯《沙特公报》2014年7月18日报道。

语和 5000 万人的第二语言,在非洲影响力巨大。斯瓦西里语译本的推出,使得该局《古兰经》的印制语种数达到 63 个。目前《古兰经》的译本包括 32 种亚洲语言、15 种欧洲语言和 16 种非洲语言。该局是由法赫德国王于 1984 年创办的,出版发行 90 种出版物,包括《古兰经》的各种译本、圣训书籍以及先知传记等。其互联网站提供各种朗诵材料、文本搜索以及各类翻译评论等,还提供早期《古兰经》手抄本的图像。

8.1.13 阿联酋重视推广阿拉伯语[①]

阿联酋飞速发展的经济给世人留下了深刻的印象,但作为阿联酋人身份、荣誉和文明象征的阿拉伯语尤其值得珍视。阿联酋知识和人类发展管理局(KHDA)决定本年度将促进阿拉伯语教育的改革。一段时间以来,阿拉伯语的课堂教学存在问题。学生死记硬背,丝毫体会不到阿拉伯语的魅力。称职教师和良好教学方法的缺失是主要原因。9 月 29 日,KHDA 将专门研讨这一议题。为在社会各界更有力地推广阿拉伯语,阿联酋今年 5 月设立穆罕默德·本·拉希德阿拉伯语奖。该奖试图推动阿拉伯语对阿联酋社会文化的穿透力,鼓励创新阿拉伯语教育方法,强化阿拉伯语的日常使用,使阿联酋既保留传统,又有时代特色。

8.2　美　洲

8.2.1　哈佛大学将教授布列塔尼语[②]

哈佛大学近日宣布将开设布列塔尼语课程。该语言是法国西北部濒临灭绝的一种语言,但全球各地对其保护却越来越重视。根据协议,法国雷恩第二大学将为哈佛大学的研究生提供学习布列塔尼语的速成班。布列塔尼语源自不列颠岛,与分布在康沃尔、威尔士、苏格兰和爱尔兰的凯尔特语有着相同的语言谱系。与凯尔特语一样,布列塔尼语如今面临困境。根据 2009 年的数据,在法国说该语言的人数少于 200 万。1997 年至 2007 年之间,说该语言的人减少了 30%,能说的大多年过 60。该调查还显示在 15 岁到 40 岁之间的人群中,仅有 12 000 人会说布列塔尼语。布列塔尼地区一直致力教授该语言,仅 2009 年就斥资 250 万

---

① 摘自阿联酋"海湾新闻"2014 年 9 月 17 日报道。
② 摘自法国"当地网"2013 年 8 月 26 日报道。

欧元用于教学。目前当地有30所布列塔尼语和英语的双语小学。

8.2.2 英法双语课程在纽约[①]

法语在亚裔和西裔人口众多的纽约似乎从来不占优势,但在公立学校,英法双语课程却红红火火。8所公立学校为1000多名学生提供此类课程,使法语成为双语课程项目的第三大语种。今年还将有更多学校加入这一行列。法国政府对此表现得尤为热切。法国外交部、教育部、参议院和国民议会等慷慨地为开设英法双语课程的学校提供种子基金和赠款,帮助培训师资及提供教科书。2007年只有3所小学开设英法双语课程,如今有6所小学和2所中学开设。越来越多的非法裔学生不惜搬家也要申请加入这一课程。法国大使馆会同法美文化交流组织不得不开展募捐,以应对日益增长的开设法语课程的需求。

8.2.3 塞万提斯学院帮助巴西士兵学习西班牙语[②]

塞万提斯学院里约热内卢分院将开始培训巴西的军队教官,目的是让教官更好地向巴西士兵教授西班牙语。西班牙驻巴西大使在一次访问巴西军方的总参学院时签署了这项协议。这位大使表示,培训巴西军队教官显示塞万提斯学院在巴西的影响力越来越大。西班牙语是世界最重要的几种语言之一。根据计划,军方教官将参加塞万提斯学院里约分院为他们设置的为期40小时的西班牙语教学方法培训课程。总参学院负责人表示,对于未来的士兵而言,学习外语很有必要。一旦有突发情况,外语有利于与盟国友军的整合。而与巴西接壤的邻国有7个讲西班牙语。同时,院方还透露,40%的本校士兵要求学习西班牙语,略少于要求学习英语的50%。

8.2.4 巴西:巴西文学走向世界[③]

数十年来,很多外国人对巴西文学几乎一无所知,享有世界知名度的巴西作家也寥寥无几。如今巴西政府和一些私人投资机构正努力将巴西文学推介到全球各地。巴西计划投资3500万美元,在未来8年将一些巴西名著译成其他语言,以便更好地向世界介绍巴西文学。目前巴西出版商、作家和翻译家正紧锣密鼓地筹备2013年法兰克福书展。一些全球知名公司也把巴西当作一个尚未开发的巨大数字出版市场。电子商务巨头亚马逊公司正与巴西几家最大书商接洽,试图帮助巴西文化产业走向世界。在网上Kindle书店的巴西专区,读者可

---

① 摘自美国《纽约时报》2014年1月30日报道。
② 摘自委内瑞拉《拉丁美洲先驱论坛报》2013年3月3日报道。
③ 摘自美国"语言杂志"网站2013年1月18日报道。

以在全球各地阅读电子版的巴西文学作品。巴西文学作品的各类译本也在不断增加。这将让全球的读者能够尽早接触到巴西最新的文学作品。

8.2.5 "今日俄罗斯"西班牙语频道开播[①]

俄罗斯总统普京向收看阿根廷"今日俄罗斯"电视频道的观众表示,鉴于目前国际信息战的严峻以及一些国家和组织试图实施"真相垄断",国际社会对信息渠道的来源和可信度需要仔细甄别。"今日俄罗斯"西班牙语电视频道10月9日在阿根廷开播,是其在阿根廷昼夜连播的首家外语电视节目频道。80%以上的阿根廷居民都可收看"今日俄罗斯"制作的西班牙语节目。"今日俄罗斯"外语频道自2009年12月开播。目前其西班牙语电视节目已在西班牙和拉美国家的600多个有线网站播放。

8.2.6 费利佩王储力推西班牙语[②]

10月23日第六届全球西班牙语大会在美洲巴拿马举行。会议的宗旨是呼吁保护西班牙语以及全球讲西班牙语国家的历史文化遗产。西班牙王储费利佩在10月20日即已抵达巴拿马,准备参加开幕式。周日他在当地参观了西班牙探险家纪念碑,并接见诺贝尔文学奖得主秘鲁作家略萨。谈及西班牙语的重要性时,王储称,在全球化的时代,正是由于有了相同的语言,才能使身处不同地区、差异极大的人们相互理解和交流。他表示西班牙当年来到美洲带来了"血与火",同时也带来了代表西方文明的"文字和十字架",使这块土地融合了古希腊罗马文明、基督教文明和原住民文明,形成了自己独特的混血文化。

8.3 欧洲

8.3.1 英国说英语的企业是否有足够的外语培训[③]

由于英语作为世界商务语言的地位短时间内难以撼动,英美公司想当然地认为他们无需掌握另一种语言。拥有双语能力对企业发展大有益处。说西班牙语和葡萄牙语的国家经济增长迅速,是个巨大市场。拥有良好外语能力的员工,有助于减少不同语言文化差异带来的沟通障碍,减少企业内耗,在全球项目中强

[①] 摘自"俄罗斯之声"2014年10月10日报道。
[②] 摘自英国路透社2013年10月21日报道。
[③] 摘自英国"今日人力资源"网站2014年2月20日报道。

化竞争优势,提升不同国家客户的服务体验。过去15年,英国很多高校已经放弃欧洲现代语言的教学。在这段时期受教育的英国学生一旦走上工作岗位,很难再有时间和精力来学习外语。国际企业应对其员工实施专门的外语培训,很多在线语言培训公司已经瞄准了企业内训这一市场。

8.3.2 苏格兰语得到强力支持[①]

苏格兰语曾被嘲笑为带口音的不纯正英语,如今重获青睐。2011年人口普查显示有150万人使用苏格兰语。2010年苏格兰政府发现当地64%的成年人不把苏格兰语当成一门语言,认为"仅仅是一种说话方式"。2001年英国政府批准《欧洲区域或少数民族宪章》,苏格兰语被正式认可。苏格兰语有其历史、语法和词典,但还没有实现标准化,目前苏格兰语有很多种方言。作为其中之一的苏格兰盖尔语,尽管只有5800人使用,但已得到广泛关注,如设立无线电台、学校和双语道路标志。如今苏格兰地方政府采取各种措施鼓励使用苏格兰语,譬如建立苏格兰语协助网络培训师资,发布苏格兰语网络课程,设立专门的语言使用奖项等。

8.3.3 法国学术界因教授英语计划起争执[②]

英语全球化让巴黎的政治家们感到头疼。如今一场新的语言战役已经打响,因为社会党政府想允许英语作为一种教学语言在法国各大学使用,学术界对此则褒贬不一。直到如今,法国法律明令禁止在大学用外语教学或演讲,某些语言课程等特殊情况除外。1994年法国通过了一项旨在保护法语的法律。然而事实上,法国国内一些大学甚至包括顶尖大学无视该法律,学校的教师已逐渐习惯在演讲和研讨会上使用英语,比如在硕士阶段的科学技术和经济商务课程使用"全球英语"已成惯例。政府决定放宽语言禁令,在本月将辩论的一项新高等教育法中,一些政治家计划允许法国大学使用外语教学,以确保教授们在教授欧洲相关课程或与国外机构合作时,能够用英语而不是法语交流。

8.3.4 法国"2050年说法语的人全球最多"引争议[③]

一项法国外贸银行资助的研究表明,法语在未来40年将成为使用人口最多的语言。鉴于目前说法语的地区,尤其是撒哈拉以南非洲地区,人口生育率和人口增长率都位居世界各国前列,预计全球将有7.5亿人说法语,即是如今2.2亿说法语人数的3倍多。该研究也受到一些批评,例如《福布斯》就质疑其研究方法:统计数据包括所有法语作为官方语言的地区居民人数,但事实很可能并非如

---

① 摘自英国《经济学家》2014年4月5日报道。
② 摘自英国《卫报》2013年5月10日报道。
③ 摘自美国"雅虎新闻网"2014年3月27日报道。

此(例如并非这些地区的所有人都说法语)。即使法国人也不完全赞成这一观点,譬如法国天文台法语总监亚历山大·沃尔夫表示,这项研究没有考虑很多国家存在的多语使用现象,到 2050 年英语仍将保持世界最常用语言的地位。

8.3.5 更多英语词汇溜进法语[①]

法国两大字典——罗伯特字典和拉鲁斯字典将在近日发行其 2015 年版本。新版本加入的新词汇主要是高科技词语。一些被法语词代替的英语词汇却在 5 月 28 号发行的罗伯特字典中找到了。字典主编表示这是个艰难的决定,不能说成是英国化或美国化,但至少是加州化,大部分词汇来源于美国西海岸,尤其是硅谷。一些被认为可能是英国人从其他语言借来的词汇也出现在此次新版字典中。由于这些词语在选入字典前就已在社会上广泛传播,语言学家对此感到担忧。自 20 世纪 90 年代中期以来,法语联盟一直肩负着不让法语被英语化的重任,阻止社会上流行的英语词语进入法语,并用相关法语词汇替代之。

8.3.6 俄罗斯推进国外俄语教育进程[②]

俄罗斯近年来经济发展势头良好,但由于缺乏劳动力,人口甚至出现负增长,俄罗斯希望能吸引到更多移民赴俄工作与生活。赴俄移民必须符合一定要求,其中就包括掌握俄语。俄语培训机构"俄语世界"也努力在海外推广俄语。近期一个名为"绝对听写"的年度俄语竞赛吸引了有关人士的关注。该竞赛目前在全球 35 个国家同步开展。俄罗斯一直积极在独联体国家推广俄语,为了达到俄语传播目的,采用多种措施和方法激励民众学习俄语的积极性。此次比赛在乌克兰设有考点。该国此前就俄语官方语言地位问题有过激烈争议。如今乌克兰不少学校已经开始俄语教学计划,并积极开展师资建设。俄国大使馆、语言机构及赞助商以不同形式表示了对新开设俄语语言学校的支持。

8.3.7 俄罗斯将在全球开设免费俄语学校[③]

8 月末,俄罗斯将成立俄语理事会,以促进俄语和文化在欧盟绝大多数国家、美国、中国以及日本和中东的传播,优先列出了约 50 个国家。该理事会主要任务是在普希金学院基础上建立一个网络中心,向所有对俄语和俄罗斯文化感兴趣的群体教授俄语和俄国文化。俄语教学将立足于现存和即将建立的俄语文化中心。一些组织机构,如国家杜马、外交部和俄罗斯世界基金等,在政府成立该理事会前就已经肩负向国外推广俄语的任务。新理事会将吸收这些组织的代

---

① 摘自法国"当地"网站 2014 年 5 月 22 日报道。
② 摘自俄罗斯《真理报》2013 年 4 月 10 日报道。
③ 摘自俄罗斯"俄罗斯头条新闻"网站 2013 年 7 月 26 日报道。

表,俄副总理将担任理事长。该理事会筹备已近尾声,2013年预算为15亿卢布。

8.3.8 俄罗斯关注俄语在吉尔吉斯斯坦的传播[①]

俄罗斯议员表示希望对吉尔吉斯斯坦高校的俄语教学给予更多关注。近日,俄罗斯国家杜马负责独联体、欧亚一体化及境外俄罗斯侨民事务的列奥尼德·斯卢茨基,来到比什凯克,与居住在吉尔吉斯斯坦的俄罗斯裔民众代表举行会晤。会谈过程中,吉尔吉斯斯坦的俄语教育问题、支持俄语学校及其在媒体中使用俄语的必要性、俄裔民众的安置优化的重要性以及日常生活面临的问题提上了议事日程。斯卢茨基表示俄罗斯已经注意到在吉尔吉斯斯坦高校的俄语教学发展问题,并且将成为俄罗斯国家杜马主席谢尔盖·纳雷什金即将访问吉尔吉斯斯坦时与该国首脑商讨的主要议题之一。

8.3.9 俄语寻求在朝鲜的地位[②]

俄罗斯一直试图与冷战时期的盟友朝鲜建立更有力的双边关系,输出俄语是其战略措施之一。俄罗斯滨海边疆区向朝鲜驻纳霍德卡市总领事馆捐献了1400多部俄文书籍,涉及俄罗斯历史、文学等。这是该区"俄语世界"计划的组成部分。这一计划是2007年由俄罗斯总统普京倡导建设、旨在向国外推行软实力的俄罗斯文化宣传项目。他们希望通过这一行动促成更多朝鲜人来学俄语。过去,俄语几乎是朝鲜对外交往的语言,学好俄语意味着社会地位和令人羡慕的海外工作机会。但如今主要国际贸易语言被英语取代,汉语在朝鲜边贸活动中也很重要,俄语已经被边缘化了。俄国政府对此显然不满。

8.3.10 葡萄牙语的未来[③]

10月29日,8个葡语国家的代表齐聚里斯本大学,在名为第二届"世界视域下葡萄牙语的未来"国际研讨会上,研讨葡萄牙语作为科学和创新语言的问题。专事葡语推广的贾梅士合作与语言研究所就将葡语作为研究媒介的推广提出了具体建议。语言多样性、教学与培训、国际化与文化产业是大会三大热门议题。葡萄牙外长以及葡语国家共同体执行秘书等出席开幕式。首届会议2010年在巴西利亚举行,通过了一项在全球推进葡语的行动计划。10月31日葡语国家共同体的与会代表集会,协调未来3年各国语言政策问题,再交由葡语国家外长会议和明年葡语国家共同体峰会批准。葡萄牙语是互联网第五大语言。

---

① 摘自吉尔吉斯斯坦AKI通讯社2013年9月25日报道。
② 摘自韩国《韩国时报》2014年12月28日报道。
③ 摘自葡萄牙"葡萄牙新闻在线"网站2013年10月31日报道。

8.3.11 芬兰的俄语发展势头迅猛[①]

芬兰国内的俄罗斯移民数量日益增多。俄语使用者有超过瑞典语使用者的趋势,俄语或将成为芬兰第二大语言。调查显示,目前芬兰共有 6 万余名俄语使用者,比 10 年前增加了一倍。按照这种发展态势,到 2050 年就能全面超过芬兰的瑞典语使用者人数。目前芬兰约有 24 万人在家庭中使用瑞典语进行交流。冷战结束以后,移民到芬兰的俄罗斯人越来越多。只要保持目前强劲的增长劲头,预计到 2050 年,芬兰将会有 20 万到 24 万的俄罗斯人。芬兰目前仍在接受外来移民,预计到 21 世纪中叶将达到饱和状态,届时芬兰国内将有百万余人没有芬兰血统。俄语或许成为芬兰官方承认的少数族裔语言。目前在芬兰的俄罗斯人中,只有一半左右获得了芬兰国籍。

8.3.12 拉脱维亚淘汰俄语课程[②]

拉脱维亚团结党宣布将成立一个工作小组,在全国所有公办俄语学校中推广拉脱维亚语。该小组由专业教师、金融学家和心理学家组成。组长由该国前教育和科技部长担任。2004 年,他的少数民族教育改革引发众多抗议,但改变了少数民族学校的教学语言结构——从全部用少数民族语言教学改为采用 60% 拉脱维亚语和 40% 少数民族语言。如今他希望所有公办俄语学校都只用拉脱维亚语教学。他表示应该反思此前推广拉脱维亚语的努力为何皆告失败,并从中吸取教训。尽管俄语是拉脱维亚 1/4 人口的母语,但拉脱维亚语是该国唯一的国语,并被认为是当地政府的唯一沟通语言。

8.3.13 阿拉伯语丰富了世界文化遗产[③]

联合国教科文组织总干事伊丽娜·博科娃在庆祝世界阿拉伯语日时表示,阿拉伯语丰富了世界人类文化遗产。说阿拉伯语的作家、科学家和艺术家在历史上将希腊文明传播到地中海沿岸的拉丁地区,为世界文明的传承发挥了巨大作用。本年度活动主题是阿拉伯字母及其对人类历史的影响。在世界多元化发展的今天,每种语言都为世界和平发展做出了贡献。2012 年,联合国教科文组织执委会第 190 次会议首次做出决定庆祝阿拉伯语日。促进语言和文化多样性发展,珍视每种语言在世界文明进程中的重要贡献,是设立世界阿拉伯语日的初衷。1974 年教科文组织将阿拉伯语列入官方工作语言。

[①] 摘自冰岛《冰岛新闻》2013 年 5 月 19 日报道。
[②] 摘自印度"俄印报道"网站 2013 年 9 月 20 日报道。
[③] 摘自科威特《科威特时报》官网 2014 年 12 月 19 日报道。

8.3.14 荷兰对英语的态度与德国不同[1]

一位加拿大阿尔伯塔大学的德语教授在比较荷兰和德国年轻人网上语言情况时,发现荷兰青年比德国青年在网上更多使用英语,并且比德国人创造力更强,英语技能更熟练。专家们认为这反映了两个国家不同的意识形态,体现了不同文化如何看待民族文化。荷兰人喜欢用更完整的短语,并且还会使用数字时代新的缩略语,像"OMG"(哎呀!我的天!),而德国人倾向于只用没有德语对应的词,像"geocaching"(数字寻宝)。荷兰人更倾向于把英语看做国际语言,当作每个人的必备技能,并更有创造力地使用它。而德国人把英语当作一门重要语言,学习它只是用于求职目的,或用于与英语国家的朋友交流。

8.3.15 学习斯洛伐克语言作为沟通的桥梁[2]

斯洛伐克语是一门非常难学的语言,全世界只有 600 万人说。但在每年一度的"斯洛伐克学术研究"活动现场,活动参与者把斯洛伐克语的学习当成一种乐趣,并且在语言挑战中体会快乐。8 月 3 日—23 日,夸美纽斯大学召集全球 38 个国家学习斯洛伐克语言、历史及其文化的 180 名学生,举办暑期夏令营。这一活动已有 50 年的历史。今年的活动包括语文学习,举办斯洛伐克历史、政治与文化讲座,访问名胜古迹,请各地民众品尝当地美食,参与民俗表演等多种形式。一些学生表示学习斯洛伐克语是为了更好地与世界各地的人们进行交流,譬如以斯洛伐克语作为桥梁了解其他斯拉夫语和斯拉夫民族的文化。

8.4 非洲

法语在尼日利亚受追捧[3]

尼日利亚的语言教育在过去 20 年不断发展。语言机构为国家的文化教育发展做出了重要贡献,尼日利亚人学习法语不仅促成了学习者个体的完善,而且促进了国家社会经济和政治的发展。掌握多门外语的人才有可能在全球范围获得更多机会。一些语言专家希望政府进一步推动全国语言教育。他们建议在小学、初中和高中加强法语教育;尼日利亚人的法语口语和写作能力需要进一步加强,不受专业限制的法语学习应该在全社会推广。会法语的尼日利亚人则因其语言能力在事业的发展上更有优势。鉴于尼日利亚的邻国都是说法语的国家,专家认为学好法语有助于推进地区间的相互合作、相互理解和贸易往来。

---

[1] 摘自美国世界科技研究新闻资讯网 2014 年 8 月 18 日报道。
[2] 摘自斯洛伐克《斯洛伐克观察家》2014 年 9 月 1 日报道。
[3] 摘自阿塞拜疆通讯社 2013 年 1 月 3 日报道。

第九章　中文在海外

9.1　亚　洲

9.1.1　韩国总统说汉语迷倒中国人[①]

朴槿惠总统喜欢学外语,包括汉语。此次对中国的国事访问,她的汉语能力为其增色不少。在 6 月 27 日与中国国家主席及夫人的午餐会,首脑会谈前 5 分钟,朴槿惠说的是汉语普通话。中国媒体称她能说一口流利的普通话。此前人们不知道总统的汉语有多好,因为她很少在公共场合说,6 月 28 日,人们见证了她的汉语水平。当天,她开场使用汉语在清华大学发表演讲。在就职总统之前,朴槿惠利用业余时间努力学习了多国外语。5 月访美时她就曾用英语在美国国会发表演讲,赢得美国人的好感。此次清华大学的演讲,她原本也打算全程使用汉语,考虑到韩国民间看法和中方建议才改为汉语、韩语兼用。

9.1.2　中国电视剧在韩受追捧成汉语教材[②]

继日剧和美剧之后,借助韩国人学汉语的东风,凭借服装华丽、制作精良、题材多样化等特点,中国电视剧在韩国日益受到观众热捧。中国古装戏既有历史感又有古典美,深受韩国广大观众的喜爱,而一些反应当代中国生活的青春偶像剧也受到年轻一代的青睐。中国电视剧中的标准普通话还成为学习汉语的韩国人不错的视听教材。一些汉语辅导机构甚至直接把中国电视剧作为教材来使用。一位汉语辅导班的教师表示,像《北京爱情故事》《钱多多嫁人记》以及《离婚前规则》等热播人气剧,最适合教当代中国的时髦用语。该课程去年 3 月开讲只有 1 个班 12 人,目前已增至 8 个班近 50 人。韩国人对中国历史题材电视剧并不陌生;现代剧生活气息浓厚,受到韩国人的喜爱。此外,韩国知名演员的加盟

[①] 摘自韩国《韩国时报》2013 年 6 月 28 日报道。
[②] 摘自韩国《朝鲜日报》2013 年 7 月 16 日报道。

也提高了中国电视剧在韩国市场的号召力。

9.1.3 韩国用中文欢迎中国顾客[①]

近年到访韩国的中国游客数量增多。为吸引中国游客,韩国各旅游景区的餐厅纷纷推出迎合中国游客口味的菜品。在韩国主要商业区,中文说明也随处可见。各大商场都有相当一部分店员能说汉语。作为韩国最具代表性的商业街,首尔的明洞和东大门吸引了很多中国游客。路旁各处都能看到琳琅满目的中文促销传单,商场各柜台也都附有中文介绍。酒店、免税店争取中国客源的竞争也很激烈。首尔江南区某特级酒店去年入住的中国客人约占30%。乐天免税店的中国顾客比重也由上一年的30%增至45%,已经超过韩国本地顾客。韩国学者表示,中国经济迅速发展,韩国流行文化在中国有大批拥趸,中日关系又处于低潮,韩国应制定更有效措施,以吸引更多中国游客来韩观光购物。

9.1.4 韩国:济州岛学汉语热潮[②]

为促进与中国的贸易往来和人员交流,韩国济州岛拟对4000名岛民和公职人员实施汉语培训,今年有望在岛内掀起人人学汉语的热潮。据悉,此次该岛岛民汉语教育活动由济州道终身教育振兴院负责,公职人员汉语培训由人才开发院实施。该活动2014年的目标是使从事旅游服务业的3000岛民能和中国游客进行简单的汉语交流。为方便与中国的政务交流,济州道所属公务员、教育厅和警察公务员等1000名公职人员也在受训名单之列。其他想要接受汉语教育的岛民可以在终身学习中心、居民自治中心、语言学院和大学外国语学习馆等48个教育机关内免费学习。此外,当地还为从事导游、汽车租赁、土特产品零售及餐饮住宿业的岛民提供汉语上门教育以及网络教育,为这些忙于生计的岛民提供最便利的教育基础设施服务。

9.1.5 韩国降低汉字地位的后遗症[③]

韩国学生和求职者英语水平增长迅速,但汉语特别是汉字水平却不尽人意。很多学生因汉字水平低而无法理解韩语学术文献内容。1990年开始,韩国兴起韩语净化热潮,汉字地位日益降低。首尔市教育厅2014年要求拨款3.2亿韩元(约合人民币182万元),强化中小学校汉字教育。但市议会审批时削减了部分金额,并称"强化汉字教育有碍韩文教育发展,可能引发汉字私营教育的不良风

[①] 摘自韩国《朝鲜日报》2014年1月15日报道。
[②] 摘自韩国《亚洲经济》2014年2月21日报道。
[③] 摘自韩国《亚洲经济》2014年3月20日报道。

气"。韩语词汇包括汉字词、韩语固有词以及外来词等。韩文学会编纂的《大辞典》收录 164 125 个词语,汉字词占 85 527 个,达到 52.1%。虽然日常生活韩国人经常使用固有词和外来词,但在正式场合或学术领域一般都用汉字词。

9.1.6 韩国国际快递下单支持中文[①]

韩国未来创造科学部邮政事业本部 26 日宣布,国际快递网络下单系统日前正在进行升级改造,用户今后在网上下单时可以使用中文、日文和俄文等外语输入物流信息。升级前的网络系统只支持英文,韩国网络购物企业在接到海外客户的中文、日文或俄文订单后发货时,往往需要首先将发送地址转换为英文,或使用当地语言手写,十分不便。目前,韩国邮政部门每年发送的国际快件大约有 110 万份,其中 54% 的快件发往中国、日本和俄罗斯等国。国际快递用户多数为网上购物商城。邮政事业本部相关人士表示,通过此次升级系统,将会提高物流配送的效率,也会有助于韩国中小企业和小商户出口海外市场。

9.1.7 韩国商户热衷学汉语[②]

周一至周五早晨 6 时 40 分,首尔一所中文学校挤满了明洞商圈的生意人。数十名学生在老师带领下用中文练习说"这件衣服多少钱?5 万韩币。看一下,很漂亮"等日常买卖用语。虽然中国顾客占全体顾客的 60%,但大部分是带着韩国翻译的团体游客。商户们表示不管如何努力用韩语介绍商品,翻译只能用几个词译个大概。要做好生意还得学好汉语。今年前 10 个月,到访韩国的中国游客达 524.6 万人次,这一数字全年有望突破 600 万。目前韩国全年旅游收入的一半来自中国游客。在中国游客经常到访的首尔明洞和东大门等地,懂中文已成为商人的"生存之道"。随着日本游客持续减少,不少日语导游已开始转行学汉语,试图从日益繁荣的中国游客市场上分一杯羹。

9.1.8 汉语成韩国必学语言[③]

随着中国的持续崛起,世界各国对汉语的兴趣与日俱增。韩国也不例外。2013 年韩国国内的汉语教育市场估值为 5000—6000 亿韩元(1 美元约等于 1021 韩元),在过去 10 年这一市场每年增长 20%。面授教学占 80%。许多私立语言教育机构已经把培训重点从英语转向汉语。儿童汉语教育课程也在蓬勃发展。在一些私立幼儿园,汉语与英语一样成为必修课,尤其在首尔市富裕的江南区,

---

[①] 摘自韩联社 2014 年 8 月 26 日报道。
[②] 摘自韩国《朝鲜日报》2014 年 12 月 2 日报道。
[③] 摘自韩国《朝鲜日报》2014 年 6 月 21 日报道。

已经涌现出大量汉语幼儿园。当前韩国66.2%的小学都开设了不同形式的汉语课程。很多企业在员工招聘环节对说汉语的申请者尤其感兴趣。一些行业翘楚,像希杰、衣恋、LG化工以及三星等对会说汉语的应聘者特别青睐。韩国有两万多家企业希望进军中国市场,能说汉语的雇员因此成了香饽饽。

9.1.9 韩国无证中文"黑导"将受制裁[①]

中国游客已成韩国旅游业的主角,但中文导游素质却参差不齐。韩国文化体育观光部2月26日表示,对无证"黑导"和旅行社进行包括罚款在内的行政处分。为根除部分中文导游歪曲韩国历史的现象,韩国还决定改善导游证考试和教育程序。现行法律规定,如果无证"黑导"现场被举报,所在旅行社将受处罚;举报3次以上,旅行社将被取消资格。据悉,韩国有正规中文导游6450人,他们须通过历史考试、经过培训才能上岗。由于赴韩中国游客增长,当地旅行社雇佣中国朝鲜族人导游。但这些人不了解韩国社会和历史,且未经正规培训。中文导游水平不高,韩国旅游业管理不善难辞其咎。旅行社不关心服务质量,只想引导游客消费。有的正规中文导游将证件转借或租给非法导游。

9.1.10 韩国吸引中国游客600万[②]

"欢迎光临",是最近首尔主要百货商场或明洞等购物街到处挂满了的中文条幅。在仁川亚运会和中国国庆长假期间,商家预计中国游客数将会激增,纷纷使出各种招数取悦游客。很多中国人抱怨尽管在明洞或百货商场说汉语行得通,但只要走出首尔就会遇到语言障碍。与日本或新加坡不同,韩国地铁或公交线路没有汉语标识,给中国游客带来困扰。由于地理毗邻等众多有利因素,造访韩国的中国游客数每年都在增加,去年432万人,今年有望增至600万人。快速增加的中国游客已成为拉动韩国内需市场的动力。由于语言不通,交通和观光地也没有像样的汉语指示牌,中国游客大多选择组团出行,这制约了中国游客的消费。有关人士呼吁应抓紧制定对策,更好地提高观光旅游收入。

9.1.11 日本石川出租车司机配备中文导游手册[③]

11月26日,石川县出租车协会发放方便出租车司机与外国人交流的外语手册。这本题为"欢迎来金泽"的外语小册子,用汉语和英语等4种语言分别总结了外国游客乘坐出租车时的常见问题和预期回答。由于每个问题都有外语和

---

① 综合韩国《朝鲜日报》、韩联社2014年2月26日报道。
② 摘自韩国《中央日报》2014年9月22日报道。
③ 摘自日本《北国新闻》2013年11月26日报道。

日语对照，日本出租车司机和外国游客根据自己的母语能够找到相应问题的答案，或者手指特定内容进行简单交流。关于到达目的地的费用和时间、遗忘物品确认以及是否需要收据等，都有详细的中文说明。石川县出租车协会表示当地出租车司机平均年龄在 60 岁，重新学习外语比较困难，该协会专门制作了这种便于携带的外语小册子。金泽市约 1600 名出租车司机已领取这一手册。随着北陆新干线的运营，当地旅游部门预计来石川的外国游客将增加。

9.1.12　日本京都市消防局将开通汉语等 5 种外语 119 电话[①]

日本京都市消防局 12 日宣布，为了便于救护外国游客，将从 10 月 1 日起开通 5 种外语的 24 小时 119 电话。这 5 种外语为英语、汉语、韩（朝）语、西班牙语及葡萄牙语。据悉，埼玉市已开通了 24 小时的 5 种外语 119 电话。据报道，消防局计划在接到求救电话后委托翻译公司进行同声传译，通过三方通话功能迅速了解目的地和症状。在灾害现场也能通过急救队配备的手机让外国人自述病情。京都市消防局职员迄今一直使用自制的问答汇编与求救的外国人交流，但这样做颇费时间。据悉，该市消防局每年救护的外国游客数量有近百人，其中由外国人拨打 119 电话的只有 10 起，大多由日本人代为拨打。京都市长门川大作呼吁外国人也充分利用 119 电话。

9.1.13　神户消防局推汉语等多语言 119 电话服务[②]

神户消防局 6 月 1 日开始，将推出包括汉语在内的 5 种语言的 24 小时 119 电话服务，以便能准确及时地应对外国游客和留学生遇到的紧急事态。这 5 种语言分别为汉语、英语、韩（朝）语、西班牙语和葡萄牙语。该服务充分利用三方通话功能，民间的口译中心介入到拨打电话的外国人与消防员的通话，并提供即时口译服务。在灾害或急救现场，外国人和消防员也可通过手机寻求翻译帮助，确保顺利沟通。这种翻译服务预计每年能发生 40 次左右。目前，埼玉市和京都市已提供 24 小时 5 种语言电话服务。

9.1.14　日本 2013 年年度汉字"轮"[③]

日本汉字能力检定协会 12 月 12 日在世界文化遗产地京都清水寺，宣布"轮"（意为"圈"）当选为本年年度汉字。在 172 900 张选票中，"轮"的得票数居首，为 9518 票。"轮"字当选，主要是因为东京取得 2020 年奥运会、残奥会举办

[①] 摘自日本共同社 2013 年 9 月 12 日报道。
[②] 摘自日本神户消防局 2014 年 5 月 20 日报道。
[③] 摘自日本《朝日新闻》2013 年 12 月 12 日报道。

权(在日语中奥运五环也被称为"五轮"),此外该字也可用来表示日本关东大地震的灾后重建逐渐扩大规模,人与人携手组成团结的圈子。年度汉字反映本年度日本的社会情况,自 1995 年起阪神大地震开始公开征集,今年已经是第 19 届。每年 11 月 1 日至 12 月 5 日,活动主办方面向全国通过投票箱、明信片以及网络等进行征集,今年还首次接受中国、越南等国家民众的推荐。

9.1.15 日本铁路公司推汉语促发展[①]

西日本铁路公司(JR 西日本)25 日宣布,4 月起为京都站和大阪的两座车站配备能说英语和汉语的向导。JR 西日本还将与中国台湾地区等地旅行社合作开设推介其旅游产品的网站,希望借日元贬值之机吸引更多亚洲游客。目前,JR 西日本仅在关西机场站配备外语向导。4 月起将为京都站、新大阪站和天王寺站各配备一名外语向导。临近天王寺站的日本第一高楼"阿倍野"(HARUKAS)3 月 7 日全面开业,预计日后前往该站的海外游客将持续增加。合作开设的中文网站为游客提供包括铁路旅行、温泉和美食在内的旅游套餐,同时还介绍众多旅游景点的相关信息。JR 西日本还在京都站的 JR 票务窗口设置了外国游客专用柜台。

9.1.16 中日的国际影响力可能因语言传播而拉大距离[②]

近年来,受到中国政府资助,到北京学语言的太平洋岛国年轻人不断增多。他们留学期间的生活费用由中国政府提供,回到当地后则大多在中资企业或酒店工作。南太平洋地区很多小国都不富裕,中国提供天线设备,向当地有线电视台传输中央电视台的节目。通过收看节目而对中国感兴趣的当地人再被孔子学院接纳,学汉语的人因此不断增加。中国目前在全球 120 个国家和地区开设了 440 所孔子学院和 646 个孔子课堂,注册学员达 85 万,教师超过 2 万人。而反观日本国际交流基金会在海外运作的日本文化中心这类提供日语教育的机构仅分布在 21 个国家和地区,且只有 22 所。语言学习有助于交流,加强语言学习是决定性的环节,日本学者担忧未来中日的国际影响力将拉大距离。

9.1.17 北海道高中教汉语促就业[③]

钏路市白糠町的白糠高中新学年开始将正式导入汉语授课。该町教委将汉语定位为第二外语,保证学生能够学汉语学到高中。2013 年 4 月,该校引进持

---

① 摘自日本共同社 2014 年 3 月 26 日报道。
② 摘自日本《读卖新闻》2014 年 6 月 11 日报道。
③ 综合日本《北海道新闻》《新华侨报》网站 2014 年 4 月 24 日报道。

有日语和中文指导资格证书的教师,开始阶段性导入汉语教学。在一年级学生的综合学习时间,由中国外语指导助手进行5课时的中文授课。钏路教育局表示其辖区内尚未有将中文作为教学课程的学校。白糠町是首个将中文作为第二外语的地区,它将继续推进汉语教学。北海道东部地区的旅游景点吸引了越来越多中国游客。另一方面,钏路辖区的水产公司等也正在持续向经济增长显著的亚洲销售商品。白糠高中认为,学生学习中文将有助于他们将来就业。

9.1.18 马来西亚越来越重视汉语教学[①]

马来西亚玻璃市某地汉语小学,今年入学学生22人,其中11人为马来人,9人为暹罗人,只有2名华人。校方表示该校原本是由华人社团发起为其子女提供汉语教学的,但在过去5年里华裔学生越来越少,马来人和暹罗人更愿意把子女送来学习,如今他们的人数已经反超华人。学生家长表示子女对汉语更感兴趣,希望能掌握这门语言,他们也支持孩子多学一门语言。有些家长承认掌握汉语对孩子将来的发展会有帮助,处在多民族环境下,孩子从小和其他民族的学生一起成长很有好处。有些家长认为学好汉语能与大家族中的华裔亲戚更好交流。州教育局局长说家长对方言教育体系越来越宽容开放,而且学生在这些学校里还有可能学到除马来语和英语之外的第三种语言。

9.1.19 马来西亚政府官员学华语[②]

为了让政府官员能多掌握一门除马来语以外的语言,马来西亚国民团结及融合局在国家翻译与书籍局、汉文化中心及中国汉语口语水平考试委员会的支持下,决定为本部门的官员提供汉语教育。马来西亚全国共有519名政府事务协调官,他们将优先参加课程学习,以便使他们在华裔人口占多数的社区调解问题时得心应手。这项学习计划主要面向该领域全体官员,尤其是那些母语不是汉语的官员开放。政府官员能说一两句汉语,被服务的华裔民众就会感到亲切。该计划仅仅酝酿6个月,就得到社会各界的广泛支持并成功举办。计划共分3等9级。每一级共有48个小时课程,预计3个月内完成,学员学业结束时参加测试,一旦通过将获结业证书。目前暂定一班至少30名学员,随后马来西亚教育部及卫生部等政府部门也将进行相关的官员汉语培训。

[①] 摘自马来西亚《新海峡时报》2013年1月3日报道。
[②] 摘自马来西亚《新海峡时报》网站2013年3月5日报道。

9.1.20 纳吉布总理华语贺新年①

2月4日,马来西亚一些华文电台播放纳吉布总理跟他22岁的儿子学汉语的对话片段。他的儿子穆赫德·阿什曼·纳吉布(中文名为"季平")2010年曾在北京外国语大学学汉语。节目中,纳吉布跟儿子学习用汉语念自己的名字。阿什曼还向纳吉布解释"纳吉"两字的中文含义。随后父子俩一起用自己的中文名字谐音来祝贺华族"四季平安","纳吉迎春"。纳吉布以前在春节期间曾向华族民众发放新年贺卡,以表达新春祝愿。此次跟儿子学汉语的创意广告,既表达了对华族文化的尊重,又展示了父子之间的人伦温情,可谓一举两得。

9.1.21 马来西亚2013年年度汉字"涨"②

马来西亚华人总会堂和马来西亚汉文化中心主办的2013年马来西亚年度汉字评选于12月18日在吉隆坡揭晓。得票最多的年度汉字是"涨",显示马来西亚人对通货膨胀的忧虑。活动组织者表示,年度汉字评选活动,不但是对一年中该国的重大新闻和人民生活及世态的总结归纳,也能促进汉字在华人社团的普及。自9月年度汉字推荐以来,主办方接到331个推荐汉字,"涨"字可以说是众望所归,以超过40%的优势把其他推荐汉字抛在后面。年度汉字评选已经成为马来西亚华人社团的全民活动,也受到其他种族的关注。本年年度汉字评选过程出现年轻化(30岁以下年轻人占54%)、国际化(19个国家及地区的海外马来西亚人通过网络投票)以及跨族化、科技化等可喜变化。

9.1.22 马来西亚州政府立项推广华语③

霹雳州政府宣布明年将继续与华文学校和非政府组织合作,进一步满足社会各界对华语的需求。国家非穆斯林事务委员会主席马汉顺,目前负责组织一个协调机构,征集并审议各界提交的方案。协调机构的构成是向委员会提交过活动策划的学校督导、教师和非政府组织机构的负责人。马汉顺表示,协调机构将审查提交方案,如果确定某方案符合委员会宗旨,就将资助其组织策划活动。非穆斯林事务委员会本年度遴选了35个项目,涉及文化、宗教和教育等领域,活动形式包括故事演讲会、诗朗诵、辩论赛以及论坛组织等。由于各地推广华语的活动生动活泼,吸引了很多学生的参与。专家们指出,华语学习不应局限在课堂,还应拓展到户外,通过郊外旅游调动学生积极性。

---

① 摘自马来西亚《星报》2013年2月5日报道。
② 摘自马来西亚汉文化中心网站2013年12月18日报道。
③ 摘自马来西亚《新海峡时报》2014年10月18日报道。

9.1.23 马来西亚副首相强调汉语作为第三语言[①]

马来西亚副首相丹斯里慕尤丁鼓励在全国推广汉语普通话,并有意将其作为该国第三语言。兼任教育部长的慕尤丁表示汉语普通话教学应该是教育进步进程中值得关注的焦点问题。他声称在近来访华期间,与中国领导人探讨过这一问题,并呼吁为马来西亚儿童创造一个将汉语作为第三语言学习的机会。在近日马来西亚博特拉大学举办的一次活动中,他透露马来西亚已与中国政府达成协议,中方将为这一目标的实现提供普通话师资培训。慕尤丁表示,推动普通话教学旨在丰富和完善马来西亚现有的马来语和英语教学系统。该计划是马来西亚2013—2025年教育蓝图规划的一部分。"我们同时也将与中国共同促进中国的马来语教学,目前中国已有8所大学开设马来语课程。"

9.1.24 华语在新加坡不会消失[②]

在11月22日国是论坛对话会上,针对有代表担心新加坡日趋英语单语化而将失去多语精彩,李显龙总理声称"不相信华语会在新加坡消失"。他表示新加坡与中国交往密切,许多本地人无论是在工作或生活上,都有机会用华语。对于地铁站和民众俱乐部等公共设施的告示牌只使用英文,他辩称应以务实态度看待这一问题:本地人多讲英语少讲华语的现象,并不会因为政府到处竖立华语告示而有所改变。他认为尽管双语双文一直以来是新加坡的传统,但如今有不少欧美人士已能讲流利的华语;说得一口流利英语的中国人也越来越多。因此新加坡人在学习和掌握双语方面仍然必须继续努力,方能保持传统优势。

9.1.25 新加坡华裔儿童使用中文频率下降[③]

新加坡华文教研中心的一项调查显示,新加坡华裔儿童使用中文的频率或有下降趋势,在家中与父母用中文沟通的幼儿仅占40%,大部分儿童用英语与兄弟姐妹及同伴沟通,所接触的华文读物、卡通节目和电脑游戏的时间也远不及英语的多。这项调查以327名新加坡籍华裔幼儿为对象,幼儿的父母其中一人必须是新加坡籍华人,其中199人是6岁儿童,另外128名年龄介于3—4岁之间。他们来自18所邻里、私立及教会幼儿园及托儿所。就读于私立和教会主办的学前中心的幼儿家长学历较高,其与孩子沟通时使用中文的频率偏低。专家表示,若不努力增加孩子接触中文的机会,幼儿不使用中文的情况将越来越严

---

① 摘自马来西亚《新海峡时报》2014年12月7日报道。
② 摘自新加坡《联合早报》2013年11月23日报道。
③ 摘自新加坡《联合早报》网2013年9月13日报道。

重;因此建议幼儿家长和学前教育中心注意改善幼儿的语言环境。

9.1.26 新加坡 2013 年度汉字"霾"[①]

新加坡《联合早报》主办的"字述一年"年度汉字评选活动 12 月 24 日揭晓。"霾"字以占总选票超过三成的得票数登上榜首。在持续 3 周的票选期间,"霾"字成为很多新加坡居民的首选,共获得 4 万多张选票。这种由灰尘和硫化物等悬浮颗粒形成的混浊空气,让新加坡人在本年度见识了近年最严重的霾害。今年《联合早报》连续第三年举办汉字评选活动。活动首先由编辑室联合专家组甄选出 10 个候选汉字,然后交由新加坡民众票选。今年其他候选汉字还包括"贪""网""盼"等。民众通过发送手机短信、登录社交网站和邮寄表格等方式,提交了近 13 万张选票。年度汉字评选既能帮助回顾过去一年的重大事件,也能加强年青一代对汉语的认知,提高学习汉语的兴趣。

9.1.27 新加坡总理表示华语应允许"零翻译"[②]

新加坡总理李显龙 5 月 4 日在"脸谱"网站上与网民分享英国广播公司网站一则关于中国外语词"零翻译"现象的文章。该报道显示汉语在中国因外来语使用日益广泛而发生变化。李显龙指出不仅华语,其他语言也都有大量外来词,如马来西亚使用的马来语和印度使用的泰米尔语,就经常掺杂英语。他进一步指出:"语言是一个活的并且不断变化的事物。只要使用就将接受外来影响。否则就会像拉丁语或梵语那样,成为只有学者研究但一般人不再使用的死语言。"所谓"零翻译",是指刻意不翻译文中外来词的做法。一些人认为"零翻译"是种务实做法,也有人认为它破坏了汉语的纯洁性。谈及新加坡的语言政策,李显龙强调政府关注和保护语言在本地的使用,但同时指出,母语是人们使用的活语言,新加坡人应接受它随时间发展与演变的事实。

9.1.28 新加坡改变语言政策将损害双语化[③]

如今越来越多的新加坡人能说一口流利的华语。一些华人社团觉得可以放松对方言使用的限制。7 月 6 日,李显龙总理认为这不合时宜,多年前新加坡的语言政策主张不说方言,就是为了更好地推进"双语化",使新加坡保持良好的英语和华语水平。尽管方言仍有用武之地,但不适合推广。改变语言政策,可能危及新加坡目前较高的语言水准,并损害未来的语言优势,代价昂贵。针对近年要

[①] 摘自新加坡《联合早报》2013 年 12 月 24 日报道。
[②] 摘自新加坡《联合早报》2014 年 5 月 5 日报道。
[③] 摘自新加坡"星在线"2014 年 7 月 7 日报道。

求放宽方言使用的呼声,李显龙表示理解并也认为应该保护方言;但在国家层面,对标准语和方言的使用问题,必须综合考量。35年前新加坡首次举办讲华语的活动,就曾由于方言所限,华人社团之间难以沟通而没有达到效果。他援引香港为例,港人能说流利的广东话,但英语和普通话水平欠佳。

9.1.29　柬埔寨中国游客持续增长[①]

柬埔寨旅游部表示,今年前6个月有23.1万中国游客到访柬埔寨,比上年同期增长55%。2012年中国游客总数为33.4万,较上一年增长35%。旅游部统计和规划部门负责人称,中国游客人数的攀升得益于直航、旅游热点的吸引和两国的睦邻友好关系。柬中两国政府间联系密切,鼓励更多中国游客、投资者和商人访问柬埔寨。今年6月,柬旅游部发布新五年规划,希望到2018年能吸引130万中国游客。为此,柬埔寨政府将研究在柬兴建唐人街的可行性;培训更多能说汉语的导游服务人员;出入境表格、机场公告以及主要道路路牌都将标识汉语。中国目前是柬埔寨第三大旅游客源国,仅次于越南和韩国。

9.1.30　汉语普通话在老挝北部受欢迎[②]

汉语普通话在老挝北部很受欢迎。在通往中老边境的很多城镇和村庄,汉语学校如雨后春笋般出现。越来越多的老挝人把孩子送到汉语学校学汉语。中国经济的腾飞和繁荣强烈地震撼了当地民众。每天老挝人看到中国卡车在高速公路上上下下,货轮在湄公河穿梭往来,一派繁忙景象。中国是老挝最大的投资国。在老挝北部,中国投资商兴建了许多工贸新区。经济不宽裕的老挝人,为了能在中资公司找到工作,纷纷补习汉语,学习中国历史和地理。如今汉语成了老挝北部最受欢迎的外语。由于英法两国的公司在老挝北部投资较少,当地人因而放弃了被世界大多数人视作全球通用语的英语和法语,转而学习汉语。

9.1.31　印度城市拥抱汉语和日语[③]

在印度浦那等城市,市民们一度热衷学习德语和法语等西方语言。然而近年汉语和日语逐渐走俏。一位外语培训中心的负责人表示,两年前开设汉语补习班时,每期只能招收到两个班,每班只有10—15人;而如今,每期能有3个班,每班至少有30人。学员有大学生、企业员工、私营业主,还有老人和孩子。这些学员学外语的动机不尽相同。有一些人是试图更好地与中国人洽谈生意,开展

[①] 摘自马来西亚国家通讯社2013年8月19日报道。
[②] 摘自马来西亚《新海峡时报》2013年8月19日报道。
[③] 摘自印度《印度快报》2013年11月4日报道。

商务合作。有一些年长的学员甚至是为了提高记忆力,防止阿尔茨海默病。选学汉语的人表示认为汉语很"酷",中国经济增长迅速,与印度商务交往越来越多,很有用。学日语的则多数是动漫迷。

9.1.32　印度军队重视汉语学习[①]

印度陆军要求其精锐伞兵特种部队不仅具备秘密作战能力,还应掌握语言技能。目前印度陆军正在对其伞兵突击部队实施"战略性外语培训",其中特别强调学习汉语的重要性。印度计划在 2014 年之前培养 993 名可服务于陆军伞兵突击部队的通晓多国语言的作战人员。由于特种部队应能在敌国领土对特定目标进行外科手术式的打击,所以他们应该精通潜在敌对国的语言文化与行为方式。语言能力也有利于加强特种部队在不同区域执行任务的能力。印度军方将汉语作为培训的重点,是因为精通普通话的印度军方人员匮乏。然而据一名消息人士坦言,印度军人学习汉语的难度不小。

9.1.33　印度军队高级军官进行华语培训[②]

9 月中旬,印度金达莱全球大学声称为印度军官开设的为期 4 周的华语培训课程已结项。该校一项声明表示,已有 18 名印军高级军官完成此次旨在提高使用汉语普通话交流能力的强化训练。汉语为母语的外籍教师全程指导这些印方军官如何在一些正式场合与中国军方代表用华语交流。这些场景包括各类外交场合、双边磋商以及边境会谈等。前印度军事培训总监表示加强对邻国中国的了解,对印度安全非常重要,作为印度军官有必要掌握汉语普通话以应对各类与中方人员进行交流的场合。印度 2011 年度曾向中国台湾地区征求教授华语的教师约万名。金达莱全球大学拥有中国台湾地区设置的两所"台湾教育中心"之一。

9.1.34　中国教师为印度汉语普通话教学注入活力[③]

汉语在印度日益受到欢迎。中央中等教育委员会首次引入汉语课程时,只有 100 名学生,如今约有 4000 名学生跟随中方汉语教师学汉语普通话。随着前期 22 所试点中学汉语教学的成功,印度教育部门计划把汉语课向更多学校推广。中国经济崛起,并且与印度的贸易联系也越来越紧密。印度在 2011 年启动汉语作为外语教学的项目,但遗憾的是由于师资不足,2012 年 1 月不得不停办。

---

① 摘自印度《印度时报》2013 年 7 月 11 日报道。
② 摘自印度 IBN 直播电视新网 2013 年 9 月 22 日报道。
③ 摘自印度《印度时报》2014 年 9 月 21 日报道。

2013年以来，通过与中国国家汉办合作，22名中国汉语教师被派遣至印度22所中学执教，使得印度汉语教学起死回生。"最初，汉语课是在中学六到八年级作为一种兴趣课开设，现在打算将其作为一门正式外语课。全校已有500名学生选学汉语普通话。"一所试点学校的校长如此表示。

9.1.35　巴基斯坦增设汉语学校应对汉语热[①]

为满足巴基斯坦不断增长的汉语学习需求，中国正在巴基斯坦培训更多的汉语教师、开设更多的汉语学校。中国还希望巴基斯坦电视频道能够播出一些中国的电视节目。此外，中国还在巴基斯坦开设第二个孔子学院，以完成为该国培训1000名汉语师资的目标。有中国媒体称，消除语言障碍将有助于促进中巴双边贸易、推动巴基斯坦在高科技领域的发展。去年一年中巴双边贸易超过120亿美元，比上一年增加了18%。巴基斯坦国立现代语言大学的汉语系，从前学生一般是30人，如今该系学生已经超过200人。越来越多的中国公司到巴基斯坦投资办企业，使得当地人对汉语学习趋之若鹜。

9.1.36　巴基斯坦：所有的公立大学都将提供汉语课程[②]

最近巴基斯坦—中国研究院与卡拉奇大学合作，他们将通过视频会议的方式为全国所有公立大学提供基础汉语课程。鉴于中国如今在世界的经济、科技和工程等领域的重要地位，该项目旨在为巴基斯坦的学生提供基础汉语教育，这将有助于他们未来的生活。该汉语课程将帮助全国的本科生和研究生学习基础科学，并用科学和社会科学来发展他们的语言技能。据悉该项目也得到了来自卡拉奇大学孔子学院以及国家现代语言大学的汉语专家的帮助。

9.1.37　春节期间巴厘岛面临汉语导游荒[③]

印度尼西亚旅游协会巴厘岛分会主席阿丹纳表示，当地正面临汉语导游荒。春节是中国游客涌入巴厘岛的高峰期。从岛外调来导游帮忙，已成为过去几年来弥补汉语导游缺口的惯例。他们多来自雅加达、棉兰等地。2015年春节前夕，至少已有10家当地旅行社称，还需要200名会说汉语普通话的导游。该协会巴厘岛分会有40家旅行社专为中国游客提供服务。分会秘书处表示："中国游客平均逗留5天，即便是最简单的事务，中国游客也需要导游全方位的帮助。他们大都不会说外语。"巴厘省旅游部门的数据显示，在8334名获得从业证书的

---

① 摘自印度《印度快报》2013年8月7日报道。
② 摘自 www.universityworldnews.com 网站2014年2月14日报道。
③ 摘自印度尼西亚《雅加达邮报》2014年2月16日报道。

导游中,仅有1048人会说汉语。去年巴厘岛共接待中国游客58.5万人次,是前年的1.67倍。该岛已成为最受中国人青睐的旅游目的地之一。

9.1.38 卡塔尔引入汉语普通话和英语课程①

位于多哈的哈马德·本·哈里发大学附属的翻译和口译研究院,作为卡塔尔教育、科学及社区发展基金会的成员单位,将提供包括汉语普通话和英语的专家培训。该语言中心已经提供了阿拉伯语、法语和西班牙语的语言课程。随着卡塔尔日益增长的新语言需求,他们还将不断追加新的语种教学。"外语技能是身处全球化世界的公民必须具备的一项重要能力",中心负责人表示,"对学生、寻找工作的毕业生和商务人士来说,能使用多种语言进行有效的交流非常必要。"为此,该中心试图为学生提供学习和掌握全球最广泛使用语言的机会,为他们今后的学术和职业生涯打好基础。该中心目前正在招收2014年秋季学期的学生,课程从9月开始。上一学年该中心总计招收了350名学生。

9.2 美 洲

9.2.1 美国人分不清中文是广东话还是普通话②

旧金山教育委员会在观摩获得2012美国教育部颁发的"蓝丝带奖"的中文沉浸教育学校的学生表演中文时,并不知道他们说的不是作为中国官方语言的普通话,而是广东话。这让教育主管部门大伤脑筋。长期以来旧金山地区一直将粤语沉浸式教学称为中文沉浸式教学。这引起学生家长的混淆,他们可能不了解自己孩子6年所学的究竟是在中国南方流行的粤语,还是能与十几亿中国人沟通的普通话。有关人士呼吁校区主管厘清各学校粤语与普通话教学的差异,以免误导学生家长。旧金山历史环境特殊,粤语人口众多,早年曾直接将粤语当成中文。教育主管部门表示,学生家长应该具有辨别官方语言与方言的差别。至于中文学校是否明确标明所授语言,由各学校自行决定。

9.2.2 芝加哥一学区终止小学汉语课程③

对芝加哥郊区阿灵顿高地25学区的小学生而言,2009年起开设的汉语课就要停课了,尽管一些学校仍希望将其继续办下去。对该地区约1000名家长的调

---

① 摘自卡塔尔《半岛报》2014年8月25日报道。
② 摘自美国《星岛日报》2013年1月22日报道。
③ 摘自美国《芝加哥论坛报》2013年2月26日报道。

查显示,87%的家长希望子女能在小学学习第二语言,近一半的家长希望在幼儿园或小学一年级就开设外语课。该地区小学目前只教汉语。"作为小学世界语言的汉语普通话"计划的创办源于联邦外语助教项目的资助。有2400名四到五年级的学生接受每周两次30分钟的汉语训练。过去两年该学区共投入20万美元资助该计划的落实。该地区另一项调查显示,73%的父母更希望子女学西班牙语,愿学汉语的只有27%。鉴于中学阶段可选的外语语种增多,该学区小学单一汉语的教学只是一种试点。该地教育董事会决定暂停汉语课程。

9.2.3 美国沉浸式汉语课程受欢迎[1]

洛杉矶附近一所小学开设沉浸式汉语课程,老师上课全用汉语。这个项目受到众多家长的欢迎。美国对熟练掌握汉语语言交流技能的需求不断扩大,反映了美国对亚太的外交转变。根据美国应用语言学研究中心的数据,汉语授课过去10年在全美迅速增长,而包括法语、德语、日语在内的其他外语课程却急剧减少。有关人士表示:"学校都在大幅削减预算,中国派遣免费或收费极低的汉语老师来美国授课,真是太好了。"父母中一方或双方都有中国背景的传统家庭,让孩子上中文学校是为了巩固他们的文化"传统"或回国与祖父母沟通的能力。但更多父母表示,出于经济和职业前景的考虑才让其后代学中文。

9.2.4 用互联网"抢救"汉语方言[2]

美国语言学家史蒂夫·汉森和凯伦·帕克目前正在网上招募志愿者,希望他们深入中国各地,记录全国2862个县的语言和故事。他们在2012年建成乡音苑(Phonemica)网站,已有约200名中国志愿者和会说中文的外国志愿者。他们在中国各地帮助录制朋友及亲人用方言讲述的故事。由于难以亲身参与田野语言调查,这两位语言学家采用"众包"方式,利用志愿者来完成这一艰巨任务。汉语普通话在中国的推广非常成功,一些方言区的家长甚至鼓励孩子在家说普通话,这使汉语方言前景堪忧。中国政府已注意到这一现象并启动"中国语言资源有声数据库"建设,以记录各地丰富多彩的方言,保护当地的语言文化。

9.2.5 美国大学请人教认中国人名[3]

爱荷华大学国际留学生数量不断增加,其中中国留学生数量的增长幅度较大。对于美国大学教师来说,中国人名非常绕口难念。鉴于此,该校商学院专门

---

[1] 摘自法新社2013年3月19日报道。
[2] 摘自美国《华尔街日报》2013年6月26日报道。
[3] 摘自美国《公报》2013年8月24日报道。

聘请一名中文老师教他们正确识读中国人名。每周四与周五,该院教职员工都会放下工作,学习发音。中国留学生名字分普通话拼音和广东话拼音两类,分别来自内地和香港等地区,两类发音都会传授。早在今年2月,该学院一些教师就提出学习中国人名发音的想法。其主要原因是中国留学生数量的暴增,2012—2013学年,商学院共招收497名国际留学生,其中有412名来自中国。而2005年该院国际留学生仅为34名。为了帮助中国留学生提高英语读写水平,该院还曾专门招募英语教师进行辅导。此次学习中文姓名发音,也是希望给中国留学生在家般的感觉。

9.2.6 美国纽约家长送孩子学汉语[①]

为了让孩子有好的前途,很多家长总是想方设法让孩子赢在起跑线上。在美国纽约,一些家长正给小婴儿请家教学汉语和法语,甚至不等小孩到4岁,就未雨绸缪地为顶尖私立学校的入学考试做准备。一些孩子连母语(英语)句子都还说不利落,就已经在曼哈顿上汉语和法语课。一家幼儿外语培训机构的负责人表示,在20年前移居纽约时,他就发现了父母想尽早让子女学习外语的巨大商机。纽约父母重视子女外语学习的原因,一方面是该市37.2%的居民来自海外,即便自己非双语,富裕家庭还是希望孩子懂双语。另一个原因在于,人们相信,在双语环境中长大对儿童的记忆力和早期学习有正面影响。由于中国经济发展迅猛,汉语需求量最大;法语则被认为高级且时尚。

9.2.7 "末日博士"要学汉语普通话[②]

有"末日博士"之称的纽约大学经济学教授鲁比尼正在学习汉语。他表示懂这门全球人口最多国家的语言非常必要。鲁比尼因成功预测美国房地产市场危机而成名。"你不得不学习汉语,汉语将成为主要语言,这是未来。"鲁比尼表示越来越多的纽约富有家庭雇用中国保姆来教他们的孩子说汉语。鲁比尼说,如果他有孩子的话,也会让他们学习汉语。鲁比尼是在瑞士达沃斯世界经济论坛上,向媒体透露这一新爱好的。尽管英语仍是全球主要商业语言,但要更好了解中国的文化、经济与历史,学汉语十分重要。全球十几亿人以汉语为母语,是美国人口的3—4倍。讲汉语的国家和地区包括中国、新加坡等。

---

① 摘自法新社2013年10月28日报道。
② 摘自美国有线电视新闻网2014年1月27日报道。

9.2.8 领英推出汉语网站[①]

领英是全球最大的职业社交网络服务商。最近该公司推出汉语网站，目前处于公测阶段。领英表示此举试图为中国用户提供更具地方特色的服务。中文网站的推出有利于扩大领英在中国的业绩——它的竞争对手（如脸谱和推特）依然没能进入中国市场。据统计，中国网民已经超过5亿，成为世界上最大的网络市场。领英同时表示希望能与中国红杉以及宽带提供商合作，旨在"帮助超过1.4亿的中国职场人士实现互动，并与领英已有的2.77亿全球会员交流"。领英英文版网站已经在中国运行十多年，拥有400万中国用户。领英表示汉语网站实现本土化，将能更好提升中国客户的用户体验。

9.2.9 美国华人希望留住文化和根[②]

美国马里兰州霍华德县汉语学校堪称美国汉语教育的楷模。每个周日，人们聚集在位于霍华德社区大学内的该校学习汉语。该校提供从幼儿园至十年级，以及适合成人的汉语语言和文化课程。它是1998年由一群不想让孩子忘记祖裔语言的华人父母创办的。创办之初只有80个学生，现在登记注册的学龄学员已增加至1000人，成人学员有400人。工作人员中有来自中国学校的教师。学校招收来自各种族和民族背景的、5岁及以上年龄的学员，教授普通话、简化汉字和汉语拼音，同时提供双语课程和太极拳、合唱、中国功夫等课外课程。对霍华德县的华人社区来说，该学校有着巨大的吸引力，根据马里兰州数据中心的统计，到2010年底，该县有8625名华人居民。

9.2.10 美国一学校因师资匮乏不得不终止汉语课程[③]

宾夕法尼亚州伯利恒学区的教育官员不得不对汉语说再见。该地区汉语课程过去6年走马灯似地换了5名老师，终于因找不到获得认证的汉语老师而停止。学区官员表示这是"供需矛盾"的实例。学生有学汉语的需求，校方也有开设汉语课程的决心，但面临的是师资供应问题。其实在当地能找到一些胜任的老师，但由于未获州政府认证，联邦政府对外籍人士有严格的工作限制，他们无法上岗授课。学区主管7月1日决定停授汉语课。约有40名高中生和40名初中生受到影响，将被迫转学西班牙语或法语。学区教育部门计划在暑期举办为期两周的课程补习，以帮助这些学生顺利迁移到其他外语课程。那些对砍掉汉

[①] 摘自英国广播公司2014年2月25日报道。
[②] 摘自美国《巴尔的摩太阳报》2014年5月18日报道。
[③] 摘自美国"时报联盟"2014年7月20日报道。

语课不满的家长正协商聘请私人教师,以使子女的汉语学习得以继续。

9.2.11 麻省35个学区提供汉语教学[1]

目前全美约有16个州要求高中毕业生必须掌握一门外语。麻省虽然对外语教学没有强制要求,但建议高中生至少学习两年的外语。西班牙语是麻省最受欢迎的外语,全州大约有220所高中教授这门语言。汉语也是该州教授的主要外语,当前约有35个学区提供普通话汉语教学项目。各学区自主选择外语,主要是根据当地居民的族裔状况或者家长和老师的要求做出决定。全国层面的影响也有一定作用,美国汉语教学比较"火",汉语教学点遍布全美各处。这对民众和教育决策者的外语选择也有重要影响。资金也是学区决定提供何种外语教学的因素。预算紧张曾导致一些中学一度停止西班牙语教学。

9.2.12 美国在家说汉语的人口超过300万[2]

美国境内说英语之外语言的居民日益增多。美国人口普查局的数据显示,在家不说英语的美国居民已增至6000多万人。汉语作为全美第二大外语,覆盖人口超过300万。2000年,生活在美国的民众有4700万人在家不说英语,占总人口的18%。如今这一人数已经涨至21%,达6200万人。汉语成为仅次于西班牙语的第二大家庭使用语言。说某一种外语的人口增长使得许多州不得不出台新政策以应对。例如德州就规定,当某一学区至少有20名学生使用同一门外语时,该学区就必须为他们提供双语教学。在加州,只要说该门外语的人口超过5%,政府就应为他们提供24小时的翻译服务。尽管如此,对于那些母语是外语的民众来说,如果不掌握英语,融入主流社会困难很大。

9.2.13 总裁秀汉语论脸谱[3]

作为世界上最知名的社交媒体之一的脸谱一直渴望进入中国市场。10月22日执行总裁马克·扎克伯格在出席清华大学举办的论坛时,以汉语答问惊艳全场。论坛期间,扎克伯格谈及如何创新、脸谱未来在中国的发展以及他为何学习汉语等问题。尽管扎克伯格的汉语水平一般,但当他说出第一个汉字时立刻引来观众的掌声。据称,扎克伯格学汉语是因为其华裔妻子。扎克伯格表示脸谱已做好在中国长期发展的准备,希望在脸谱现有的运作体制下与中国公司合作开通脸谱中文网页。当问及脸谱未来在中国的发展计划时,他表示"脸谱已经

---

[1] 摘自美国"波士顿环球网"2014年1月18日报道。
[2] 摘自美国《世界日报》2014年10月15日报道。
[3] 摘自澳大利亚《悉尼晨报》2014年10月24日报道。

来到中国"。他认为中国是一个伟大的国家,学习汉语将有助于加深对中国文化的了解。此外,他也喜欢学汉语带来的语言挑战。

9.2.14　为什么汉语不会成为国际通用语[①]

扎克伯格北京一行秀汉语,为其赢得不少印象分,于是人们似乎觉得中国经济的发展是否意味着汉语普通话将取代英语成为新的世界通行语。其实大可不必担心。诚然,掌握流利的普通话对与中国做生意确有帮助,但汉语不会成为用于全世界沟通的语言。由于历史原因,以英语作为母语的人群遍布全球,同时它既是商务和最新科技领域的交流工具,也是现代流行文化的宿主语言。预计到2020年,全球约有20亿人能说程度不等的英语,其中大多数是把英语当作第二语言来学习。与汉语普通话角力的还有中国各地众多的方言。学会普通话并不意味着能走遍中国。制约汉语的另一个因素是其邻国,像东盟选择英语作为唯一的官方语言,而没有选择汉语即是一例。

9.2.15　美国人在华经商懂汉语不上当[②]

来上海经商的西方人总是抱怨上当受骗,其实这种事在纽约、多伦多等西方任何一个城市都会发生。唯一的差别是,在西方,美国人都讲英语就够了,但到中国则需要翻译。美国商人不学汉语的常见借口是"到中国谈判有翻译,没必要学汉语"。在华经商的外国人常常幼稚地以为中国老板不会英语,所以他们聘用翻译。但真实情况可能是,即便中方谈判对手不说英语,他也能够听懂洽谈内容。在双边会谈时,中方老板自己听了一遍,又听翻译说一遍,他们有双倍时间做出技高一筹的反应。在中国,当地人对外商的了解可能多于外方对中方的了解。正是这个原因,许多美国商人以为中国人在骗他们。西方企业因此应该采取必要的应对措施,譬如主动让员工学习汉语并了解中国文化。

9.2.16　加拿大新民主党领袖就某企业招聘员工需懂汉语表态[③]

2月17日,身着唐装、参加温哥华新年游行的加拿大联邦新民主党领袖唐民凯(Thomas Mulcair),在谈到HD矿业公司一事时指出,汉语普通话不是加拿大的官方语言。由于在加拿大找不到合适的技工,HD矿业公司计划从中国引进201名矿工到墨累河谷从事煤炭开发。加拿大矿工工会组织发现,在其招聘广告上明确标明这些职位需要使用汉语普通话。此事一经媒体宣传发酵,在加

[①] 摘自美国《时代》周刊2014年11月14日报道。
[②] 摘自美国《赫芬顿邮报》2014年8月26日报道。
[③] 摘自加拿大《多伦多星报》2013年2月17日报道。

拿大国内激发当地民众的不满。一些人权主义者要求该公司在人员招聘上公平对待所有求职者,并要求政府取消中国工人的工作许可证。针对此事件,唐民凯接受电话采访时表示"加拿大有英语和法语两种官方语言,汉语不是其中的一种"。有网民评论说唐民凯此举是迎合当地工会组织。

9.2.17　加拿大新杂志面向汉语读者[①]

加拿大哈利法克斯地区的中国读者有了自己的母语出版物。一本英汉对照的季刊《打开加东》3月6日正式发布。这是第一本专门针对新斯科舍省华裔人群、新移民及中国留学生的杂志。该杂志首期封面文章讲述了劳动力市场使用国际学生的故事,其他内容则包括哈利法克斯与中国的贸易关系、华人社区服务及食品等生活信息。正文部分的所有内容采用中英文双语。出版商表示该杂志免费发行,将在哈利法克斯城区多处分发,目前正在寻找亚洲杂货店、中国餐馆、学校及人流密集的咖啡馆作为派发场所。目前新斯科舍省约有8000人说汉语方言,杂志主编希望该刊物能在短期内扩展到滨海各省的所有华人社区。

9.2.18　汉语成加拿大第三大语言[②]

加拿大统计局5月28日的报告显示,法语在加拿大的地位正在下降,而汉语、印度语甚至印第安语的地位不断上升。在加拿大西部和北部地区,法语已不再流行。三个省、两个地区的2001年统计数据显示,法语使用排在第三或第四位。以不列颠哥伦比亚省为例,5万人说法语,远不及讲汉语的人数。2011年数据显示,温哥华家庭仅有0.3%讲法语,而说汉语或印度语的家庭高达14%。加拿大统计局《2011年加拿大全国家庭调查》显示,2011年,华裔移民成为加拿大第二大新移民群体,约为12.2万人。除英语和法语外,中文是移民使用最普遍的语言。2001年至2011年间,加拿大双语使用率从17.7%下滑至17.5%。除魁北克省外,年轻人使用英法双语的比例也逐年下滑,年龄在15—19岁的年轻人中,仅有11%能熟练使用英法双语交流。

9.2.19　加拿大戒赌广告只用汉语被批[③]

加拿大不列颠哥伦比亚省公益组织"中侨互助会"日前在该省列治文市竖立中文反赌博广告牌,因只有中文、没有英文而遭到抨击。这些广告牌竖立在列治文市甘比街和5号路等地,牌上标有"小赌怡情,大赌毁前程"字样和中侨互助会

[①] 摘自加拿大《哈利法克斯编年史公告》2013年3月7日报道。
[②] 摘自加拿大《国家邮报》2013年5月28日报道。
[③] 摘自加拿大《列治文评论报》2014年3月18日报道。

的联系方式。列治文市是北美洲华人居民比例最高的城市。中侨互助会是加拿大政府资助的慈善机构,标榜帮助各国移民融入加拿大的宗旨,然而在公益广告中却不使用加拿大官方语言,此间舆论认为这是对纳税人资源的浪费。对此,中侨互助会方面表示,该组织"无意疏远任何社区和团体,将对宣传广告加以改进,并引入英文作为广告主题,将中文作为附加语言"。

9.2.20 牙买加提供汉语培训课程[①]

牙买加一家专事职业发展培训的企业,为那些试图到当地亚裔社区寻找就业机会的求职者提供汉语课程。随着牙中两国政府对话的深入,中国将投资开发山羊岛,并以此作为港口和物流中心。这将给牙买加人带来更多的就业岗位,当地人有必要提高语言交流能力。物流中心的建成将带来更多从事批发零售以及建筑业的中国籍雇员。在2012年4月—2013年7月牙买加发放的4098份工作许可签证中,约43%给了中国公民。随着牙买加对中国游客实行免签证政策,将有越来越多的中国游客造访牙买加。中国预计到2015年成为全球最大的消费市场,现在已经是苹果、宝马以及通用汽车等世界品牌的最大市场,对汉语普通话的需求已经成为众多国家和企业的共识。对于急于从中获得好处的外国求职者来说,掌握它是职业生涯最好的一块敲门砖。

9.2.21 加勒比海事学院开设汉语课[②]

今年秋天,位于金斯顿的加勒比海事学院2000名学生的课目表因汉语课程的加入而扩充。中国孔子学院将派遣两名老师来该校讲授汉语普通话课程。7月30日,分管加勒比海事学院的牙买加交通、工程和住房部长奥马尔·戴维斯、中国驻牙买加大使董晓军以及学院执行院长弗里茨·皮诺克博士,在该学院签署了谅解备忘录。戴维斯部长表示此项备忘录的签订,是两国以前签署的合作协定在航运业等领域的深化和扩展。汉语普通话的传授将促进双方的交流和友谊。出席仪式的教育部首席教育官格蕾丝·麦克莱恩博士也认为,此次引入汉语普通话教学,是牙买加教育史上具有历史意义的重要事件。

[①] 摘自牙买加《集锦者报》2014年4月18日报道。
[②] 摘自牙买加《牙买加观察者报》2014年8月1日报道。

9.3 欧 洲

9.3.1 欧洲航天员学汉语以期将来进中国空间站①

12月2日，中国将实现月球车登月旅行。欧洲航天专家给予密切关注。与中国开展联合研究项目，借助中国宇宙飞船"上天"，则是欧洲航天局更大的目标。当前欧洲航天局的航天实验只能向俄罗斯购买"联盟号"宇宙飞船的舱位。相关程序复杂、费用昂贵且风险性大。如今中国不失为一个新选择。迄今已向载人航天工程投入50亿欧元的中国，计划2018年建造一个重约60吨的空间站，最迟在2022年建成。而那正是现有国际空间站按计划报废的时候。欧洲宇航员培训中心的3名工作人员目前正在苦练汉语，以期将来能更好与中国方面交流。俄罗斯和欧洲目前主动向中国示好，邀请中国参加国际空间站实验，以换取他们获得将来在中国飞船或空间站上进行科学实验的机会。

9.3.2 英国首相鼓励儿童学习汉语普通话②

英国学校应该停止过多的法语和德语课程，加强汉语普通话教学。在结束3天的访华行程之际，卡梅伦希望"强化"与中国的教育合作，计划在2016年前将英国学校目前的中文助教人数加倍，向更多学校投资，使其能够提供普通话培训教育。英国政府的目标是使英国学习汉语的人数翻番，达到40万人。卡梅伦表示："希望英国能与世界上增长最快的经济体有更多联系。其中包括让更多英国年轻人学习汉语普通话，为未来的商业奠定基础。"伦敦市长约翰逊等也曾在不同场合表达了同样的看法。英国文化协会的研究表明，汉语普通话是未来对英国经济和安全影响最大的5种语言之一。

9.3.3 伦敦市长鼓励儿童学习汉语普通话③

伦敦市长鲍里斯·约翰逊鼓励英国儿童学习汉语普通话，因为汉语普通话在未来将是非常有前途的语言。约翰逊称他自己的孩子也已开始学汉语。他建议汉语普通话应列入英国学校的语言课程。中国在国际大舞台上的地位越来越重要。世界上很多国家不仅积极拓展与中国的经贸联系，增加双边贸易往来，还都特别强调学习汉语普通话的重要性及其价值，英国不能在这方面落后于他国。

---

① 摘自德国《南德意志报》2013年11月27日报道。
② 摘自英国广播公司2013年12月7日报道。
③ 摘自英国《约克郡邮报》2013年10月17日报道。

约翰逊市长对汉语普通话的态度与他此前的表现形成鲜明对比。早在2005年，他曾在《每日电讯报》上发表一篇文章，建议不要把汉语普通话作为英国儿童学习的语言。如今他觉醒了，更多的英国人也改变了以前对待汉语的态度。

9.3.4 英国金融城汉语热[①]

随着伦敦逐步巩固全球最大人民币离岸交易中心的地位，过去一年，在伦敦金融城工作的人中，讲汉语的人数呈现大幅增长。最近阿斯特伯里—马斯登猎头公司公布调查数据，在工作申请简历中提及的外语才能中，汉语普通话的出现次数已从第八位蹿升至第四位。汉语广东话跻身前十，在金融城职员常用外语排行榜排名第6。调查组分析，之所以出现这种上升，是由于伦敦投行雇用了更多讲汉语者，以应对最近亚洲市场业务激增和中国在伦敦投资的增加。去年10月，英国与中国达成协议，允许英国机构直接在伦敦投资中国股票和债券；中国投行若愿在英国开设分支机构，也可享受较为宽松的监管并从中获益。平安保险等中国投资者加大了对伦敦地产的投资。调查组表示："若其他欧洲城市金融部门也有这么多讲汉语的职员，我会感到意外。"

9.3.5 仅1%的英美留学生有意赴华学习[②]

作为全球第二大经济体的中国拥有可爱的大熊猫和有趣的语言，但仍不足以吸引英美留学生。英国文化协会下属全球高等教育研究服务机构发布报告称，目前考虑到国外留学的英美学生只有1%打算前往中国。中国排在美国学生理想海外留学目的地第十位，较2013的第九位有所下滑。在英国学生理想海外留学目的地排名中，中国位居第十一位，低于2013年的第九位。很多留学生可能是第一次走出国门，因此更愿意选择更熟悉或地理位置更近的国家。此次调查对象包括英美两国1万多名学生。另据美国"十万人留学中国"项目的统计，赴美留学的中国学生较2013年增长23%，但到中国留学的美国学生只增长5%。

9.3.6 英国景点取汉语名称吸引中国游客[③]

"高富帅街""摘星塔""高原勇士大会"这些名称来自刚刚出炉的101个英国景点的新中文名。英国旅游局试图用地道的中文来装点英国最受喜爱的景点，以便吸引更多中国游客。英国在吸引中国游客方面落后于其他国家，部分原因是游客必须另行获得英国签证，而不能使用涵盖欧盟申根成员国的共同签证。

---

① 摘自英国《金融时报》2014年3月27日报道。
② 摘自美国《华尔街日报》中文网2014年4月28日报道。
③ 摘自英国《金融时报》中文网2014年2月16日报道。

这使一些欧洲热门旅游目的地（如法国、意大利和西班牙）吸引了更多的海外游客。英国旅游局希望提高来自中国游客的收入，计划从 2013 年的 4.92 亿英镑增至 2020 年的 10 亿英镑。中国游客每次访英的人均支出达到 2508 英镑，远高于海外访英游客总体人均 640 英镑的支出。

9.3.7 英国企业对汉语情有独钟①

英国工业联合会 6 月 22 日表示，英国企业越来越迫切地希望招聘到会说汉语的雇员。尽管对欧洲语言的需求仍很旺盛，但能够开拓新市场的语言对企业更有吸引力。英国工业联合会每年对 300 家公司调查其语言教育和技能的需求。今年的数据表明：2/3 的企业表示有外语需求。最受欢迎的语言是法语（50%）、德语（49%）和西班牙语（44%）。近 1/3（31%）雇主认为汉语普通话有用，2012 年这一数字是 25%。英国工业联合会副总裁霍尔表示："欧盟作为英国最大出口市场，欧洲语言的需求排在前列并不奇怪。随着中国的崛起，一些雄心勃勃的企业希望借助语言技能打入这一新兴市场。"英国教育部已开始重新审视语言教育问题。从 9 月开始，外语课将成为 7 岁学生的必修课。

9.3.8 苏格兰掀起汉语热②

去年苏格兰约有 300 名学生学汉语，其中 138 名是初学者，比前年增加了 100 名，预计今年人数还将继续增长。苏格兰学生非常重视英国文化协会举办的汉语演讲比赛，每年都会有几位苏格兰选手进入决赛。整个苏格兰有 70 所学校开设汉语课，这是罕见的现象，因为苏格兰的外语学习水平按国际标准来看是很低的。每年仅有不到 8000 名学生参加高水平的外语考试。这些考试中只有汉语和西班牙语受到欢迎。苏格兰有 6 所学校配备有英国文化协会资助的语言助理，还有 12 所孔子学院或孔子课堂之类的机构。中国政府每年都会资助这些组织。当地一些私人教育机构也开设汉语及文化课。内容包括会话、书法、厨艺以及舞蹈和剪纸。当地教师表示中国文化的独特魅力吸引了很多学生。

9.3.9 约克古城推简体中文游客指南③

英格兰东北部的约克市最近宣布，计划在 10 年内将该市的旅游营业收入增加一倍，达到 10 亿英镑，为此锁定的一个重要目标就是中国游客。约克市旅游局 2013 年 11 月就组团跟随英国旅游局赶赴中国成都推介当地旅游，并与 50 家

---

① 摘自法新社 2014 年 6 月 22 日报道。
② 摘自苏格兰"苏格兰人"网站 2013 年 4 月 29 日报道。
③ 摘自英国广播公司 2014 年 1 月 26 日报道。

具有国外游资质的中国旅行社商谈合作事宜。今年1月,该市旅游部门就推出了简体中文版游客指南。为方便与中国民众进行直接交流,他们还在中国两个最流行的社交网站注册账户,实施互动。英国旅游局的资料显示,每年有100万游客到访约克。过去10年中国游客数一直在增加,已从第十九位跃升至现在的第十位。约克市旅游局发言人表示,访英的中国游客绝大多数到过伦敦,但北上到约克的游客还是少数,因此当地旅游市场还有很大的上升空间。

9.3.10 格拉斯哥中心获孔子学院奖[1]

设在斯特拉斯克莱德大学的孔子学院从全球数百个类似机构中脱颖而出,获得本年度全球孔子学院大奖。该机构负责苏格兰300多所学校的汉语和中国文化教育,惠及2万多名学生。该校校长表示在孔子学院受教育的学生具备全球视野和技能,这对其未来的职业发展将起到重要作用。该机构2012年6月成立,面向苏格兰儿童提供高质量的汉语学习培训。负责教育和终身教育的内阁秘书表示此次获奖是对苏格兰孔子学院及苏格兰教育系统的肯定。该学院最近又新增4个孔子课堂中心,至此苏格兰已经有16个孔子课堂,覆盖当地21个地区。

9.3.11 法国26个教区全部开设汉语课[2]

汉语如今在法国越来越吃香。今年法国有33 500多名中学生以及4500名小学生报名学习汉语,与去年相比增加了10%;与10年前相比,则增加了4倍。目前法国本土26个教区全都开设了汉语课程,这在法国教学史上还是首次。为满足法国中小学生学习汉语的愿望,今年法国教育部新增40多个中小学中文教师职位,而去年这一岗位还只有15个。汉语近几年在法国中学生所学外语排名中,已从原来的第九位上升至第五位。法国学生学汉语的动机已经发生变化,以前主要是对中国文化充满好奇,如今更多考虑的是经济就业等实用目的。今天在法国150所高校中,学习汉语的大学生总人数已经超过18 000人。

9.3.12 法国汉语教学越来越普及[3]

目前全法有593所中小学开设汉语课程,学生超过33 000人,与去年同比增长13%以上。离岛科西嘉省今年9月新学年将引入汉语,至此全法各省都有汉语教学。学汉语的学生并不限于中国侨民,很多法国当地人也乐意学习汉语。法国中学选修汉语的学生90%其母语是法语。学汉语的年龄也越来越提前。

---

[1] 摘自苏格兰《苏格兰先驱报》2014年12月8日报道。
[2] 摘自法国《世界报》2013年9月3日报道。
[3] 摘自法国《世界报》2013年4月23日报道。

现在几乎一半的小学生愿意把汉语当作他们的第一或第二外语。一些希望将来从事国际贸易的学生表示,从现在开始培养汉语技能,对今后事业发展大有帮助。专家乐观地估计,不出几年,在法国中学教育体制里所教授的外国语言排名中,汉语有望从第九位上升到第五位,仅次于英语、西班牙语、德语和意大利语西方语言。学汉语在法国已经成为一种长期投资。

9.3.13 奥地利旅游业急需中文人才[①]

近年,越来越多的中国游客到奥地利观光度假,中文人才的缺口一直在扩大。如今这一问题更加凸显出来。截至目前,本年度已经有28万中国游客到维也纳旅游,比去年全年的总数多了8万人,上升40%。奥地利酒店联合会日前发出呼吁,要求奥地利政府给更多的中国人发放赴奥工作签证,以解决奥地利旅游业华语人才紧缺的现实问题。奥地利当地民众很少能说汉语,即使有个别的汉语人才,他们也都希望寻找薪水更高的旅游业主管位置,而不愿意从事一些直接为中国客户提供贴身服务的基层工作。酒店联合会的相关人士人表示,目前只能寄希望于雇佣更多中国人来解决这个问题。

9.3.14 西班牙失业培训计划设汉语课程[②]

马德里大区近期提出一项"致力未来"的计划,即为居住在马德里的5.1万华人提供便利,并吸引更多中国游客。该区政府规定"将中文作为科目之一,纳入失业培训计划"。马德里大区政府发言人萨尔瓦多10月21日,陪同首批学汉语的12位员工,参观了马德里中国文化中心。她说自己已经学了4个月汉语。截至今年8月,马德里本年度已经接待中国游客3.54万人;与去年相比,同比增加3.5%。中国游客在马德里旅游期间,人均消费金额是欧洲游客的两倍,达到2000欧元。这也是西班牙人特别青睐汉语的原因之一。

9.3.15 中文成葡萄牙"皮鞋之都"小学生必修课[③]

葡萄牙北部小镇圣若昂—达马德拉号称葡萄牙的"皮鞋之都"。汉语已经成为当地小学生的必修课。中国对手工制作的高档皮鞋需求旺盛,而葡萄牙是世界上继意大利之后的第二大皮鞋出口国。当地制鞋企业希望能够尽快打入亚洲及中国市场。尽管该镇人口只有2万,但它已经成为葡萄牙全国教授小学生汉语的排头兵。当地儿童对学汉语也很有兴趣。家长们表示学汉语能为孩子们在

[①] 摘自奥地利《奥地利时报》2013年5月7日报道。
[②] 摘自西班牙"阿戈斯特新闻"网2014年10月22日报道。
[③] 摘自德国之声2014年11月2日报道。

未来同中国人做生意带来便利和优势,为其职业发展奠定基础。皮鞋业制造商也认为"中文是当地企业打开中国这个全球最大市场大门的钥匙"。目前在当地已形成一个共识:对于该镇产业的发展和个人的成长,儿童从小开始学汉语是一个明智的选择。

9.3.16　丹麦机场雇用中文向导[①]

丹麦人越来越发现中国旅客在商务活动中的重要性。为了更好地服务这些来自中国的游客,哥本哈根机场雇用了 17 名会说流利汉语的向导,更新了中文版数字路线查询显示屏,并计划下一步推出中文版的机场手机应用程序。每年有 50 000 多名中国游客途径哥本哈根机场,虽然这一数字占机场年旅客吞吐量的比例还很小,但他们购买的奢侈品,却几乎占到机场奢侈品商店销售额的一半。中国旅客的消费能力是普通西方游客的 3 倍。中国旅客在机场遇到的最大问题是语言障碍,包括指路等。机场方面表示,如果提供汉语服务,将能使中国旅客更好地体验到宾至如归的感受,激发他们更多的购物欲望。

9.3.17　马耳他教师公会建议初中阶段引入汉语普通话课程[②]

马耳他教师公会建议在该国初中阶段引进新的语言课程,其中包括汉语普通话课程。看到汉语在国际舞台上越来越重要的地位,欧洲国家纷纷开设汉语课程。克罗地亚在 3 年以前就开设了汉语普通话课。由于全球化趋势越来越明显,马耳他与包括中国在内的亚洲国家的经济交往必然日益密切,学习汉语势在必行。教师公会敦促社会各界支持学校开设汉语课程,同时呼吁政府抛弃管理审批等繁文缛节。此前马耳他一些小学已经试点引入汉语普通话和阿拉伯语课程,初中阶段也应跟进。不过教师公会的一部分教师对马耳他某些学校在小学阶段就引入外语课程持保留意见,因为目前状况下小学老师很难跟上教学大纲的要求;引入汉语课也会对已有外语课程造成冲击。

9.3.18　汉语或被列入俄罗斯统一考试选考科目[③]

俄罗斯联邦教育科学监督局局长谢尔盖·克拉夫佐夫在接受《俄罗斯报》采访时称,汉语和意大利语或将被列入俄罗斯中学生国家统一考试的语言科目。克拉夫佐夫说:"我不排除有这种可能,教育科学监督局已经成立汉语工作组,如果做出相应的决定,我们准备从技术上保障实施。"据悉,俄罗斯国家统一考试既

---

① 摘自英国《穆迪资讯》2013 年 4 月 24 报道。
② 摘自马耳他《马耳他独立报》2013 年 10 月 17 日报道。
③ 摘自俄新社 2014 年 9 月 9 日报道。

是中学毕业考试,也是高校入学考试。统一考试的外语科目现在包括英语、法语、西班牙语和德语等科目。毕业生可根据所报考院校要求自愿选择参加何种外语考试。从 2020 年起,外语将是俄罗斯中学生的必考科目。俄罗斯之声网站报道称,从 2015 年起,汉语将出现在全俄中学生奥林匹克比赛科目中,比赛优胜者将作为政府资助名额被优先录取。

9.3.19 俄罗斯中学明年试点汉语考试[①]

俄联邦教育科学监督局副局长穆扎耶夫 11 月 12 日表示,"政府计划从 2015 年开始,在全国范围内试点九年级学生(中学毕业生)汉语科目考试"。这一试点是为未来将汉语科目列入俄中学生统一国家考试的语言科目清单做准备。俄罗斯 2009 年举办全国统一高考以来,外语一直是选考科目,可选语种只有英语、法语、西班牙和德语。俄罗斯网民对此举表示赞同。"汉语是世界上使用人数最多的语言。俄中关系发展处于历史最好时期,加强汉语学习有利促进两国交往。"有人反思过去只重视学习西方语言,忽视东方语言的问题。当前俄罗斯中学生学汉语的人数偏少,并且大部分集中在远东地区、莫斯科和圣彼得堡。

9.4 非洲

9.4.1 非盟总部推出汉语课[②]

在 6 月 22 日发布的一份官方声明中,非洲联盟宣称其已正式开设汉语课程。该项目由非洲委员会发起,亚的斯亚贝巴孔子学院和中国驻埃塞俄比亚大使馆共同合作完成。6 月 19 日非盟总部举行了隆重的汉语开课仪式,非盟人力资源培训司官员及相关工作人员和中国驻埃官员出席。非盟方面的项目负责人声称中国的快速发展为非洲国家树立了一个很好的榜样,非盟官员学习汉语有助于中非间更好地交流与合作。汉语培训课程使汉语成为继英语、法语、阿拉伯语等之后第六个正式进入非盟官方培训课程的语言。在会议开幕式上还播放了有关中国历史和社会经济增长的一部电影。

9.4.2 亚的斯亚贝巴大学的汉语教学[③]

亚的斯亚贝巴大学是埃塞俄比亚最大、最著名的大学,目前校方正与该校孔

---

① 摘自俄新网 2014 年 11 月 12 日报道。
② 摘自美国"泛非在线"网站 2013 年 6 月 23 日报道。
③ 摘自埃塞俄比亚"纳兹雷特"网站 2013 年 1 月 3 日报道。

子学院合作,试图推动该校的汉语教学,以此拉近埃中两国关系。在孔子学院的帮助下,该校已招收15名学汉语的学生,希望他们能弥补专业汉语人才的不足,并以此推动两国经济往来。该校负责人表示,中埃两国长期以来一直保持的政治和外交友好关系是该国学生学汉语的根本原因。他们坚信汉语将会帮助他们在未来职场获得成功。他们用3年时间学习汉语正是为了能到本国的中国公司工作。通过这段时间的学习,他们将能从简单的自我介绍到写复杂的文章,甚至演讲。这些学生毕业后将担当汉语笔译、口译以及人力资源代理等职位,由此消除两国间的语言或文化障碍,促进两国经济的合作与发展。

9.4.3 津巴布韦与中国携手推广汉语学习[①]

津巴布韦大学孔子学院的汉语推广取得了丰硕成果。这体现在校方对汉语教学项目的重视。津巴布韦大学曾表示"全国重要的机构团体都应该学习汉语,以打破两国在交往过程中出现的语言障碍"。津巴布韦大学还着力培养自己的汉语师资,今年就将有7名从中国学成回来的汉语硕士充实到教师队伍中。与其他孔子学院不同的是,汉语在津巴布韦作为一门必修课进入大学教育体系。这使津巴布韦大学孔子学院获颁中国国家汉办"先进孔子学院"的称号。该校还计划与政府部门共同研究汉语作为第二语言教学在高校及中小学推广的政策。

9.4.4 津巴布韦学习汉语回报丰厚[②]

津巴布韦政府2003年提出"向东看"政策,优先考虑建立与中国、日本等亚洲国家的经贸联系。中津两国贸易往来不断增加,中国已经是津巴布韦烟草的最大买家。津巴布韦也是非洲培训汉语老师的典范。早在2007年津巴布韦大学就引入孔子学院,并取得巨大成功,如今该国还向其他国家输出汉语老师。津巴布韦大学孔子学院负责人表示,他们还计划在该国其他地区建立至少5个汉语教学点。由于汉语尚未纳入中小学课程体系,一些学校只能把汉语学习当作课外活动。该院2009年以来共接纳1000多名学生,还派出若干学生来华留学。在津巴布韦,会说一门英语以外的语言对就业很有帮助。汉语口译员月薪为5000津元,能说汉语的秘书月薪为3000津元,在当地属高收入群体。

9.4.5 津巴布韦传播中国语言文化非洲领先[③]

自解放以来,津巴布韦一直致力与中国巩固和加强双边关系,对中国语言文

[①] 摘自津巴布韦《新闻日报》2013年1月12日报道。
[②] 摘自美国"泛非在线"网站2013年2月22日报道。
[③] 摘自津巴布韦《先驱报》2014年9月25日报道。

化的了解更显得迫切。中国目前是世界上增长最快的经济体,津巴布韦试图从中挖掘商机和寻求投资。作为"向东看"策略的一部分,津巴布韦大学2006年就建立了孔子学院。目前该院已经成为全球孔子学院的楷模。为了持续发展汉语教学事业,津巴布韦大学选派毕业生来中国学习汉语,并已成为非洲首个拥有本土汉语教师的学校。2007年以后该校汉语专业课程继续蓬勃发展,一些学习旅游和酒店管理专业的学生也大多选修一年的汉语课程,以适应未来职业发展。很多学生有幸得到政府奖学金,来中国继续深造。学习汉语在津巴布韦已经蔚然成风,一些中小学和私立培训机构也纷纷开设汉语课程。

9.4.6 祖鲁国王要学汉语[①]

在与中国福建农业大学代表团的一次会晤之后,3月25日南非夸祖鲁纳塔尔省的祖鲁国王古威尔·兹利希尼宣布:从今往后,祖鲁王室成员及地方首领都将学说汉语普通话。在当地举办的农业开发论坛上,国王与中方专家讨论了影响农业社会发展的制约因素。中国援非专家在祖鲁地区传授种植蘑菇和水稻的技术,为促进当地农村经济发展发挥了重要作用,汉语普通话的重要性越来越凸显,当地的德班理工大学近日也将为新成立的孔子学院揭幕。国王表示王室成员将到孔子学院学习中文,同时他认为"世界的未来在东方",并希望中方开设的汉语课程以及农业种植课程能加深两国相互了解。

9.4.7 汉语将来或成尼日利亚新母语[②]

英语在尼日利亚的地位越来越重要。相比250多个民族的600多种本土语言,大多数尼日利亚人更愿意用英语交流。如今,汉语普通话成为尼日利亚人关注的另一种外来语,甚至可能成为该国的新母语。拉各斯州州长巴巴通德·法绍拉在庆祝其就职2000天的活动中就表示:"不管承认与否,中国人逐渐主导全球经济,我们只能让学生们做好准备,抓住汉语成为未来语言所带来的机遇。"该州公立中小学目前还没有开设汉语课,相关问题仍在讨论阶段;但尼日利亚一些大学已经设立孔子学院或汉语学习中心。拉各斯大学此前不久就招收了25名汉语专业学生。此举遭到母语拥护者的抨击。尼日利亚教育部最近出台支持民族语言的政策,将3种尼日利亚主要的语言课程——约鲁巴语、伊博语和豪萨语——在高中阶段设为选修项目。

[①] 摘自南非"独立在线"网站2013年3月26日报道。
[②] 摘自尼日利亚《笨拙报》2014年2月21日报道。

9.4.8 利比里亚孔子学院学生赴华学汉语[①]

利比里亚大学孔子学院将派遣 4 名学生前往中国上海学习一年汉语和中华文化。这 4 名学生已通过三级水平的汉语测验,并获得中国国家汉办颁发的奖学金。9 月 5 日在留学生启程之际,孔院负责人希望他们珍惜赴华留学的机会,并表示很高兴看到中国国家汉办与利比亚大学目前的合作局面。通过汉语测验五级的学生,即可免试入学汉语硕士项目。注册选修孔院汉语和中国文化课程的学生,有机会获得中国政府提供的奖学金免费来华深造。截至目前,该校已派出五批学生到中国留学,此次成行的四位学生是第六批。

9.4.9 布隆迪全国学校将教汉语[②]

布隆迪参议院 10 月 22 日一致通过关于确立官方语言以及要求布隆迪学校教授汉语的法案。布隆迪高等教育与科学研究部部长约瑟夫·布托雷当天被邀请参加该法案的审议会。刚通过的法案明确规定布隆迪的官方语言包括基隆迪语、法语和英语。东非的主要语言斯瓦希里语同时也被确定为布隆迪学校应教授的第四种语言。布托雷表示,作为布隆迪公职人员必须掌握的语言,英语应在全国各级学校教授。唯有通过这种努力,才有可能使布隆迪在东非共同体这个绝大多数国家说英语的国际组织里具有竞争力。议员们同时还要求在布隆迪学校教授汉语普通话,因为目前世界上许多国家都在使用中文。此前,布隆迪下议院在今年 8 月已经通过这一法案。

9.4.10 麦克雷雷孔子学院提供汉语证书和学位课程[③]

12 月 19 日,麦克雷雷大学正式推出孔子学院致力汉语教学。该机构将提供汉语普通话文凭、证书及学位课程。麦克雷雷大学副校长表示,这是乌干达和中国教育合作史上的里程碑。中方不仅为孔子学院翻新校舍,还为乌方提供教师培训和教材设备。孔院课程将面向全体本科生开放,至今已有 100 多名学生注册。中方允诺为成功完成孔院课程的优秀学生提供一年赴华留学的奖学金。以前汉语是作为一门外语选修课在该校开设的。孔院乌方代表认为:"世界联系越来越密切,乌干达不能再与世界隔离。孔子学院为乌干达提供了一个向世界第二大经济体学习的机会。我们不仅要学语言,还要学习中国文化和道德价值观。"乌干达副总统敦促乌商界充分利用孔子学院带来的便利。

[①] 摘自美国"泛非在线"网站 2014 年 9 月 11 日报道。
[②] 摘自布隆迪 BruDirect 网站 2014 年 10 月 22 日报道。
[③] 摘自乌干达"观察者"网站 2014 年 12 月 21 日报道。

9.5 大洋洲

9.5.1 布里斯班议会网站推出中文新闻[①]

布里斯班市议会的新闻稿将由专门的中文编辑部译成广东话和汉语普通话。该市市长夸克(Graham Quirk)声称这一举措是服务于当地说中文的 40 800 名居民以及国际媒体渠道。若这一举措取得成功,该市还将引入其他语言,如韩(国)语、越南语和阿拉伯语。夸克表示多语言服务证明了该市是一个友善、包容、进步的城市。2011 年人口统计显示,汉语是继英语之后在布里斯班使用最普遍的语言。布里斯班市议会网站上传的政务新闻将被译成繁体中文。中文编辑部聘用的翻译人员都经过澳大利亚国家翻译认证机构的考核。此外,该市议会还试图与社区广播电台 4EB 合作,以多语言提供小区服务讯息。

9.5.2 陆克文总理视察小学秀中文[②]

7月24日,澳大利亚总理陆克文视察维多利亚州布伦伍德公园小学,受到该校师生的热烈欢迎。由于前此澳大利亚前总理吉拉德走访小学时曾受过"三明治袭击",政府安保部门对陆克文此行曾有些担心。然而陆克文此次走访证明是成功的,宾主双方欢声笑语一片。陆克文称赞该校学生是澳大利亚最友善的学生。当然,陆克文没有放过任何一个锻炼中文的机会。他甚至为在场的小学生上了一堂即兴的中文课,教他们如何正确地用汉语普通话说"总理,早上好"及"来宾,早上好"等。此外,他还用普通话与来自中国大陆的华裔移民学生交谈,尽显亲民本色。华裔学生称赞陆克文总理的汉语普通话很好很流利。

9.5.3 澳大利亚旅游景点开设中文网站[③]

澳大利亚塔斯马尼亚州的著名景点亚瑟港历史遗迹旅游管理部门,打算建设一个中文网站并配置会讲中文的导游。截至今年6月,这个被列入世界遗产名录的旅游胜地一年迎接的中国游客数增加了3倍,达到1.6万人。中国大陆是其最大的单一游客来源市场。以往游客主要来自英国和美国。过去2年,中国已经超越这两个国家,成为非常重要的游客来源国。为抢占更大的市场份额,亚瑟港已经推出一个中文网站,提供关于亚瑟港的资讯,向游客介绍可以游览的景

[①] 摘自澳大利亚《布里斯班时报》2013 年 5 月 11 日报道。
[②] 摘自澳大利亚《堪培拉时报》2013 年 7 月 24 日报道。
[③] 摘自雅虎新闻网 2014 年 11 月 13 日报道。

点,并允许在线订票。塔斯马尼亚州长表示:"网站不仅向中国游客展示这个遗迹的重要意义,还使它变得更吸引人。"中文导游招募活动已经启动。

9.5.4 汉语成澳大利亚第二通用语[①]

澳大利亚联邦移民部最新发布的报告《澳大利亚人》显示,基于 2011 年人口普查数据,澳大利亚吸引了来自全球各地的移民。亚洲国家移民人数显著增长,尤其是来自印度、中国和菲律宾的移民人数。除英语之外使用最多的语言分别是汉语、阿拉伯语、意大利语、希腊语和越南语。尽管英国人和新西兰人依然位居澳大利亚外来人口族群的前两位,来自中国的新增人口近 31.9 万,排名第三。汉语目前是澳大利亚人在家中使用排名第二的语言,使用人数与 2006 年相比,增加了 52.5%。

9.5.5 维多利亚州小学掀起汉语热[②]

在短短两年时间里,澳大利亚维多利亚州学汉语的小学生数量上涨了近 80%。目前,各地学校都在为明年引入强制性外语教育课程做准备。最新数据表明,传统的欧洲语言在当地已经失宠。澳大利亚教育部 2013 年 8 月发布的数据显示,2013 年有 29 760 名小学生学习汉语,比 2011 年增长 77.7%。墨尔本大学的珍·奥顿博士表示,汉语越来越被当作是一个实用选择。"汉语绝对会成为澳大利亚未来的一部分——无论发生什么,我们都将与中国的经济紧密联结在一起。"2014 年,维多利亚州一些学校引入汉语教学,并逐步淘汰像意大利语这样的传统欧洲语言课程。校方管理人员表示:"我们已经认识到,中国作为我们最大和最亲密的邻居,汉语就是我们必备的语言。"

9.5.6 澳大利亚学生青睐汉语和日语[③]

国立澳大利亚大学选修汉语和日语课程的新生越来越多。对这两种语言的兴趣反映了对中国和日本这两个亚洲国家地缘和经济重要性的认识。尽管 2010 年以来该校选修汉语和日语的学生总体上保持平稳,但日语和汉语的初级课程却见证了学习者的增长,其中选修汉语的学生占全系人数的 36%。目前汉语已经与西班牙语和法语一样成为最受追捧的语言。一般来说,选修日语的学生大多痴迷日本的动漫文化,而对汉语的兴趣更多是出于对中国经济发展的认可。语言教育是国立澳大利亚大学的优势学科,同城的堪培拉大学 2013 年已经

[①] 摘自澳大利亚特别广播 2014 年 6 月 25 日报道。
[②] 摘自澳大利亚《墨尔本日报》2014 年 7 月 8 日报道。
[③] 摘自澳大利亚《堪培拉时报》2014 年 9 月 19 日报道。

停止外语课程,有些生源可能来自该校,但这并不能解释为什么 2013 年以前仍有众多选修汉语和日语的学生。

9.5.7 北京对澳大利亚华文媒体影响越来越大[①]

北京对澳大利亚华文媒体的影响力似乎越来越大。澳大利亚当地的报纸和电台开始淡化处理一些对中国政府敏感的政治话题,并且越来越多地采用北京发布的信息内容。根据今年 6 月澳大利亚斯威本大学进行的媒体调查,在墨尔本地区能找到的 18 种中文报纸,绝大多数都与中国政府保持一致。这表明来自北京的传播机构已经影响到澳大利亚的媒体编辑。中国的影响力更多是通过免费、带有软文广告性质的出版物加以传播。很多中国移民正是经由这种途径,感受到他们仍与其祖国联系在一起。随着中国人移居澳大利亚人数的增加,中国的影响力也随之而至。自 2008 年北京奥运会以来,这一趋势日益强劲。中国人的媒体领悟力惊人,他们善于利用媒体影响力推动软实力建设。

9.5.8 中国员工是新西兰吸引游客的法宝[②]

随着越来越多的中国人到新西兰旅游,很多新西兰旅行社和酒店发现,雇佣中文流利的中国籍员工是个明智的选择,这是一项值得投资的措施。中国籍员工在帮旅游公司开发中国市场方面起着至关重要的作用,凭借语言优势,他们能够更深刻地理解中国人的想法,为中国游客提供量身定制的贴心服务。这使中国游客不仅对公司提供的旅游线路和产品满意,还对公司人性化的管理服务满意。新西兰旅游服务业是该国经济的重要支柱产业,中国游客对旅游业的重要性尤为突出。目前很多酒店为取悦中国游客,聘请说一口流利汉语的管理服务人员,并提供特殊的中式早餐、汉语电视节目及中文报刊杂志。

9.5.9 基督城机场推出中日韩三语标识[③]

6 月 19 日,新西兰基督城机场方面称,为了给亚洲旅客打造更加友好方便的环境,将在新西兰率先推出中文、日文和韩文的公共标识。基督城机场首席执行官吉姆·博尔特表示,在基督城机场提供中文、日文和韩文的标识,完全是为了适应基督城和南岛旅游的生态变化。目前除了日本和韩国的回头客数量稳定外,从中国到新西兰来旅游的游客明显增长。从统计数据看出,到南岛的海外游客中,有 81% 游客从基督城入境。仅去年基督城就接待了约 80 000 人次的中国

[①] 摘自澳大利亚广播公司 2014 年 10 月 16 日报道。
[②] 摘自新西兰《罗托鲁瓦每日邮报》2013 年 4 月 24 日报道。
[③] 摘自新西兰《独家新闻报》2013 年 6 月 19 日报道。

游客,同比上一年增加约 20%。博尔特还表示,增加新的语言标识是改善机场环境工作的一部分,旨在为海外旅客营造更加友好方便的氛围。除此之外,机场方面还将督促工作人员学习其他语言的基本会话,以便更好地为海外游客服务。目前机场职员可提供 19 种语言服务。

9.5.10　中文成为新西兰机场信息显示板的第一外语[①]

为了让旅客更快了解航班起降时间,新西兰奥克兰机场近日宣布更新软件,在候机楼的航班信息显示屏上增加多语信息。中国目前已是新西兰第二大游客来源国,越来越多的中国游客选择到新西兰旅游。鉴于说汉语的游客量日益增大,中文此次被奥克兰机场遴选为机场航班信息显示屏的首要外语。奥克兰机场也是新西兰首家提供中文服务的机场。他们的服务措施还包括在候机大厅增设带有中文标识的引导牌、聘用懂汉语普通话的地勤服务人员。截至今年 9 月,赴新旅游的中国游客已达 21 200 人,在机场的消费额是其他国家游客的 2.5 倍。中国目前已超越英国,成为新西兰第二大游客市场,仅次于澳大利亚。

9.5.11　学好中文迎中国春节游客[②]

中国中产阶层队伍不断壮大,再加上中国南方航空和新西兰航空直飞航班带来的出行便利,2012 和 2013 年入境新西兰的中国游客数量持续增长。去年中国游客在新西兰境内总支出已达 7.37 亿新元。中国游客赴新西兰旅游,除了游山玩水,还有不少人的目的是来探望在新西兰留学的子女。教育业和旅游业在新西兰有着非常紧密的联系。中国农历春节即将来临,当地旅游从业者为了让中国游客有宾至如归之感,开始学习如何使用中国人习惯的手势和汉语为客人服务,以致新西兰旅游顾问发出警告,旅游业者无需"热情过头",不必将中国的传统节日搬到当地,中国游客来新西兰可能更多的是来体会异域风情。

9.5.12　中国希望新西兰儿童学汉语[③]

近日中国政府派出 70 名语言教师前来新西兰,为各地中小学生教授普通话。自从 2008 年签署中新双边自由贸易协定以来,两国贸易和文化往来日益频繁,中国希望有越来越多的新西兰孩子学习汉语,并视此为中新两国关系密切发展的目标。然而新西兰儿童对学习汉语普通话不是特别感兴趣,远不如学习毛利语、法语、日语和西班牙语的热情高。新西兰中学生选修中文课的人去年仅有

[①]　摘自新西兰《新西兰先驱报》2013 年 10 月 22 日报道。
[②]　摘自新西兰《奥塔哥每日时报》2014 年 1 月 24 日报道。
[③]　摘自新西兰电视台 2014 年 2 月 24 日报道。

3000名,而大学生仅有500名。这与澳大利亚的情况大不一样。

9.5.13 新西兰若有需求可以教汉语普通话[①]

塔拉纳基地区的高中生可能很快就可以选汉语普通话作为外语选修课。尽管目前当地还没有一所学校教汉语,但校长们并不排斥把汉语列为选修课。该地有些学校为七到八年级的学生提供为期8周的日语课程,主要是增进对异域文化的感知和了解,激发语言学习兴趣。校方表示愿意引入更多亚洲语言课程,尤其是汉语普通话。要开设一门新外语课程,对学校管理者而言,需要有足够多的学生报名选修,还需要引进教育部认证的外语老师。尽管操作起来很麻烦,但学校方面表示如果有这种需求,他们愿意开设汉语普通话课程,由于汉语对新西兰的经济发展具有重要意义,很多企业已在疾呼培养更多懂汉语的人才。

9.5.14 新西兰举办首个汉语周[②]

新西兰国会华人议员霍建强5月14日表示,"新西兰中文周"活动将促进新西兰中文教育,并在此基础上推广中华传统文化。这是新西兰继"毛利语言周"和"太平洋岛国语言周"之后举办的第三个语言周。从2010年开始,霍建强就开始推动筹办全国范围的中文周活动。联合提出该倡议的还包括惠灵顿市议员、怀卡托汉语角负责人以及众多大学教授等,他们都积极倡导在新西兰普及汉语教育。中国驻新西兰大使王鲁彤也表示支持。中国国家主席习近平11月将造访新西兰。此次推出的汉语周既有利于推动汉语学习,加强与经济大国中国的市场与经济联系,又能更好促进新西兰多元文化的发展。

9.5.15 新西兰中文网站促进旅游业发展[③]

新西兰首都惠灵顿的旅游主管7月25日表示,新发布的中文旅游网站,是推动当地经济增长的关键,有助于拓展中国这一新西兰第二大游客市场。新版旅游网的中文内容能帮助中国游客更好地决定到何地旅游度假、访问游学或举办商务活动。新西兰的旅游市场已达8.69亿美元。持续增长的中国游客为惠灵顿的经济发展做出了巨大贡献。与去年同期相比,上一季度中国游客刷卡消费增加了25%。新推出的中文网站为每年24万造访新西兰的中国游客提供在惠灵顿逗留游览的各方面信息,此外还可能影响到来自中国的潜在投资者和企业家。

[①] 摘自新西兰《塔拉纳基每日新闻》4月22日报道。
[②] 摘自新西兰"雅虎新闻网"2014年5月25日报道。
[③] 摘自新西兰"独家新闻"2014年7月25日报道。

图书在版编目(CIP)数据

世界语言生活动态.二/熊文新,王克非主编.—北京:商务印书馆,2018
ISBN 978-7-100-16708-6

Ⅰ.①世… Ⅱ.①熊…②王… Ⅲ.①社会语言学—世界—2013—2014 Ⅳ.①H0

中国版本图书馆 CIP 数据核字(2018)第 229195 号

权利保留,侵权必究。

世界语言生活动态(二)
熊文新　王克非　主编

商 务 印 书 馆 出 版
(北京王府井大街36号　邮政编码100710)
商 务 印 书 馆 发 行
北京新华印刷有限公司印刷
ISBN 978-7-100-16708-6

2018年12月第1版　　开本 787×1092　1/16
2018年12月北京第1次印刷　印张 13
定价:42.00元